O Portugal Medieval

MONARQUIA E SOCIEDADE

O Portugal Medieval

MONARQUIA E SOCIEDADE

Carlos Nogueira (org.)

Cátedra **Jaime Cortesão**

O presente trabalho foi realizado com o apoio da CAPES, entidade do Governo Brasileiro voltada para a formação de recursos humanos

Copyright © 2010 Carlos Nogueira

Edição: Joana Monteleone
Editora assistente: Marília Chaves
Projeto gráfico e diagramação: Pedro Henrique de Oliveira
Revisão: Alexandra Colontini, Flávia Yacubian
Assistentes de produção: Fernanda Pedroni, Vitor Rodrigo Donofrio Arruda
Capa: Fernanda Pedroni
Produção gráfica: Fábio Luís Pinto da Silva
Imagem da capa: Túmulo de D. Pedro I (Mosteiro de Alcobaça)

CIP-BRASIL. CATALOGAÇÃO-NA-FONTE
SINDICATO NACIONAL DOS EDITORES DE LIVROS, RJ

P885

O Portugal medieval: monarquia e sociedade/ Carlos Nogueira (org.)
São Paulo: Alameda, 2010.
306 p.

Inclui bibliografia
ISBN 978-85-7939-022-7

1. Portugal – História – Até 1385. 2. Famílias reais – Portugal – História. 3. Portugal – Condições sociais. 4. Idade Média – Portugal. I. Nogueira, Carlos, 1971.

10-0292.   CDD: 946.902
           CDU: 94(469)

017248

[2010]
ALAMEDA CASA EDITORIAL
Rua Conselheiro Ramalho, 694 – Bela Vista
CEP 01325-000 – São Paulo – SP
Tel. (11) 3012-2400
www.alamedaeditorial.com.br

Sumário

Apresentação   9

MONARQUIA

A "loucura" de Pedro I, entre o folclore e a política real   17
CARLOS ROBERTO FIGUEIREDO NOGUEIRA

Os neos-senhorealismos tardo medievais em Portugal   41
MANUELA MENDONÇA

Entre a coroa e a espada: um estudo da figura guerreira de Afonso Henriques a partir da guerra de reconquista   55
RODRIGO DA SILVA SALGADO

Memória e propaganda legitimadora do fundador da monarquia de Avis   61
MARIA HELENA DA CRUZ COELHO

Três reis e um cronista: discursos e imagens nas crônicas de Fernão Lopes   81
ANA CAROLINA DELGADO VIEIRA

A imagem do monarca D. Dinis: uma análise comparada 91
entre a *Crônica Geral de Espanha de 1344* e a *Crônica de Portugal de 1419*
AUGUSTO RICARDO EFFGEN

D. Fernando, "pela graça de deus rei de Portugal e do algarve": 101
dignidade e ofício
ARMANDO ALBERTO MARTINS

O "ofício de rei" no Portugal quatrocentista: 125
teoria e práticas de poder
MARGARIDA GARCEZ VENTURA

A noção de bem comum e a legitimação do poder 143
(Portugal – século XV)
DÉBORA GALVÃO DE SANTANA

A coroa e o poder real: 153
a sagração da monarquia no Brasil e em Portugal
MARIA EURYDICE DE BARROS RIBEIRO

O desafio do Atlântico: Portugal e 165
Castela no Concílio de Basileia
JULIETA MARIA DE ARAÚJO

Sociedade

Nossa Senhora de Guadalupe: 181
peregrinação e política régia portuguesa no século XV
Bruno Soares Miranda

A ideia de cruzada nas crônicas de Zurara 189
Katiuscia Quirino Barbosa

A relação entre o culto ao Infante Santo e o projeto 197
político de Avis na segunda metade do século XV
Clinio de Oliveira Amaral

Assistencialismo e imaginário régio à época joanina 207
(Portugal – século XV)
Priscila Aquino Silva

Ócio e poder: um estudo sobre a literatura técnica da 215
Dinastia de Avis (Portugal – XIV/XV)
Jonathan Mendes Gomes

Avareza e usura no *Livro das Confissões* de Martín Pérez 223
(bnl, ms. Alc. 377-378)
José Rivair Macedo

De fugitivo a perdoado: 241
os amorados no reinado de D. João II
Denise da Silva Menezes do Nascimento

Teúdas e manteúdas: 249
relações sociais conflituosas no Portugal medieval
GRACILDA ALVES

Artimanhas legais femininas: 261
a condição social feminina no Portugal medieval
SOORAYA KAROAN LINO DE MEDEIROS

A narrativa boccacciana nos argumentos da carta de 271
D. Afonso IV ao Papa Clemente VI
ANA CAROLINA LIMA ALMEIDA

Relações de poder nas cantigas galego-portuguesas 279
OSVALDO H. LEONARDI CESCHIN

As religiosas nas cantigas de escárnio e 297
maldizer galego-portuguesas
CANDICE QUINELATO BAPTISTA CERCHIARI

APRESENTAÇÃO

O evento Monarquia e Sociedade em Portugal Medieval, realizado em novembro de 2008 pelo GEMPO da Cátedra Jaime Cortesão, representa um novo marco no aprofundamento dos estudos relativos à História Medieval e à História Ibérica, cuja existência marca a singularidade do ensino e da pesquisa da USP.

Os estudos de História Ibérica já tinham raízes na Faculdade de Filosofia. Em 1946, Eduardo d'Oliveira de França defendera sua tese de doutorado *Realeza em Portugal na idade media e as origens do absolutismo* e em 1951 obtivera a Cátedra de História da Civilização Moderna e Contemporânea com a tese Portugal na Época da Restauração.

Em 1954, deu-se a visita do Professor Vitorino Magalhães Godinho. Na USP, Godinho participou dos cursos de Eduardo d'Oliveira França, em História Moderna. Seus meses de trabalho no Brasil foram de pesquisas, seminários e colóquios de orientação, e tratou, principalmente, da historiografia portuguesa, colocando questões para o estudo e para a pesquisa de Portugal e seu Império. Em suas palavras, a História de Portugal não tinha sentido senão no contexto da História da Península Ibérica.

A Universidade de São Paulo também foi pioneira no estudo em terras brasileiras nos estudos da medievalidade. Em virtude da fermentação crítica oriunda desta universidade, a história medieval no Brasil é uma história em boa parte, "afrancesada". Em que pesem alguns esparsos estudos individuais, sua origem data da missão francesa que formou os primeiros catedráticos da Universidade de São Paulo.

Os franceses foram decisivos, não se pode negar. Com a chegada de historiadores, em especial Fernand Braudel e depois Jean Gagé, os acadêmicos brasileiros passaram a conviver com a escola historiográfica dos Annales, o principal grupo de historiadores europeus responsáveis por uma enorme renovação histórica, capitaneados por Lucien Febvre, Marc Bloch e pelo já citado Fernand Braudel, sucessor de Febvre e Bloch. E mais contemporaneamente, a influência de Jacques Le Goff, que nos fez o favor de demonstrar para o restante dos historiadores e para nós mesmos, medievalistas, a validade e a contemporaneidade da Idade Média. Tanto assim que a primeira tese de Doutoramento defendida na Universidade foi a tese do futuro catedrático de História Antiga e Medieval, Prof. Dr. Eurípedes Simões de Paula: *O comércio varegue e o Grão Principado de Kiev*, orientada por Jean Gagé e defendida em 1942.

Claro que se tratava de uma orientação um tanto fragmentada voltada para as preferências individuais de cada estudioso o que fazia com que as teses apresentadas percorressem um vasto leque de temas, períodos e regiões indo dos Bálcãs à Germânia.

O mundo ibérico estava fora das preocupações dos medievalistas brasileiros, ainda fortemente comprometidos com uma "escola" francesa. Mas a grande viragem em direção aos estudos ibéricos ocorreu com a chegada, em 1960, do historiador Joaquim Manoel Godinho Braga Barradas de Carvalho (1920-1980) que talvez tenha sido o professor estrangeiro que mais deixou marcas de sua passagem.

Foi um intelectual militante contra a ditadura de Salazar – e isso é fundamental – que nos ensinou a aprimorar a pesquisa documental rigorosa, e nos aproximou dos clássicos portugueses. Por seu intermédio, conhecemos, enquanto História viva, as ideias de Jaime Cortesão, de Antonio Sérgio, de tantos outros geniais escritores e pensadores portugueses. Seus estudos e pesquisas prosseguem depois em Paris, onde se doutorou em Estudos Ibéricos pela Universidade de Paris, Sorbonne, em 1961. Tema de sua tese: *Esmeraldo de Situ Orbis*, de Duarte Pacheco Pereira. Barradas ficaria no Brasil até 1970, deixando ao partir, um legado: uma Cadeira de História Ibérica e no interior desta, a disciplina de História Ibérica Medieval.

Foi nesta disciplina que aprendemos a conhecer a documentação medieval da península e onde muitos tiveram o interesse despertado para uma Idade Média mais próxima das nossas origens históricas.

Idade Média esta, que os recentes estudos têm demonstrado a fundamental importância do passado português, que embora transformado pela Colônia, está presente em muitas das nossas instituições e manifestações culturais. Ao descer nas terras brasileiras os portugueses trouxeram consigo o peso da tradição medieval, presente nas estruturas religiosas, na arte, na música, enfim, na cultura. Compreender o Brasil moderno implica em conhecer o Portugal medieval.

Assim, os encontros luso-brasileiros de História medieval nasceram de uma ideia de reunir anualmente medievalistas brasileiros e portugueses com o objetivo de trocar experiências, apresentar pesquisas em andamento dentro de uma área sabidamente carente que são os estudos medievais no Brasil e ironicamente, a carência se apresenta maior em relação aos estudos medievais portugueses.

Em 2006, foi realizado um primeiro encontro na Universidade de Brasília, com o título: "Instituições, Cultura e Poder na Idade Média Ibérica" e que contou com a participação de medievalistas da Universidade de Lisboa.

No II Encontro realizado em Portugal em 2007 com o título: "Raízes Medievais do Brasil Moderno" a participação foi ampliada, pela participação dos docentes e pesquisadores da Universidade de Coimbra.

Em 2008, a Universidade de São Paulo, através da Cátedra Jaime Cortesão, e de seu Grupo de Estudos Medievais Portugueses, o GEMPO promoveu em São Paulo, o III Encontro Luso Brasileiro de Historia Medieval, dando continuidade aos encontros anteriores realizados em Brasília, Coimbra e Lisboa, com o título "Monarquia e Sociedade no Portugal Medieval.

Encontro marcado pela qualidade de conferências e comunicações e queresultaram em amplo debate do qual participaram ativamente os professores convidados, os professores das instituições de ensino superior particulares, pós-graduandos e graduandos.

Do debate, beneficiaram-se em particular os pós-graduandos que tiveram seus trabalhos comentados pelos especialistas presentes e os graduandos que tiveram acesso as pesquisas realizadas no Brasil sobre a Idade Média.

Agora editado este Encontro, é possível visualizar esta contribuição, devidamente registrada em livro que reúne estudiosos de longa data e jovens pesquisadores. Por isso optamos por não separar os *seniores* dos jovens, fazendo uma separação temática que contempla o título do Congresso: "Monarquia e Sociedade".

Na primeira parte, encontramos revisões de construções de imagens já tradicionais e cristalizadas pela memória gerada pelos cronistas de monarcas como Pedro, o Cru e Fernando , o "rei amorado", apresentadas respectivamente por mim e por Armando Martins que apontam para novas perspectivas no estudo dos mesmos. De construção de imagens nos fala Maria Helena Coelho, ao examinar a propaganda na dinastia de Avis, junto aos textos que contemplam a figura guerreira de Afonso Henriques, de Rodrigo Salgado, a Fernão Lopes e as crônicas de três reis portugueses de Ana Carolina Vieira, a imagem de D. Dinis nas crônicas de Espanha de 1344 e a de Portugal de 1419, por Augusto Effgen e por fim das semelhanças entre a sagração do monarca em Portugal e no Brasil apresentada por Maria Eurydice Ribeiro.

Da imagem passamos ao "ofício de reinar" com textos que tratam da teoria e prática do poder real, com os textos de Margarida Ventura, de Debora Santana, bem como da sua relação com os senhorios e a ocupação do espaço em Portugal que se estende até as terras coloniais, questão abordada por Manuela Mendonça e as disputas entre as coroas castelhanas e portuguesas sobre a ocupação do espaço atlântico, por Julieta Araújo.

A segunda parte é mais plural, contendo temas que vão das imagens religiosas à literatura.

Na esfera da religião os textos abordam a construção de símbolos religiosos à religiosidade cotidiana, como as peregrinações a terras castelhanas por Bruno Miranda, ou a imagem do Infante Santo de Clinio Amaral até à ideia de cruzada por Katiuscia Barbosa e o assistencialismo e imaginário régio no século XV de Priscila Silva e a avareza e o exercício da usura em Martin Perez por José Rivair Macedo.

Da religiosidade passamos aos textos que tem como fonte principal as Cartas de Perdão régias, seja no âmbito do exercício da justiça: os Amorados no reinado de D. João II de Denise Nascimento, seja da condição feminina nos textos de Gracilda Alves e Sooraya Medeiros.

E por fim os temas dedicados ao exame da literatura como elemento de percepção da realidade social, desde a influência de Bocaccio em Afonso IV, por Ana Carolina Almeida ao exame das relações de poder de Osvaldo Ceschin e da figura das religiosas nas cantigas de escárnio e maldizer por Candice Cerchiari.

Textos instigantes que possibilitam rever conceitos e abordagens sobre o processo de constituição do poder real em Portugal, a sua relação com a sociedade, bem como fazer um cotejamento entre o estado atual das pesquisas sobre a Idade Média portuguesa, tanto no Brasil, como em Portugal representado por duas principais universidades lusitanas: a Universidade de Lisboa e a de Coimbra.

Acreditamos que este livro possa ajudar a preencher a ainda imensa lacuna que existe em nosso país de uma aproximação necessária com a historiografia portuguesa, especialmente nos sempre esquecidos estudos medievais de Portugal.

Carlos Roberto Figueiredo Nogueira

Monarquia

A "loucura" de Pedro I, entre o folclore e a política real

Carlos Roberto Figueiredo Nogueira
(Universidade de São Paulo – GEMPO)

No século XIV, na Península Ibérica, encontramos três reis, singularmente três Pedros, e, ainda mais singular, três reis apelidados de "cruéis"...

De Pedro de Aragão não podemos afirmar quase nada, porque isto demandaria uma pesquisa que ultrapassa e muito a nossa investigação, mas, no caso de Pedro de Castela, sua extrema crueldade é um claro produto de uma redação "encomendada" – e no mínimo suspeita – a um antigo servidor deste monarca, que mudou de bando e passou a servir a Henrique de Trastâmara, o qual necessitava, para consolidar na memória a sua conveniência, obliterar e difamar o reinado de seu meio-irmão destronado pelas armas.

Não seria a suposta e generalizada crueldade dos monarcas ibéricos o resultado de uma tentativa de se sobrepor aos efeitos da Crise? Crise estrutural, onde qualquer ação para debelar os seus condicionamentos implicava fazer pagar pelos mesmos alguma parcela da sociedade, quando não todos os segmentos sociais?

Pensamos que os *tempos eram cruéis*, e não necessariamente a crueldade era atributo desses monarcas ibéricos.

Nesta perspectiva, Pedro I de Portugal tornou-se o objeto de nossa investigação, que pretende estabelecer uma nova leitura da decantada "crueldade" deste monarca, no contexto das lutas internas de bandos aristocráticos, motivadas pela crise do século XIV.

D. Pedro I de Portugal foi o "Rei Cruel" ou ficou conhecido como o "Rei Cru".

Como nos diz Fernão Lopes com uma deliciosa ironia em sua crônica:

> Mas por agora deixemos a El Rey de Castella em Sevilla (*com as suas tiranias!*) matando, e prendendo aquelles, que vos depois contaremos, e digamos algumas outras coufas, queefte ano acontecerão em Portugal, que nos parece que he bem q saibais".[1]

Toda a trilogia legada pelo cronista centrou-se em um único fim: legitimar a origem da Dinastia de Avis, a quem oficialmente prestava serviços. Esta trilogia, onde protagonizaram D. Pedro I, D. Fernando e D. João I, deu destaque à figura deste último monarca enquanto o rei de Boa Memória, aquele que veio a inaugurar a Sétima Idade Cristã em Portugal.

Esta ênfase sobre a Crônica de D. João I acabou por colocar as demais em segundo plano. Neste contexto, a Crônica de D. Pedro I não recebeu uma atenção especial por parte dos historiadores, que centraram suas investigações no fundador da Dinastia de Avis. Através de D. João I, o cronista consagra a afirmação do projeto de independência política portuguesa em Aljubarrota, além de glorificar o alargamento da fé e dos horizontes marítimos na fatídica experiência de Ceuta.

Diante de tão *Boa Memória*, que espaço poderia receber Pedro I? Apesar de tudo, um espaço necessário. Era ele quem legitimava as origens do Mestre de Avis, e com ele se inicia toda a história de uma Dinastia e de uma nova era "na quall se levamtou um mundo novo, e nova geeraçom de gemtes."[2]

No entanto, D. Pedro é ignorado pelos estudos históricos. Existe muito pouca bibliografia a seu respeito, uma vez que os estudos se concentraram na futura mudança dinástica.

Ironicamente, dado o pequeno espaço ocupado pela figura feminina no mundo medieval, se não fossem os seus amores com Inês de Castro – tema que, inversamente, produziu e produz uma extensa bibliografia – nosso Pedro estaria condenado a um limbo historiográfico, diante da importância futura de João, o seu bastardo, que inaugura a "dinastia navegadora".

Nos capítulos da Crônica de D. Pedro I – que de maneira singular, concentra-se no inventário das maldades de seu sobrinho castelhano – a presença de um monarca pacificador e ao mesmo tempo justiceiro, que foi capaz de oferecer aos portugueses um reino "que taaes dez annos numca ouve em Portugal."[3] Pedro I aparece no registro do cronista enquanto Rei legítimo, fonte direta da justiça, poder onipotente e onipresente, senão modelo de perfeição, pelo menos de virtude. É através dele e de suas prerrogativas que ele bem governará o *regnum*.

A questão principal é entender a execução prática dessa justiça. Para isso, temos de ultrapassar a crônica, tentando identificar o contexto em que será exercida a prática da *Iustitia* em prol do bem do reino e do povo.

Acreditamos que os atos emanados de seu reinado nos permitem avaliar os mecanismos de poder, a legislação e a necessidade de governabilidade, em um período naturalmente violento e conturbado. Ao nosso ver essa crueldade pode ser transformada no uso da prerrogativa da justiça pelo monarca português.

A aplicação da Justiça faz parte do ofício do Rei. Ouçamos Fernão Lopes: "*Leixados os modos e diffinições da justiça, que per desvairadas guisas, muitos em seus livros escrevem, soomente daquella pêra que o real poderio foi estabelleçido que he por seerem os maaos castigados e os boons viverem em paz*".[4]

Será que através de D. Pedro I se pode perceber os inúteis esforços para afastar os impiedosos cavaleiros da guerra, da peste e da fome de Portugal? Ou se tratam de esforços para conter as rebeldias e usurpações do poder de uma aristocracia ameaçada pelo depauperamento pela Grande Crise das estruturas de senhorio e propriedade?

Ele usou da justiça "que a Deos mais praz" a fim de conduzir o seu reino e o seu povo sob a égide dos valores cristãos. Mas o Rei Justiceiro também foi o Rei Cruel. Ficou conhecido por sua personalidade impetuosa, impulsiva e apaixonada. Pelos seus "excessos" em causas que não "pareciam" exigir tanta rigidez. Qual era o sentido desta postura?

Sabemos que a Justiça é a espinha dorsal do poder real e, mesmo ainda Infante, D. Pedro recebeu o seu exercício efetivo, como barganha pela morte de Inês de Castro.

Inês já era morta e D. Pedro com gente sua e a parentela da finada passam a pilhar o reino entre o Douro e o Minho: "E nos logares que erão del Rei fazião todos os roubos, mortes, & danos que podião."[5]

Dois anos depois, em agosto de 1355, a paz volta a ser restabelecida, com a concórdia entre Afonso IV e D. Pedro, em que este renovava a obediência ao Rei seu pai e em contrapartida, receberia a parcela mais representativa do real poder: a Justiça.

> E que de hi em diante em todos os lugares do reino, per onde andasse & stiuesse, vsasse de toda jurisdição & poder, e que as sentenças e cartas que désse, passassem em nome do Infante. E que elle traia consigo Ouuidores que fossem seus, & se chamassem por elle.[...] E que qundo o Infante mandasse fazer justiça, os pregoeiros dixessem: Iustiça que manda fazer o Infante per mandado del Rei seu pai, & em seu nome.[6]

Ou seja, o desconsolo pela morte de Inês foi mitigado pelo real exercício do poder régio.[7]

Todavia a Crônica, de D. Pedro I é singular. Quando Fernão Lopes resgata a memória do Rei Justiceiro, ele recorre tanto ao *imaginário popular* – que mais guardou a imagem da figura do Rei *corregedor* de D. Pedro I –, assim como também utiliza de fontes escritas, como documentos de Chancelarias, testamentos e cartas diplomáticas.

Entretanto, precisamos ir além das crônicas. Já o dissemos; o panorama de crise em fins do século XIV é essencial para se entender a Justiça. Virtude necessária tanto para o povo, quanto para o Rei, a Justiça é comparada como a "lei de Deos", responsável pela manutenção dos bons costumes e de valores referenciais para uma sociedade cristã, como a castidade e a temperança. Ela "afremosenta os Reis de virtude corporal mas ainda spritual",[8] nos diz Fernão Lopes.

A Justiça era intrínseca ao Rei, uma vez que ele "fará leis per que todos vivam dereitamente e em paz" e os sujeitos, sendo também justos, "compriram as leis que el poser e comprimdoas, nom faram cousa injusta comtra nenhuum."[9] Assim a justiça era a modalidade do poder político. O governo secular tornou-se num exercício da justiça. "Ela era o nome comum do poder."[10]

Nos conta Fernão Lopes[11] que D. Pedro I agia por sua "natural enclinaçom refreou os males regendo bem feu Reyno"[12] como bem ressalta Lopes, para que o leitor não tenha dúvidas sobre isso.

Assim, à parte as ações espetaculares e anedóticas das crônicas (impossíveis de serem verificadas), a "crueldade" de Pedro I nos parece uma tentativa política ainda que frustrada, de por fim à crise, utilizando mecanismos ao alcance do poder real.

Tentativa frustada, como a Lei das Sesmarias, publicada por seu filho D. Fernando, que acirra as tensões potenciais...

E aqui uma questão que nos parece fundamental: ao submeter e "enquadrar" a nobreza, colocando seus vassalos na posse de castelanias, foge do exemplo do seu sobrinho Pedro I de Castela, que, pelo menos na versão de Lopes de Ayala, abala o poder real, ao matar e depor elementos influentes da aristocracia e substituí-los por parentes de sua amante D. Maria Padilha, o que joga a estes e suas parentelas nos braços de seu opositor e meio-irmão, Henrique de Trastâmara.

D. Pedro, como nenhum outro soberano da época, conhecia o território português profundamente, de Monção a Faro, de Sintra a Olivença.[13]

E talvez seja esse conhecimento que lhe permitiu a criação de uma linha de defesa interna e externa com a doação, à maneira feudal, de castelos a seus homens mais fiéis. Doações que envolvem o território português em uma malha de solidariedades absolutamente necessárias.

22 CARLOS NOGUEIRA (ORG.)

Principais castelos e fortalezas ainda utilizados nos séculos XIV e XV.[14]

Doações de castelos de Pedro I a seus vassalos:

1357:

06/06: **Beja** :*"Carta per que o dicto senhor mandou entregar o seu castello de beja a gonçalo anam seu vasallo que lhe delle fez menagem ect"*;[15] Pinhel, Évora.

08/06: *ARonchas* (Arronches) (*fora de ordem?*)

13/06: *Aurantes* (Abrantes).

14/06: Covilhã.

15/06: Torres Vedras.

18/06: Melgaço e Castro Leboreiro.

20/06: *Vinhãaes* (*Avinhais*), Bragança, Castelo Rodrigo, Nóbrega, Castelo da Vide, Montemor, O Velho, Guimarães, Valença (s/d.), Lindoso.
22/06: Lamego.
23/06: Monforte.
26/06: *Celorico* (Celorico de Basto), *Faria* (Terra de Faria).
28/06: Leiria.
29/06: Portel, Guarda (1ª doação), Lisboa, *Gaya,* Viseu, *Celorico* (2ª doação) *Feira* (Santa Maria da Feira).
01/07: Monsanto.
03/07: Santarém.
05/07: Chaves.
12/07: Marialva, Miranda, Coimbra.
24/07: Elvas, Campo Mayor, Sortelha.
08/08: *Mourom* (Mourão), Penamocor.
05/09: Castelo Mendo.
10/09: *Gouuea* (Gouveia).
01/10: *Castel boom*.
07/10: Guarda (2ª. doação), Sabugal.

1358:
01/01: Guarda (3ª doação).
02/04: Melgaço (2ª doação).
24/06: Leboreiro (2ª doação).
04/08: Montemor, o Novo.
24/08: Montemor, o Novo *(Carta ao alcaide para a entrega do castelo)*.
15/09; Óbidos, Alenquer.

1359:
05/03: Celorico da Beira.
24/04: Castelo Mendo (2ª doação).
04/10: Elvas (2ª doação).
24/12: *Aurantes* (Abrantes) (2ª doação).

1360:
02/01; Évora (2ª doação).
03/12: Lisboa (2ª doação).

1361:
28/08: *Castello d' outeiro* (Outeiro de Miranda).

1362:
14/04: Tavira.
25/05:Almeida.
01/12: Penamocor (2ª doação).
02/12: Bragança (2ª doação), Outeiro de Miranda. (2ª doação).
10/04: Faro (*Faarom*).
12/04: Leboreiro (3ª doação).
14/04: Tavira (2ª doação).
25/05 Almeida (2ª doação).
16/06: Pinhel (2ª doação).
17/08: Chaves (2ª doação).

1363:
01/01: Avinhais (*Aujnhães*) (2ª doação).
25/01: Fraião (*Froyam*).
01/02: Arronches (*Aronchas*) (2ª doação).

1366:
25/10: Marialva (2ª doação).
26/12: Montemor, o Novo (2ª doação).

Assim, podemos observar que no seu primeiro ano de reinado Pedro I entrega 45 castelos a vassalos, o que demonstra uma extrema preocupação em defender as fronteiras com Castela e internamente guarnecer as comunicações entre Coimbra e Lisboa.

Considerando o período de dois anos de reinado, este número ascende a 48 castelos em poder de seus vassalos e, ao fim de 1363, são 54 castelos, acrescidos das três Alcaiderias de Ouguela, Loullé e do Porto de um total de 94 castelos e fortalezas utilizadas no século XIV e XIV em Portugal, como pode ser visualizado no mapa que elaboramos:

O PORTUGAL MEDIEVAL   25

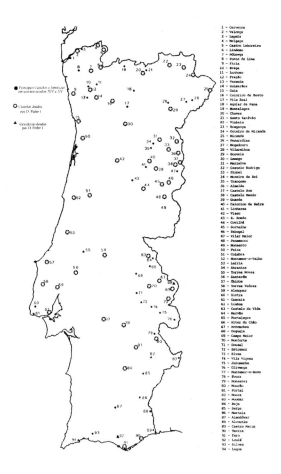

Destas doações, algumas são refeitas com a entrega a novos vassalos, ou até uma terceira entrega como é o caso da Guarda e de Montemor, o Novo. Substituição de vassalos não tão fiéis?

Não é o que as doações parecem demonstrar, pois se trata de reforçar o controle e a defesa de uma região com a substituição do castelão por parentes e a doação ao vassalo substituído de um novo castelo próximo.

O castelo da Guarda, por exemplo, foi doado três vezes e aqui temos certeza que não foi quebra de confiança, mas se tratava de uma estratégia política, pois o primeiro vassalo a tomar posse do castelo, Martim Perez de Calheiros, em 29 de junho de 1957, recebeu, ao deixar esta castelania quatro meses depois para um seu parente (supomos que seja seu irmão) Vasco Perez de Calheiros em 7 de outubro do mesmo ano, mas recebendo ao mesmo tempo, o castelo próximo de Sabugal.

Um outro motivo poderia ser o acrescentamento em relação ao monarca, como parece ser o caso de João Rodriguez de Basto, que recebeu o castelo de Outeiro de Miranda em agosto de 1361, castelania que é trocada em dezembro de 1362 pelo Castelo de Bragança, o que pode significar uma melhora de sua posição junto ao monarca, ficando o Castelo do Outeiro de Miranda para Rodrigo Álvares de Bornes.

O envolvimento do reino em uma malha defensiva de fortificações é ainda mais patente ao juntarmos o mapa dessa rede de castelos doados com a informação sobre os caminhos medievais utilizados em Portugal no século XIV:

Mapa elaborado pelo autor a partir dos mapas de "Rede viária medieval" (segundo Júlia Galego, João C. Garcia e M. F Alegria) e Principais castelos e fortalezas ainda utilizados nos séculos XIV e XV.[16]

Mesmo tendo em conta que o traçado dos percursos foi elaborado a partir das viagens de D. Dinis, sendo os mesmos incompletos para o norte do Douro e o Algarve, acreditamos que, no restante do território, este mapa ajude a entender a política de "cerco" levada a cabo por Pedro I.

Em suma, Pedro, para além da decantada "crueldade", intenta uma política destinada a manter sob controle os bandos aristocráticos em meio à crise e fundamentalmente a evitar os saques e as pilhagens de galegos e castelhanos, que buscam recompor suas perdas em meio à crise. Situação enormemente agravada com a definitiva tomada de Al-Andalus, que bruscamente retira do horizonte das possibilidades o ancestral botim.

A perda da fronteira de "acrescentamentos" obtidos pelo saque aos muçulmanos provoca uma onda bélica, alimentada pela tradicional "cultura de *cabalgadas*" que irrompe numa sangrenta guerra civil cujo ápice está na disputa entre Pedro I de Castela e seu meio-irmão Henrique de Trastâmara.

Ao mesmo tempo encontramos em suas Cortes uma significativa insistência de que *todos* aqueles a seu serviço portem armas por todo o reino: "*E mandamos que qualquer que nos nossos Regnos teuer caualo e Armas pera nosso seruiço as possa trager per todo nosso Senhorio cõmo per elles he pedido e nom lhas tomem emquanto reurem esses caualos e armas..*".[17]

Nas mesmas Cortes, nos Capítulos Especiais do Porto, queixam-se os mercadores que quando vêm às aldeias para comprar vinhos e frutas os alcaides lhes tomavam as armas, o que os obrigava a trazê-las escondidas. Ao que reponde o Rei:

> A este Arrtigo tenho por bem E mando que a nenhûu mercador enquanto ffor de Camjnho nom lhj tomeem ssa espada ou Cujtelo que leuar per qualquer guisaa que o leue ssem outro Engano na baynha nom ffazendo com ella dapno.[18]

A resposta do monarca é clara: há a necessidade das armas, para garantir a vida e as mercadorias, em caminhos agora mais inseguros. Contudo, devem portá-las bem à vista, para garantir a ordem social no interior das aldeias.

É essa mesma política de defesa do território que pode explicar a atitude para com seu sobrinho castelhano, que, fugindo de Castela, ao pedir a ajuda do seu tio, o monarca português, recebe uma negativa de asilo, pois o monarca ameaçava trazer a disputa castelhana para dentro de território português.

Pedro de Castela, fugindo de Henrique de Trastâmara chega a Portugal e dirigi-se até Coruche e dali lhe faz *"saber como viinha, e a ajuda e o acorrimento que lhe del compria"*.[19]

O monarca português, ciente do perigo potencial de tal situação mandou dizer ao sobrinho castelhano que permanecesse onde estava e aguardasse sua resposta, enquanto mandava buscar o Infante D. Fernando, e, junto com este, reuniu um conselho de seus "privados".

Deste conselho relata Fernão Lopes que, apesar de ponderado que era dever implícito ajudar a Pedro de Castela a recobrar o seu reino,

> acharom que o nom podia el Rei fazer sem gramdes trabalhos e mui gram dano de seu reino, e o peor de todo, nom teer nenhuumas aazadas razões como tal feito podesse viir a acabamento, quejamdo compria, por que el Rei D. Henrique seu irmão tiinha já toda Castella a seu mandar.[20]

As razões eram claras:

> Pois quem ouvese de lançar fora de Castella el Rei D. Henrique e todollos da sua parte, assi per batalha, come per guerra guerreada, gram poderia lhe conviinha teer; e nom se fazemdo segumdo seu desejo, *ficava ao depois em gramde homezio e guerra com elle* (grifo nosso) reçebemdoo outrossi em seu reino, e nom trabalhar de o ajudar eralhe gramde vergonhae prasmo; dês i er vemdoo e fallamdolhe, nom se poderia escusar delle. Porem acordarom que o mais são comselho era, que o nom visse el nem o Iffamte seu

filho, buscando alguumas razooens colloradas per que ppareçesse que dereitamente se escusava.[21]

Não podendo ir em pessoa e nem enviar seu filho, a Pedro de Portugal restava enviar a Curuche o "terceiro homem do reino" na escala das hierarquias: o seu valido, o conde de Barcelos.

Ali, João Afonso diz ao rei de Castela como:

> el Rei vira seu recado, e soubera parte de sua viimda de que guisa era, e que el de boamente o reçebera em seu reino e o ajudara a cobrar sua terra, como era razom e dereito, mas que por estomçe nom estava em ponto de o poder fazer como compria, por que daquellas vezes que lhe el fezera ajuda, assi per mar come per terra, os fidallgos de seu reino veherom del e de suas gentes mui mal comtentos e escamdallizados (*o que nos parece de grande importância!*); e que viinham em sua companha taaes, com que alguuns ouveram razzooens, e que era per força aver antrelles grmdes bandos e arroidos, o que a serviço dambos pouco compria.[22]

Para aplacar a fúria dos castelhanos com a recusa do auxílio, seu tio concorda no envio de uma carta de seguro para que se pusesse à salvo na Galícia e manda João Afonso e Álvaro Perez de Castro escoltá-los. Escolta singular que relutava em acompanhá-lo e terminou por abandoná-lo em Lamego, furtando-lhe ainda o conde Dona Leonor dos Leões, filha do rei D. Henrique a qual Pedro mantinha cativa, o que sem dúvida em muito contribui, para que, sete meses depois, fosse firmado um acordo com Henrique de Trastâmara.

Relações que se estreitaram a partir de então e, ainda mais importante: comprometendo-se o monarca castelhano a que *"trabalhasse a todo seu poder, que el Rei de Daragom fosse amigo delRei de Purtugal pela guisa que o elle era"*.[23]

A trajetória do vencido rei castelhano ajuda, e muito (e essa era, ao nosso ver, uma das intenções de Fernão Lopes), a entender a política externa de D. Pedro. Da Galícia, após alguns "atos tirânicos" a mais, Pedro de Castela se dirige a Bayonne, para se queixar ao príncipe de Gales do tratamento recebido em terras de seu tio, "*nom avia tanto pollo seu, como das Iffamtes suas filhas, as quaaes lhe devera dagasalhar e receber em sua encomenda*".[24]

Preocupado com a aliança inglesa, bem como com as relações comerciais entre as duas nações, D. Pedro envia embaixadores ao Príncipe Negro, que esclarecem ao final que seu sobrinho jamais havia pedido abrigo para as suas filhas, fazendo que o mesmo se dirija ao destronado monarca castelhano com estas palavras: "*nem [vosso tio nom era adevinha do que vos tiinhnees na vomtade*".[25]

Sanada a questão, *a real* questão da embaixada se explicita:

> Estomçe fezerom recontamento ao Prínçipe *das ajudas que de Purtugal recebera, assi per come per terra* (grifo nosso) [...] e que esta fora huuma da razões [...]por se nom levantarem antre hunns e os outros bamdos e arroidos e mortes. Razoarom tanto atta que se emfadarom, e o Príncipe conheçemco de razom disse, que o nom avia por culpado como ante; e (até então essa questão que não nos parece menos importante estava omitida) na parte da naao e averes, que lhe el Rei de Purtugal enviava dizer que em Ingraterra eram reteudos contra razom, que elle os faria logo desembargar, come seu amigo que era e quiria seer; e assi o fez de feito que em breves dias forom despachados.[26]

A atuação de D. João Afonso parece decisiva, tanto em escusar o monarca português do auxílio ao sobrinho, como fortalecer as relações com o novo monarca castelhano, ao devolver-lhe a filha sequestrada por Pedro de Castela há quase 14 anos. Homem de confiança e de vital importância para o seu projeto político, orquestrador fundamental e decisivo em momentos cruciais (como da declaração de seu casamento com Inês de Castro), o Rei o nomeia conde de Barcelos, e ainda mais: acrescenta à nomeação a regalia inédita de transmitir o título e direitos hereditariamente.[27]

As estratégias de nosso monarca funcionam. Não há guerras com Pedro I. Elas reiniciarão dois anos após a sua morte, com seu filho D. Fernando.

Tudo isso nos parece a evidência, não de uma "loucura" anedótica, mas de um monarca consciente, que protege o seu Reino das aventuras dos bandos armados castelhanos e tenta organizar a sociedade maltratada pela Crise.

Concordamos com Damião Peres que a tradição pode ser a responsável por algumas descrições de Fernão Lopes. "Alguns desses casos devem ter correspondido a sucessos reais como inculca o facto de se mencionarem na Crónica os nomes dos indivíduos a que os sucessos são atribuídos. Fernão Lopes teria tido talvez conhecimento de sentenças hoje desaparecidas, mas tem de reconhecer-se que a imaginação popular contribuiu para o conjunto de narrações com a habitual colaboração lendária."[28]

Como diz este historiador, Fernão Lopes teria encontrado uma lenda, já elaborada, do *rei justiceiro* e para isso cita as crônicas escritas por Acenheiro em meados do século XVI, onde aparece um caso não narrado por Fernão Lopes, e na Crônica de D. Pedro feita por José Pereira Baião em 1735,[29] onde o número de casos está acrescido de três![30] Ou seja, Baião acrescenta mais um capítulo, para "recuperar estas histórias.[31]

Mesmo a questão do ódio às feiticeiras e da queima da alcoviteira, no caso do Almirante Pessagno, nos parece uma grande folclorização, de episódios mais corriqueiros, como soe acontecer na Península Ibérica. Para Castela, conhecemos bem a situação da popularidade das feiticeiras e da pouca ou nenhuma importância da repressão às práticas mágicas no mundo ibérico medieval. Tanto é assim que a primeira lei sobre estas práticas data de 1403.[32]

Do mesmo modo, no capítulo VII, que relata a tentativa de açoite do "amancebado" Bispo do Porto, sabemos que esta jamais existiu, pois o único bispo do Porto à época de D. Pedro foi D. Afonso Pires, não constando nenhuma desavença entre o mesmo e o monarca e tendo o prelado sido sepultado em odor de santidade.[33]

Justiceiro extremado e protetor dos pobres, "folgando de lhes fazer direitos", Pedro

> era além difto taõ zelofo em fazer juftiça efpecialmête dos que eraõ traveffos, que perante fi os mandava meter a tormento, e fé confeffar não queriaõ, elle fé defpia de feus Raes pannos, e por fuá mão açoutava os malfeitores;[34]

Assim,

> A todo o lugar onde ElRey hia fempre acharíeis preftes com hum açoute aquelle, que de tal officio tinha cargo, de forte que como a El Rey homem malfeitor dizia elle: *Chamem-me Fuão que traga o açoute* (grifo nosso). Logo elle eftava prompto fem dilação.[35]

Estamos de novo frente a um "justiceiro imaginado" que não encontra correspondência na sua ação política real, pois nas Cortes de Elvas de 1361, em dois títulos primeiro nos *Capítulos da Nobreza,* no artigo 7º que pede que

> por serviço que sempre fezerom em gaanhar as terras,e deffendellas a Mouros... nenhuû Fidalgo ou noosso vasallo nom seja metido a tormento[36]

Tal atitude será explicitada depois, nos *Capítulos Gerais do Povo.* O artigo 88º diz

> ..cõmo quer quer que de directo dos emperadores de cuio linhagem nos descendemos seja stabelleçudo que os nobres homens nom seiam metudos a tormentos [...] os quãaes nobres na nossa terra ssom e deuem seer clerigos filhos d algo e os homens boons que ham e ouuerom elles ou seus padres oçifis públicos na nossa terra e ssom quantiosos d armas e cauals pera nosso seruiço e defendimento dos nossos reinos que soja de conteçer que estes sobredictos heram per nosso mandado metudos a tormentos *majormente d açoutes* (grifo nosso). de guisa que per esto ficauam defamados [...] tãaes pessoas fossem scusadas de tãaes tormentos e seme lhaiujs Saluo nos casos speçiãaes que os directos querem.

Ao que responde o Rei:

> Respondemos que o nom fazemos nem mandaremos fazer des aqui adeante e pla nos que se faça o que os directos mandam em tãaes fectos per guisa que sas honrras e liberdades lhis seiam aguardadas como deuem.[37]

Quanto à lendária ira de Pedro contra a Mancebia, a documentação parece desmenti-la ou, pelo menos, relativizá-la. Acrescente-se ainda que em toda a Chancelaria de D. Pedro existe apenas uma ordenação sobre a questão da mancebia: a "hordenaçom dos barregueyros casados" de 1357.[38]

A "real" legislação contra a fornicação não está em Pedro, mas em Afonso IV, seu pai, onde encontramos uma série de leis que tentam regrar a luxúria, seja *"como querelar dalguum homem depois de trinta dias que a ouue de virgindade"*, como punir o *"homem casado que tem baregaa tehuda"*,[39] uma lei sobre como punir *"aquelles que fezerem dulterio com molheres casadas* (repetida duas vezes em seguida e confirmando a lei ordenada por seu pai D. Dinis), outra que prescreve a pena para *"todo homem que fezer pecado de luxuria com molher d'ordem"*, e mais quatro outras que tratam das virgens e das viúvas, punindo a saber: *"quem jouuer com molher uirgem ou ujuua que uyue onestamente"*, os *"alcajotes ou as alcaiotas que alcouuetarom molheres uirges ou ujuuas que ujuem onestamente"*, aqueles *"que casarem com molheres que uiuerem em poder de seus padres ou d'outrem"*,[40] e por fim *"as molhers ujuuas que fazem mall de seus corpos depous da morte de seus maridos"*.[41]

Um dos artigos das Cortes de 1361 parece demonstrar uma compaixão e compreensão, e porque não, uma certa "ternura", em relação às "mulheres públicas abarregadas", revertendo uma lei de (uma vez mais!) Afonso IV: "

> Art. 15º Item ao que diziam no XVº Artigoo que nosso Padre a que deus perdoe mandou que todolas molheres publicas aberragáadas touuessem seus vestidos stremados e desuairados das molheres casadas, E outrossj as molheres publicas que morassem nos Logares apartados per rrazom dos grandes scandallos e erros que

delo Recudyam e que ora tragiam seus vestires e tragos Assj cõmo asmolheres casdas per tal guisa que se nom conhosçem hûas das outras, e que fosse nossa merçéé que Mandássemos... A este artigoo Mandamos que tragam seus vestires *os poderem auer. Porque perderiam muyto em os panos que teem fectos* (grifo nosso) e nos adubos que em ellas tragem".[42]

Singular atitude, que, somada às outras já assinaladas, nos levam a estranhar, e muito, toda a construção de Pedro, em seu desvairado combate contra o "*fornjzio*", sequer ter a preocupação de confirmar as ordenações de seu pai! Como o fez, aliás para outras questões.

Voltemos às Cortes de 1361 e leiamos o que diz o artigo 89º dos *Capítulos Gerais do Povo,* que trata daqueles que com receio da justiça real, aos quais o monarca mandaria logo tomar as suas terras, ou àqueles que mandavam prender não sendo as suas ações provadas ou os erros cometidos justificassem tal punição:

...respondemos que daqui em deante lhos non mandaremos filhar (as terras) Saluo ãaquelles que ouuerem de veer o nosso auer quando merecerem ou em caso de trayçom E em este caso de trayçom nom Mandaremos filhar o directo de ssas molheres.[43]

Construção lendária que, uma vez "folclorizada", contribui, e muito, para desviar a atenção das reais preocupações deste monarca.

Portugal havia desenvolvido uma "cultura de guerra" peninsular quase permanente. E ainda mais no século XIV, em que a acentuação da violência aristocrática gerou um século de guerras quase constantes. Sejam as guerras com Castela ou com os muçulmanos, sejam as guerras internas de D. Dinis e de Afonso IV.

Esse estado implicou a criação dos *contos* de besteiros por Afonso IV, ou "talvez ainda D. Dinis", como nos diz Oliveira Marques, citando Gama Barros: "No estado actual da investigação, parece concluir-se que, embora a fixação de um *conto* de besteiros seja datável dos finais do reinado de D. Dinis para alguns concelhos, a sua generalização em termos nacionais só se deu nos começos do de Afonso IV".[44]

Besteiros estes, cujos privilégios (pelo menos para as localidades mais importantes para a defesa de Portugal) são confirmados e defendidos por Pedro I.

Assim, temos os seguintes Privilégios de Besteiros do Conto: Guimarães, Leiria (1357), Almada, Coimbra, Santarém (1358), Beja, Silves (1359), Évora (1361), Viseu (1363), Guarda (1364), Sesimbra e de seu termo, Marialva e Loulle (1366).

Apenas enuciados: Lamego (1357), Estremoz, Sousel (1358), Montemor, o Novo (1360), Covilhã, Campo Mayor, Serpa, *Mogadoyro* (1361), Aviz (1362), Campo de Ourique (1365), Olivença, Nisa, "*Vila de Seda*", Fronteira, 1366) e uma ordem para os juízes de Torres Novas cumprirem os privilégios de seus Besteiros (13..?).[45]

Voltamos a reafirmar: os dez anos do reinado de Pedro I são anos de paz.

Paz interna, ou externa, que singularmente é contraditória com o momento histórico catastrófico vivenciado. O seu reinado é marcado pela generalização da crise do século XIV, o que explica muitas de sua medidas, pois a peste grassou de 1361 a 1363 e a fome, ou pelo menos, escassez de mantimentos, de 1364 a 1366.[46]

Quanto à justiça *stricto sensu*, em um reino que vive um momento extremamente conturbado esta é uma das fundamentais preocupações de nosso monarca. Ele tem consciência da sua responsabilidade e traz a si qualquer questão, ao mesmo tempo em que reorganiza o funcionamento da prática judiciária.

Diz a Crônica, em seu capítulo V "*Falando el Rei huum dia nos feitos da justiça, dise que voontade era e fora sempre de manteer os poboos de seu Reino em ella, e estremadamente fazer direito de si mesmo*".[47]

Também em sua chancelaria há duas referências, que, embora semelhantes supomos que não se trata de uma repetição, mas sim de uma reafirmação de uma postura real, pois há elementos diferentes nas duas (apesar que não podemos afirmar com certeza, pois as duas ordenações não estão datadas). Duas Leis que visam proteger os súditos da demora e da corrupção da justiça e dos advogados: "*Hordenaçom como se han de desembargar as pitiçoões*"[48] e "*Hordenaçam que el rrey fez como se han de desembargar as petiçoões*".[49] Leis às quais culminam com uma ordenação radical, "*que nom aia procuradores nem uogados em todo portugal...*", para evitar *"perlongas nos fectos e fectos meleciosos"*, para que *"os poboos aiam liuramento dos fectos"*.[50]

Para além do anedótico de uma justiça crua e rasteira, em sua Chancelaria há uma série de ordenações corrigindo agravos, cartas às Justiças de Correição e uma delas muito interessante: *"que o corregedor nom este em trancoso em o tempo que se faz a feira"*.[51]

Pedro é o primeiro a regular sobre o confinamento de judeus e mouros, os afastando do convívio cristão e vice-versa, em horas que os atos não poderiam ser controlados pelo restante da população.

Também preocupado com o desabastecimento do reino, confirma e estende os Privilégios de Mercadores: em 22 de junho de 1357, confirma os privilégios outorgados por seu pai a mercadores genoveses (residentes em Lisboa),[52] a milaneses (*estantes em lixboa*),[53] aos prazentins (residentes em Lisboa),[54] documento posteriormente confirmado em março de 1363,[55] aos escoceses (moradores de Lisboa),[56] e em agosto de 1362 aos catalães, também moradores em Lisboa.[57]

E, por fim, inaugura uma prática fundamental que intenta estabelecer para si e para os monarcas vindouros a possibilidade de exercer uma intervenção reguladora dentro da instituição eclesiástica, seja em relação ao clero regular e secular, seja em relação às Ordens Militares: o Beneplácito Régio, resgatando de alguma forma o que havia sido concedido ao Papado por Afonso Henriques, ao encomendar a Roma o reino português.

Estando em Elvas, em 1361, fez reunir as Cortes: nelas, contra a intromissão da Santa Sé nos assuntos internos do país, D. Pedro instituiu o Beneplácito Régio, o direito de exame que o rei estabeleceu como regra, sobre os atos emanados de Roma para poderem ter feito em Portugal, ou seja, nenhum documento da Cúria Romana teria qualquer validade sem a aprovação do rei. Os prelados protestaram. D. Pedro I não os atendeu.[58]

Em verdade, trata-se de uma confirmação "oficial": o Beneplácito Régio fora determinado/instituído antes, entre 1355-1357, pelo ainda infante D. Pedro, valendo-se do exercício da justiça que lhe fora entregue por seu pai.

Determinação que implicava em controlar não só a intervenção papal, em um período tumultuado pelo Cisma e que dividia o episcopado português entre Roma e Avignon, mas que submetia à Chancelaria Real quaisquer "letras do Padre Santo (ou dos Padres Santos?) e do Grão-Mestre de Rodes e dos desembargadores do Santo Padre e de alguns outros a que pertence de as dar por razão de matrimónios e de outras coisas".⁵⁹

Enfim, acreditamos haver levantado alguns elementos que nos permitam entender melhor a este Pedro I, o rei "esquecido", o rei "folclórico" cujo único legado deixado na memória foram seus amores com Inês de Castro.

Amores dignos de um romance e que a tudo eclipsaram. Em boa parte até pelas próprias ações de Pedro. A sua ira contra os algozes de Inês não leva à crueldade sem limites, Mas a uma justiça *necessária* e fundadora do amor: o arrancar os corações àqueles que lhe haviam arrancado desse mundo sua doce amada. Igualmente, ao erigir um "documento-monumento" ao seu amor, deixa para a posteridade a confirmação do tão desejado "amor verdadeiro", o amor "para sempre": Até o fim do Mundo.

Esta é a tragédia historiográfica de um monarca que, reinando dez anos entre seu avô D. Dinis e seu pai Afonso IV e o trágico D. Fernando e o "convenhável" e messiânico D. João I, ficou para História como o Justiceiro sem medidas ou o folgazão popularesco.

Notas

1   Lopes, Fernão. *Chronica del Rey D. Pedro I deste nome, e dos reys de Portugal o oitavo cognominado o Justiceiro na forma em que a escreveo Fernão Lopes... / copiada fielmente do seu original antigo...pelo Padre Jozé Pereira Bayam.* – Lisboa: Na Offic. de Manoel Fernandes Costa, 1735, p. 261-2.
2   Lopes, Fernão. *Crônica de D. João I*, vol. I. Porto: 1945, p. 350.
3   *Ibidem*, p. 202 (grifo nosso).
4   Lopes, Fernão. "Prologo" in: *Crónica do Senhor Rei Dom Pedro, oitavo rei destes regnos*, Damião Peres (ed.) 2ª ed. Porto: Livraria Civilização Editora, 1979, p. 3.
5   "Chronica del Rei D. Afonso o IIII", *op.cit.*, p. 301.
6   *Ibidem*, p. 301.
7   Nogueira, C. R. F. "Amor de perdição: As mulheres entre a monarquia e o poder aristocrático no Portugal do século XIV" (no prelo).
8   Lopes, Fernão. *Chronica del Rey D. Pedro I pelo Padre Jozé Pereira Bayam, Crônica de D. Pedro I.* Porto: s/d, p. 5.
9   Lopes, Fernão. *Crônica de D. Pedro I.* Porto, s/d, p. 4.

10 ANDERSON, Perry. *Passagens da Antiguidade ao feudalismo*. Porto: Edições Afrontamento, 1980, p.170.
11 "[...] aas vezes naçem alguuns, assi naturallmente a ella despostos, que com grande zello a executam, posto que a alguuns vícios sejam emclinados". LOPES, Fernão. *Crónica de D. Pedro I*. Porto: s/d, p. 4.
12 *Idem*, p. 6.
13 RODRIGUES, Maria Teresa Campos. "O itinerário de D. Pedro I, 1357-1367" Separata *Revista do Ocidente*, 82: 147-176. Lisboa: 1972, p. 143.
14 SERRÃO, J.; OLIVEIRA MARQUES, A. H. (eds.) *Nova História de Portugal*, vol. IV. Lisboa: Editorial Presença, 1987, p. 347.
15 ANTT, *Chancelaria de D. Pedro I*, fl. 1 vol. Todas as doações contêm o mesmo enunciado.
16 MATTOSO, J. *História de Portugal*, p. 289; OLIVEIRA MARQUES, A. H. "Portugal na Crise dos Séculos XIV e XV" in: SERRÃO, J.; OLIVEIRA MARQUES, A. H. (eds.), *Nova História de Portugal*, vol. IV. Lisboa: Editorial Presença, 1987, p. 347.
17 OLIVEIRA MARQUES, A.H; DIAS, N. J. P. P. (eds.) *Cortes Portuguesas. Reinado de D. Pedro I (1357-1367)*. Lisboa: Instituto Nacional de Investigação Científica, p. 30-1.
18 *Cortes Portuguesas. Reinado de D. Pedro I*, p. 114.
19 *Crónica do Senhor rei Dom Pedro, oitavo rei destes regnos*, 2ª ed. Porto: Civilização Editora, 1979, p. 176.
20 *Ibidem*.
21 *Ibidem*, p. 177.
22 *Ibidem*.
23 *Ibidem*, p. 188.
24 *Ibidem*, p. 191.
25 *Ibidem*, p. 193.
26 *Ibidem*.
27 MATTOSO, José (dir.). *História de Portugal*, vol. 2, p. 489.
28 PERES, Damião. "Introdução". *Crónica do Senhor rei Dom Pedro, oitavo rei destes regnos*, 2ª ed. Porto: Civilização Editora, 1979, p. 26-27.
29 LOPES, Fernão. *Chronica del Rey D. Pedro I deste nome, e dos reys de Portugal o oitavo cognominado o Justiceiro na forma em que a escreveo Fernão Lopes... / copiada fielmente do seu original antigo...pelo Padre Jozé Pereira Bayam*. Lisboa: Na Offic. de Manoel Fernandes Costa, 1735.
30 PERES, Damião. "Introdução", *op. cit.*, p. 27, nota 42.

31 LOPES, Fernão. *Chronica del Rey D. Pedro I deste nome, e dos reys de Portugal o oitavo cognominado o Justiceiro na forma em que a escereveo Fernão Lopes... / copiada fielmente do seu original antigo...pelo Padre Jozé Pereira Bayam*, op. cit., p. 118-126.
32 Para o mundo castelhano, ver: NOGUEIRA, Carlos R. F. *O Nascimento da Bruxaria*. São Paulo: Imaginário, 1995. Para Portugal, em especial, MORENO, Humberto Baquero. "A Feitiçaria em Portugal no século XV". *Anais da Academia da História de Portugal*, II série, 26: 19-41, Lisboa, 1984 e BETHENCOURT, F. *O Imaginário da Magia*. São Paulo: Companhia das Letras, 2004.
33 *Ibidem*, p. 27-8.
34 *Ibidem*, p. 86.
35 *Ibidem*, p. 88.
36 *Cortes Portuguesas. Reinado de D. Pedro I*, p. 28-9
37 *Cortes Portuguesas. Reinado de D. Pedro I*, p. 76-7.
38 ANTT, *Chancelaria de D. Pedro I*, doc. 258, fls. 20 -20vº. Pub.: OLIVEIRA MARQUES, A. H. (ed.). *Chancelarias Portuguesas. D Pedro I (1357-1367)*. Lisboa: Centro de Estudos Históricos da fculdade de Ciências Sociais e Humanas da Universidade Nova de Lisboa – Instituto Nacional de Investigação científica, 1984, p. 89.
39 ALBUQUERQUE, Martin de; NUNES, Eduardo Borges. *Ordenações del-rei Dom Duarte*. Lisboa: Fundação Calouste Gulbenkian, 1988, p.349.
40 *Ibidem*, p. 440-3.
41 *Ibidem*, p. 475-6.
42 *Cortes Portuguesas. Reinado de D. Pedro I*, p. 38-9
43 *Cortes Portuguesas. Reinado de D. Pedro I*, p. 77.
44 OLIVEIRA MARQUES, A. H. de "Portugal na crise dos séculos XIV e XV", *op. cit.*, p. 348.
45 ANTT, *Chancelaria de D. Pedro I*.
46 OLIVEIRA MARQUES, A. H. *Introdução à História da Agricultura em Portugal; a questão cerealífera durante a Idade Média*, 3ª ed. Lisboa: Cosmos, 1978, p. 42.
47 LOPES, Fernão. *Chronica del Rey D. Pedro I deste nome, e dos reys de Portugal o oitavo cognominado o Justiceiro na forma em que a escereveo Fernão Lopes... / copiada fielmente do seu original antigo...pelo Padre Jozé Pereira Bayam*, op. cit., p. 82.
48 ANTT, *Chancelaria de D. Pedro I*, fl. 51v.
49 ANTT, *Chancelaria de D. Pedro I*, fl. 63v.
50 ANTT, *Chancelaria de D. Pedro I*, fl. 71v.
51 ANTT, *Chancelaria de D. Pedro I*, fl. 106v.
52 ANTT, *Chancelaria de D. Pedro I*, fl. 3v.
53 ANTT, *Chancelaria de D. Pedro I*, fl. 3v.

54 ANTT, *Chancelaria de D. Pedro I,* fl. 3v.
55 ANTT, *Chancelaria de D. Pedro I,* fl. 81v.
56 ANTT, *Chancelaria de D. Pedro I,* fl. 3v.
57 ANTT, *Chancelaria de D. Pedro I,* fl. 79v.
58 *Cortes Portuguesas. Reinado de D. Pedro I,* art. 32, p. 26.
59 Oliveira Marques, A. H. "Portugal na crise dos séculos XIV e XV", *op. cit.*, p. 377.

Os neo-senhorealismos tardo medievais em Portugal

Manuela Mendonça[1]
(Universidade de Lisboa)

1. Ao pensar, com a Prof. Maria Eurydice, estes encontros, partimos da certa convicção de que o domínio aprofundado do Portugal medievo é pressuposto indispensável à compreensão da história do Brasil colonial.

Tal se explica pelo fato de, nos alvores do século XVI, o reino luso dar os primeiros passos naquilo que viria a ser o Portugal Moderno. Formas arcaicas misturavam-se então com apontamentos de novidade, num caminho em que as mentalidades se iam progressivamente confrontando, eventualmente adaptando, às novas realidades. E a primeira, em Portugal, foi sem dúvida essa abertura a novos mundos, dos quais teremos que destacar, naturalmente, o Brasil.

Mas sabemos também que foi a experiência de uma vivência anterior que transitou para os novos espaços, numa liderança quase sempre entregue às grandes famílias privilegiadas, que continuaram a manter o seu sonho de prestígio na posse da terra.

Importa, pois, recuar no tempo e caracterizar esse mundo medieval português, afinal, espaço de crescimento de quantos partiram para os novos mundos.

Ora, quando se fala em "medievo", o cotidiano do ocidente europeu associa-se-lhe intimamente, o que leva, não poucas vezes, a tomar a parte pelo todo, vindo a confundir essa Idade com a época feudal.

É assim que, para o Portugal dos primeiros séculos, se abre sistematicamente a questão: houve feudalismo? Apesar de ser uma discussão meramente acadêmica, têm-se defendido sobre ela várias teses, umas contra e outras a favor. Procurando uma resposta diferente, mas do meu ponto de vista francamente contraditória, vem-se afirmando a ideia da "monarquia feudal". Como se tal afirmação não contrariasse as premissas fundamentais à definição de "feudalismo"! De fato, assumindo a posição de, entre outros autores, Robert Boutrouche, afirmarei que: "aplicar o mesmo rótulo, não apenas a todos os vínculos de dependência como a sociedades e instituições que nada têm em comum com o feudalismo, é abandonar-se à rotina e construir uma ciência de restos. Obstinados, mantemos que sem contrato vassálico, sem feudo, sem organização social e política fundada em vínculos privados de natureza particular, não há regime feudal".[2] É nesta convicção que teremos que rejeitar a ideia de feudalismo em Portugal, território que, entre 1143, com o Tratado de Zamora, e 1179, com a bula *Manifestis Probatum*, assegurou um poder político único e centrado na pessoa do rei.

Aquilo que encontramos em Portugal é a preponderância de privilegiados que, com o seu poder assente na terra e nas imunidades, constituem essa outra Instituição, muito anterior ao Feudalismo e que designamos por Senhorialismo. Assentam o seu poder nas amplas possessões territoriais, que organizam em domínios pessoais, a que acrescentam amplos privilégios patrocinados pelos reis. Por isso são frequentes, desde os primórdios da monarquia, os confrontos com a coroa, num processo em que os reis tentam acabar com as doações de "mero e mixto império", procurando subtrair, pelo menos a justiça, à ação de particulares (esse será tema a tratar pelos meus colegas). Portanto, nos alvores do reino de Portugal, o que encontramos é um regime senhorial, criado com base nas imunidades e fundamentado na posse da terra, numa relação social bipolar. E uma pergunta se impõe: poderemos encontrar uma data limite para esse regime em Portugal? Certamente que não, como veremos. Mas certo é que, com a progressiva afirmação dos poderes régios, muitas das grandes casas portuguesas foram sendo controladas. Direi mesmo que, a partir de D. Afonso IV, terminaram os privilégios de *mero e mixto império,* diminuindo assim o crescimento desses poderes imunes. Essa via de controle fora já iniciada por D. Afonso II e tivera o seu ponto alto com D. Afonso III, num confronto claramente aberto com as *Inquirições Gerais.* O mesmo aconteceria com as *Leis da Desamortização,* implementadas por D. Dinis e que tanto descontentaram o clero. Mais tarde, uma lei de D. Duarte, a *Lei Mental,* assim designada por ter sido pensada por seu pai, D. João I, teve também como claro objetivo a contenção dos senhorialismos. No entanto, como ainda hoje acontece, as leis comportam exceções, o que viabiliza a recuperação de muito daquilo que era objetivo abater. Já retomaremos a questão.

Voltando aos inícios de Portugal e a título de exemplo, dir-vos-ei que, para além das tradicionais Casas, também o poder senhorial crescente se pode exemplificar com as Ordens Religiosas e Militares, no seu processo de fixação no reino. Para termos uma ideia desse processo até ao século XIV, falemos um pouco delas.

Estabelecidas em Portugal desde os primeiros tempos da monarquia, as Ordens Monástico-Militares foram um precioso apoio para os tempos difíceis da Reconquista. Prova da importância que significaram para os reis foi a multiplicidade de doações que estes lhes fizeram, nomeadamente nas áreas recém-adquiridas e que precisavam da presença militar e povoamento para garantir a defesa. O espaço ganho para sul, bem como regiões estratégicas do interior do território em que as incursões de fronteira e/ou por via fluvial podiam ser um perigo, foram então progressivamente objeto de entrega às ordens do Hospital, do Templo, de Avis e de Santiago da Espada. Do mesmo modo, grande parte da zona da atual Alcobaça foi entregue à Ordem de Cister.

Se nos centrarmos nas Ordens Militares, verificamos que a Ordem do Templo teve a sua primeira sede em Leça do Bailio, descendo depois para a linha do Tejo. Recebeu Soure e Tomar, dominando também o espaço da Beira, na fronteira com Castela. A Ordem dos Hospitalários, presente, de início, no Minho e Douro, passou depois para o Alentejo, detendo amplos territórios de fronteira, na zona de Alter do Chão. Quanto à Ordem de Santiago da Espada, pode dizer-se que se tornou guardiã do litoral a sul do Tejo, garantindo ainda a defesa do Sado. Posteriormente caber-lhe-ia liderar a última fase da Reconquista, juntando aos seus parte dos territórios que dominou. Finalmente a Ordem de Avis, nascida em Évora, a quem coube grande parte do interior alentejano.

O fim da Reconquista, com a saída total do domínio muçulmano do "reino do Algarve", determinaria uma mudança de significado na presença das Ordens Militares, entretanto enriquecidas. Por isso mesmo os seus réditos as transformaram em verdadeiros polos da economia nacional, tornando-se apetecidos e progressivamente objeto de interesse da Coroa. Estes poderios passaram, portanto, a ser uma grande preocupação dos monarcas que, a partir de D. João I, os foram neutralizando, como veremos. Assim, parece poder afirmar-se que, no início da segunda dinastia, os grandes poderes senhoriais portugueses estavam condenados, quer por força da Lei Mental, quer pelo controle das Ordens Militares. No entanto, muito rapidamente se recuperaram ou novos se constituíram. É a esses que chamo poderes neos-senhoriais.

2. Esbocemos então esse processo. No último quartel do século XIV, Portugal viveu um período político atribulado, tal foi a crise de 1383-85. Legitimada e aclamada a nova dinastia, D. João I, o rei da Boa Memória, encetava um caminho teoricamente novo. Contudo, a Coroa trouxera consigo inúmeras dívidas de gratidão, em simultâneo com a necessidade de pacificar a sociedade de corte. Tal originou a reedição dos grandes poderes, em tudo semelhantes ao modelo antigo, sendo que a política de D. João I, certamente influenciada pelo modelo britânico, teve ainda como objetivo criar grandes "casas", que "constituíam a expressão direta do poder central".[3] Estas, viabilizadas nos seus parentes mais próximos, permitiriam ao monarca uma centralização descentralizada, isto é, ter sob alçada da família real a maior parte do território português. A ideia terá sido interessante e até mesmo capaz de resultar no momento da sua concretização, pois D. João I estava rodeado dos seus filhos, que, eventualmente, comungariam de um mesmo objetivo.

Porém, as alterações que se sucederam após a morte do primeiro rei de Avis permitem afirmar que o objetivo não foi atingido e o modelo régio resultou num crescimento incontrolado de algumas famílias que, arrogando-se os direitos senhoriais, viriam a ser um perigo latente para a coroa. Assim, como veremos, o que D. João I criou, por causa da independência do reino, havia D. João II de ter necessidade de destruir para preservar o poder do monarca. Com efeito, este rei viria a travar o seu prestígio e crescimento, numa atuação por alguns considerada de cruel, mas sem dúvida necessária à continuidade da afirmação do poder régio.[4] Voltaremos ao tema.

A principal característica destes novos senhores era, pois, serem os familiares próximos do monarca, que o mesmo é dizer, os príncipes da *Ínclita Geração*.

3. Já referimos que, desde cedo, o rei da Boa Memória tentou controlar o poder das Ordens Militares. Fê-lo atribuindo os respectivos Mestrados a cada um dos seus filhos. Foi assim que o infante D. Fernando recebeu a Ordem de Avis, o Infante D. João a Ordem de Santiago e o Infante D. Henrique a Ordem de Cristo. Posteriormente, a tendência não só portuguesa, mas ibérica, seria para concentrar os Mestrados na pessoa do herdeiro da Coroa. De meros ensaios conseguidos em Portugal por D. João II e em Espanha pelos Reis Católicos, chegar-se-ia, ainda em vida destes, a ver reconhecida pela Igreja esta pretensão.

Controlada essa vertente do poder económico no reino, o primeiro rei de Avis procurou também conter um outro poder que viabilizara no seu caminho para o trono. Refiro-me a Nuno Álvares Pereira que, aos 23 anos, escolheu lugar junto do Mestre de Avis, na defesa intransigente da independência nacional. Assim se distanciava de muitas famílias da velha nobreza, vinculados à que consideravam legítima herdeira de Portugal, D. Beatriz, casada com o monarca castelhano. Em consequência defenderam a sua pretensão ao trono, vendo-se, na sequência da vitória do Mestre de Avis, privadas de privilégios e bens.

Ora, tal como escreveu Marcelo Caetano, "D. João I teve de atrair partidários e recompensar serviços mediante dádivas avultadas: os bens confiscados a um, logo eram doados a outro".[5] Deste modo foram crescendo os favores, cujo paradigma foi sem dúvida D. Nuno Álvares Pereira. Não iremos enumerar as doações de que foi alvo, mas diremos apenas que, a coroá-las, vieram também os títulos: Conde de Barcelos, conde de Arraiolos, conde de

Ourém etc., sempre acompanhados das respectivas vila e seu termos.[6] Parte deste patrimônio seria legado pelo condestável aos seus homens, mas a maior fatia pertenceria, naturalmente, a sua única filha, D. Beatriz. Procurando chamar ao seu círculo próximo estes bens, D. João I promoveria o casamento de seu filho bastardo, D. Afonso, precisamente com a jovem filha de Nuno Álvares Pereira. Em simultâneo, este bastardo régio, legitimado por carta de 20 de Outubro de 1391, recebeu de seu pai um número significativo de territórios, sobretudo no Douro e Trás-os-Montes, para além do condado de Barcelos. A Casa então nascida estaria na base do Ducado de Bragança, que podemos considerar o primeiro grande neos-senhorio da dinastia de Avis.

Para termos uma ideia do seu patrimônio basta lembrar que incluía "a vila e castelo de Chaves, com os seus termos e terras, o julgado de Montenegro, o castelo e a fortaleza de Montalegre, as terras de Barroso e Baltar, Paços e Barcelos, com toda a jurisdição cível e crime, padroados, direitos e pertenças reais; as quintas de Carvalhosa, Covas, Canedo, Sarraçais, Godinhães, Sanfins, Temporão, Moreira e Pousada, bem como os julgados de Neiva, Darque, Perelhal, Faria, Rates e Vermoim, com as suas terras e coutos; assim como Penafiel e Basto e o couto da Várzea".[7] A tudo isto se juntaria o prestígio dos filhos nascidos deste casamento, também eles contemplados na herança de seu avô com bens e títulos: D. Fernando, conde de Arraiolos e D. Afonso, conde de Ourém e Marquês de Valença e, mais tarde, sucessor na casa de seu pai. Foi assim que o poder desta grande Casa cresceu de tal modo, em afirmação e prestígio, que viria a tornar-se num verdadeiro poder alternativo dentro da corte. É a propósito dele que retomo a Lei Mental, cuja isenção de cumprimento lhe permitiu manter e, eventualmente, ampliar as antigas imunidades. Com efeito, nessa lei se introduziu uma cláusula que dispunha que "os bens da Casa de Barcelos não podiam em nenhum caso ser integrados na Coroa".[8]

Assim foi crescendo uma casa cujo chefe, sem intervir de modo ostensivo nas questões políticas, soube estar sempre do lado do poder. Tal se tornou nítido após a morte de D. Duarte, durante a regência do Infante D. Pedro, que lhe atribuiu o título de Duque de Bragança. Mas, sem dúvida, D. Afonso veio a liderar a oposição ao Regente seu irmão, insinuando-se no espírito do jovem rei, D. Afonso V, ao lado de quem esteve na trágica batalha de Alfarrobeira.

Na sequência, encontraremos esta família na primeira linha da expansão portuguesa, na vertente da conquista de Marrocos, liderada por D. Afonso V. Nessas praças foram capitães e governadores, transferindo para lá a mentalidade que haviam podido manter no reino.

Foi tal o prestígio dessa Casa que os respectivos descendentes vieram a ser estratégicas pedras de xadrez colocadas não só a nível nacional como ibérico. Assim:

– D. Isabel casaria com o infante D. João, seu tio, porque também filho de D. João I. Deste casamento viria a nascer: D. Brites que, ao casar com D. Fernando, se tornou Duquesa de Viseu; D. Isabel, que viria a casar com D. João II de Castela, sendo mãe de uma outra Isabel, hoje bem conhecida por Rainha Católica. Quanto a D. Brites, foi a mãe de D. Leonor, futura mulher de D. João II, mas também de D. Manuel, futuro rei de Portugal, para além de D. Isabel, que se uniria ao 3º. Duque de Bragança, D. Fernando;

– D. Afonso, que foi conde de Ourém e marquês de Valença;

– D. Fernando, conde de Arraiolos e, por morte de seu pai, o 2º Duque de Bragança. Morto em 1478, o título ducal viria a ser herdado por seu filho, também Fernando, que foi o terceiro Duque, cujo casamento já ficou apontado com D. Isabel, filha de D. Brites. Foi este 3º. Duque a vítima do poder decidido de D. João II. Seus irmãos, D. João, Marquês de Montemor, D. Afonso, Conde de Faro e D. Álvaro, chanceler-mor do reino, seriam igualmente perseguidos. Acolhidos a Castela, na corte de Isabel, a Católica, aí passariam a deter cargos de prestígio.

Em síntese, podemos afirmar que os grandes benefícios feitos a Nuno Álvares Pereira e a posterior aliança desta família, por meio de matrimônios, com a própria casa real, estiveram na base da primeira grande casa neos-senhorial do século XV. Eram, pois, autênticos senhores cujo poder se podia, a qualquer momento, levantar contra outro senhor, mesmo que este fosse o rei.

4. Vejamos agora a outra grande Casa que a prodigalidade régia viabilizou. Refiro-me a D. Henrique, conhecido como "o navegador". Este infante recebeu "casa", juntamente com seu irmão, D. Pedro, por carta de patrimônio dada por D. João I em 17 de Abril de 1411,[9] três anos depois de, nas Cortes de Évora de 1408, o problema se ter colocado pela primeira vez.[10] Tomando as medidas necessárias, o rei passou a providenciar, direta ou indiretamente, por escambo ou compra, na aquisição de terras para a constituição dos respectivos senhorios. Formaram-se então dois conjuntos, bem no centro do país, sendo que o que foi atribuído ao Infante D. Pedro abrangia a região de Coimbra e portos do litoral, de Buarcos a Aveiro, enquanto o senhorio do Infante D. Henrique, tendo por centro a cidade de Viseu, abrangia uma vasta zona da Beira interior. Estavam iniciadas mais duas grandes casas senhoriais, uma de índole marítima e outra de compleição rural. Contudo, da do Infante D. Pedro, feito Duque por seu pai no regresso da conquista de Ceuta, isto é, a 21 de Agosto de 1415,[11] pouco se pode apurar. Tal se deve ao fato do filho segundo de D. João I ter assumido a regência de Portugal, misturando assim a sua vida de grande senhor com a de responsável do reino, em nome de seu sobrinho D. Afonso V. Por isso, a história do Duque de Coimbra e do respectivo ducado ficaram, nos dez anos subsequentes, ligados à própria história da regência de Portugal. Mas quando o jovem rei, influenciado por forças adversas ao Regente, lhe retirou o governo e defesa do reino, foi às suas terras de Coimbra que o duque se acolheu,[12] ali reunindo os seus fiéis e ali recrutando a hoste que o acompanharia no caminho para Lisboa, onde visava explicar-se a seu sobrinho, sendo certo que, no momento da desventura, D. Pedro "apenas pôde dispor de apoio, voluntário ou imposto, das forças do seu ducado. A sua esfera de ação e influência circunscrevia-se essencialmente ao seu senhorio, onde viviam os seus cavaleiros, escudeiros, criados, servidores, lavradores e apaniguados".[13] Enfrentando as hostes do monarca nos campos de Alfarrobeira, foi como um grande senhor que morreu, perdido no mais aceso da luta. Considerado rebelde e traidor, a sua família foi perseguida e os respectivos bens confiscados. Com ele foram igualmente objeto do castigo régio todos os seus partidários e, particularmente, os habitantes do ducado de Coimbra.

Com esta morte prematura desaparecia um poder senhorial. Mas o outro, bem mais forte, mantinha-se em ascensão. Por isso elegi, como segundo grande poder senhorial, o que decorreu da Casa do Infante D. Henrique.

O terceiro filho do rei da Boa Memória recebeu casa em conjunto com D. Pedro, conforme já ficou escrito. Ao patrimônio inicial pôde juntar, quatro anos mais tarde, o título de Duque de Viseu e de Senhor da Covilhã. O infante dominava quase toda a Beira interior, confrontando os seus domínios com os castelos da Ordem de Cristo. Esse terá sido um dos motivos por que desejou aquele Mestrado, que viria a conseguir pela bula *In apostolice dignitatis specula*, após a morte de D. Lopo Dias de Sousa.

De um primeiro momento de valorização do patrimônio recebido e das terras confiadas para administração, o infante terá passado à progressiva convicção de que o futuro estava mais voltado para o litoral, ideia a que certamente não foi alheio o contato com o rio Tejo, que lhe veio com a posse do Mestrado. Por isso, em 1421, conseguiu do monarca o monopólio da pesca do Ródão;[14] em 1424 o infante obtinha um outro monopólio – o das saboarias do reino, primeiro instaladas em Santarém e depois estendidas a Lisboa. Seu irmão, D. Duarte, conceder-lhe-ia ainda, em 1433, o exclusivo da pesca do atum no Algarve e a dízima nova da pesca feita em Monte Gordo. Dez anos mais tarde obteria autorização do então regente, D. Pedro, para criar a Vila do Infante, recebendo também a doação do Cabo de S. Vicente em Sagres. Por morte do próprio D. Pedro, com a respectiva confiscação de bens, caberiam ainda a D. Henrique as ilhas Berlengas e o Baleal.

Prosseguindo no seu desejo de domínio, o infante deteve também posições no Alentejo, nomeadamente em Montalvão, Arez, Alpalhão e Alcáçovas. E no Algarve foi conseguindo as povoações de Boina, Raposeira, S. Vicente, Silves, Lagos e Alvor. D. Henrique conseguiu assim presença e interesses em todo o território nacional. Acresce que quase todas as vias que abriam para o mar lhe eram também acessíveis, quer alcançando-o por Lisboa, quer buscando-o por Peniche ou ainda pelos caminhos do Algarve.

Se a posição senhorial do infante D. Pedro se manifestou claramente numa política de enfrentamento do poder central, que lhe custou a vida, o mesmo se não pode dizer do infante D. Henrique que, em termos econômicos, detinha um poder bem superior ao irmão. Importa vê-lo agir numa outra direção: procurando sempre o favor da facção dominante, o infante entregar-se-ia à tarefa dos descobrimentos. A exploração das terras encontradas e os consequentes benefícios com que a Coroa sempre o compensou alargaram ainda mais o seu poder senhorial. Solteiro e morrendo sem filhos, deixou todos os seus títulos e fortuna ao Infante D. Fernando, seu sobrinho e filho de D. Duarte, que adotara antes da partida para a primeira conquista de Tânger, que se saldaria por um desastre.

Como sucessor do Infante, D. Fernando foi Duque de Viseu. A sua casa viria a transformar-se na mais rica de Portugal, dispondo ainda das Ordens Militares de Avis e de Cristo. Casando com D. Brites, a filha do Infante D. João e neta de D. Nuno Álvares Pereira, o Duque aproximava definitivamente as duas grandes casas senhoriais portuguesas: Bragança e Viseu. De fato, excluindo D. Pedro, cuja proximidade da coroa e projeto político ditaram a respectiva destruição, o restante família da Ínclita geração fundiu-se em dois ramos únicos e fortes.

Em síntese, podemos afirmar que dos grandes benefícios feitos por D. João I a três dos filhos, D. Henrique, D. João e D. Afonso, resultariam as maiores casas neos-senhoriais do reino, no século XV, sendo certo que, "tratando-se de grandes senhores e membros da família real, estes donatários tinham a plenitude da jurisdição nos seus senhorios, incluindo o poder de julgar os recursos para eles interpostos. Possuiam conselho próprio, altos funcionários e juízes superiores".[15] Eram, pois, como já ficou escrito, autênticos senhores cujo poder se podia, a qualquer momento, levantar contra outro senhor, mesmo que este fosse o rei. As alianças matrimoniais já referidas uniram e fortaleceram estas casas, certamente aumentando-lhes poder e prestígio, mas, sobretudo, dando-lhes força.

5. No reinado de D. Afonso V abriu-se um franco período de prosperidade e crescimento, não só para estas grandes casas, mas também para a restante nobreza. Generoso em demasia, foi pródigo em doações de rendas, terras e títulos. Criou 36 novos condes e ainda os títulos de marquês, barão e visconde.[16] Deu cargos aos senhores, como o de adiantados, regedores de justiça e governadores de comarca, permitindo-lhes assim tomar posições de preponderância em todo o reino, numa permanente atitude de exploração e prepotência frente às populações.

Quando, em Agosto de 1481, D. João II foi aclamado rei de Portugal, sabia muito bem que, para conseguir governar e impôr um modelo de fortalecimento do Estado, tinha que enfrentar e dominar precisamente os grandes poderes senhoriais que o seu pai favorecera. Nas Cortes que logo reuniu[17] é fácil encontrar o seu programa de governo: obrigou os senhores a dobrarem-se diante de si e ouviu os povos, traduzindo os capítulos gerais saídos dessas Cortes uma verdadeira panorâmica da situação caótica que se vivia no reino. A ação necessária do rei não podia agradar aos Grandes, particularmente aos Duques de Viseu e de Bragança. Falando só destes dois senhores, repare-se que, em termos percentuais, a casa mais rica era a de Viseu, com 27,5% do rendimento do reino; seguia-se a casa de Bragança com 16% do mesmo rendimento. Somando as duas obtém-se o resultado de 43,5%. Se considerarmos que o rendimento régio era de 43%, percebemos que o monarca tivesse absoluta necessidade de dominar estas casas e confiscar os respectivos bens. Acresce o poder que detinham, nomeadamente no campo das imunidades, que os levavam a impedir a própria justiça régia de entrar nos seus domínios. Essa pode dizer-se que foi a primeira grande luta de D. João II, que impôs que os seus corregedores entrassem indistintamente em todas as terras do reino. Posição rejeitada pelos Duques, viria a ser abandonada pelo rei. Mas não porque se tivesse conformado, mas certamente para mostrar que não estava a perseguir os que se consideravam vítimas. Certo é que, pouco depois, a sua própria justiça iria fazer rolar a cabeça do Duque de Bragança, na Praça Pública de Évora, a 21 de Junho de 1483. D. Diogo, Duque de Viseu, pereceria às mãos do próprio monarca, a 28 de Agosto do ano seguinte. Assim, sob acusação de alta traição contra o rei, se destruíram as duas maiores Casas de Portugal, confiscando-se igualmente todos os bens. No entanto, se, no caso da Casa de Bragança, a Coroa beneficiou da totalidade desses bens, o mesmo se não pode dizer da casa de Viseu. D. João II, ao comunicar a morte de D. Diogo a D. Manuel, seu irmão mais novo, fê-lo senhor de todos os bens que haviam pertencido ao Duque de Viseu, garantindo-lhe que de tudo "… lhe fazia mercê, e pura doação pera sempre…"[18] Assim aconteceu, mas os domínios não ficaram longe da coroa, pois D. Manuel permaneceu na corte, sob a proteção direta do rei, até que, bafejado pela sorte, sucedeu a D. João II.

6. Do exposto poderá concluir-se que o curto reinado de D. João II correspondeu ao desaparecimento das grandes famílias, sendo certo que o monarca nunca permitiu que se reeditassem semelhantes poderios. Contudo, a partir da morte do Príncipe Perfeito, ocorrida em 1495, a situação alterou-se. D. Manuel, duque de Beja e de Viseu, assumiu o trono e, poucos meses volvidos, já reabilitava a Casa de Bragança, numa operação econômica impressionante para restituir tudo o que lhe fora usurpado.

Portanto, na madrugada do século XVI, uma das duas grandes Casas senhoriais portuguesas transformava-se em Casa reinante. A outra, rapidamente reabilitada, recuperaria o velho protagonismo.

Veremos a família de Bragança tomar posse de bens e rendas no reino que, a qualquer preço, D. Manuel fez recuperar ou, não o conseguindo, lhes doou o equivalente. Do mesmo modo a vemos retomar a liderança de Marrocos e aventurar-se mais longe, protagonizando alguns vice-reinados na Índia. O seu crescimento social acompanhou a sua revitalização econômica. De um estudo recentemente feito pude concluir que, só entre os anos de 1513 e 1515, o Duque de Bragança passou mais de 200 alvarás de cavaleiro[19] a homens que se distinguiram na guerra, nomeadamente em Azamor. Trata-se de "gente da sua casa", que se espalhava por todo o reino, do Minho ao Algarve, passando pelas ilhas da Madeira e dos Açores.

Estas recuperação e preponderância social não se manifestaram apenas em Marrocos, mas também na Índia. E se, para finalizar, quisermos questionar a sua influência no Brasil, que diremos?

Que o primeiro esboço de capitanias foi feito por Martim Afonso de Sousa, que partiu de Lisboa a 3 de Dezembro de 1530. Seu pai pertencia à Casa de Bragança, sendo aio do 4º. Duque, mas tendo integrado igualmente o conselho régio de D. Manuel.

Tomé de Sousa, o primeiro governador-geral, fora escudeiro de D. Manuel, que depois o fez cavaleiro em recompensa dos serviços prestados em Marrocos. Quem o propõe? D. Afonso de Noronha, que pertencia à Casa de Bragança...

São apenas alguns exemplos, a mostrar como a mentalidade senhorial foi transferida para os novos espaços portugueses, quer falemos do norte de África ou da Índia, em termos claramente militares, quer falemos do Brasil e do intuito inicial de domínio da terra, certamente num modelo muito próximo do que acontecia no reino.

Eis porque se torna fundamental conhecer e entender as estruturas de Portugal Medieval, se queremos aprofundar as raízes do Brasil Colonial.

Notas

1. Professora da Faculdade de Letras da Universidade de Lisboa. Presidente da Academia Portuguesa da História.
2. BOUTROUCHE, Robert. *Señorio y feudalismo*, 2ª ed. Buenos Aires, 1976, p. 24.
3. MACEDO, Jorge Borges. "Setúbal na História Social Portuguesa". Separata de *Setúbal na História*, LASA, 1990, p. 179.
4. Cf. Manuela Mendonça, "Problemática das Conspirações contra D. João II". *Revista CLIO*, Centro de História da Universidade de Lisboa, vol. V, Lisboa, 1985, p. 29-52.
5. CAETANO, Marcello. *História do Direito Português (1140-1495)*. Lisboa/São Paulo, 1985, p. 511.
6. ANTT, *Chancelaria de D. João I*, lv.1, fl. 76.
7. SERRÃO, Joaquim Veríssimo. *História de Portugal (1415-1495)*, vol. II, p. 208.
8. *Idem, Ibidem*, p. 208.
9. Embora o original deste documento tenha desaparecido, conhece-se a confirmação do mesmo feita por D. Afonso V, a 30 de Julho de 1439 (ANTT, *Gavetas*, mç. 2, nº 3 e *Místicos*, lv. 2, fl. 31.
10. Nas Cortes de Évora foi decidido que se atribuiriam oito contos de mantimento anual a D. Duarte (herdeiro do trono), e cinco contos a cada um dos infantes D. Pedro e D. Henrique. Ficou ainda decidido que as dotações se destinavam a gastos de vestuário, moradia, alimentação e outros não especificados. Cada um receberia ainda um conto e meio para "guarnimentos e atavios", o que exigia da Coroa uma despesa anual de 22 milhões e meio de reais brancos. Estipulou-se ainda que seriam assegurados dez contos para compra de terras e herdamentos. A partir de então buscaram-se as terras que integrariam o património dos infantes. O documento referente a estas disposições pode ser encontrado na Biblioteca Geral da Universidade de Coimbra, *Ms* 696, p.123-6, com a datado de Évora, a 7 de Abril de 1408 (cf. Armindo de Sousa, *op. cit.*, vol. II, p. 97).
11. ZURARA, Gomes Eanes. *Crónica da Tomada de Ceuta*, cap. 101.
12. Para o conhecimento deste período histórico deve ler-se Rui de Pina, *op. cit.*, p. 638-706.
13. Humberto Baquero Moreno, *op. cit.*, p. 668.
14. ANTT, *Chancelaria de D. João I*, lv. 4, fl. 29v.
15. CAETANO, Marcello, *op. cit.*, p. 511.
16. I.B.N., *Pombalina*, cod. 152.

17 Cortes iniciadas em Évora, a 12 de Novembro de 1481 e concluidas em Viana de par de Alvito, em Abril de 1482. Cf. Manuela Mendonça, *D. João II. Um percurso humano e político nas origens da Modernidade em Portugal,* 2ª. Edição. Lisboa: 1995, p. 195-254.
18 *Idem, ibidem,* p. 81.
19 Documento que, presente ao rei, seria confirmado para, posteriormente ser transformado em *carta de ofício,* autenticada pela Chancelaria. Cf. Manuela Mendonça, "O Estatuto de Cavaleiro no início do século XVI. Significado Social da participação nos feitos bélicos do Norte de África". *Actas do XII Colóquio 'Laços Histórico-Militares Luso-Magrebinos. Perspectiva de valorização'.* Lisboa: 2002, p. 451-87.

Entre a coroa e a espada: um estudo da figura guerreira de Afonso Henriques a partir da guerra de reconquista

Rodrigo da Silva Salgado
(Mestrando – UFRJ/Gempo)

A presente comunicação busca analisar como se processou a construção da figura guerreira do primeiro rei de Portugal. Nosso estudo é recortado pelo período do processo de autonomia do Condado Portucalense que abrange a época compreendida dos fins do século XI e ao longo do XII. O primórdio desse século é um momento fulcral para a eclosão do fenômeno das autonomias no espaço ibérico cristão. Seguiram-se mutações de grandes consequências no plano político, econômico, social e cultural, derivados do caráter militar da organização social no âmbito da Guerra de Reconquista.

Analisaremos a ascensão de Afonso Henriques como rei de Portugal, cimentando seu poder sob o discurso da Reconquista cristã. Trabalhamos a ideia da luta contra o muçulmano como o elemento-chave na construção do poder lusitano, pois a questão fundamental a ser tratada nesta comunicação é a forma como se deu o estabelecimento do poder de Afonso Henriques devido ao caráter unificador da Guerra de Reconquista. A mesma não possui somente uma importância militar mas, sobretudo, política.[1]

A figura de Afonso, devido a este ideal, acaba ligando-se à ação armada, intimamente centrada no alargamento do espaço físico inicial do território do Condado Portucalense.

A guerra contra os muçulmanos amalgamou os sentidos militar, político e maravilhoso. Houve um propósito eficaz de apropriação de pontos estratégicos, de defesa e repovoamento do território. Em suma, foi a competência militar de Afonso Henriques na *Reconquista* que lhe permitiu o reconhecimento dos demais reis da Península Ibérica e da Santa Sé como legítimo rei de Portugal.

O aspecto militar da Guerra de Reconquista traduziu-se em múltiplos aspectos; seja na segurança efetiva para as terras da retaguarda, do Tejo para o Norte; seja na ampliação territorial, que significava um aumento de espaço disponível para a descida das populações excedentes do Norte e para a diversificação dos recursos econômicos ou afirmação de um esforçado guerreiro peninsular aos olhos da Santa Sé.[2]

Nas questões políticas, Afonso Henriques tornou-se o principal mediador dos conflitos entre grandes senhorios – leigos, eclesiásticos e ordens militares – havendo a partilha dos espaços disponíveis reconquistados; por meio da administração régia, as terras recém-reconquistadas vão se agregando de maneira orgânica ao núcleo primeiro.

Devido ao caráter instável da Reconquista, marcada por inúmeros progressos e retrocessos, o referido rei estabeleceu uma política de constantes doações através de cartas de *couto* e forais a fim de tornar as terras recém-conquistadas produtivas. Estas doações favoreciam tanto ordens monásticas quanto ordens religioso-militares, inclusive a nobreza que participou ativamente do processo de Reconquista.

O uso constante de símbolos guerreiros a toda realeza, a criação de uma memória régia em que o rei surge como chefe vitorioso do combate contra os inimigos da fé cristã, constituem elementos políticos que vão fixando lentamente os signos da identificação do reino de Portugal.

Nas questões pertinentes ao maravilhoso medieval, a figura construída de Afonso Henriques a partir de seus cronistas é de um representante de Deus com a missão de solidificar o processo de independência do Condado Portucalense e tornar as terras reconquistadas produtivas, além de integrá-las à Cristandade.

A batalha de Ourique é um exemplo claro da função maravilhoso a serviço da construção da figura guerreira de Afonso Henriques: o seu relato foi revestido, acrescentado e retocado de pormenores ao longo de séculos, onde o maravilhoso assumiu lugar primordial. O combate consiste no episódio em que as tropas de Afonso Henriques ao deparar-se com as de cinco reis mouros, de acordo com as crônicas, são tomadas de medo e de receio da derrota devido a sua inferioridade numérica nesta batalha.

Porém, é nesta adversidade que o milagre se manifesta, pois, ao perceber o abatimento de suas tropas, Afonso Henriques, prontamente se pôs a discursar com a finalidade de levantar os ânimos de seus companheiros de armas, sendo este discurso baseado na justificação divina de sua vitória nesta batalha, pois na noite anterior à batalha, Cristo lhe havia aparecido em visão e ele havia prometido a vitória contra os muçulmanos na batalha.

Esta propensão para mitificar o referido acontecimento militar resulta de se pretender ligá-lo à fundação do reino de Portugal, por associá-lo à aclamação de Afonso Henriques como rei. O discurso construído acerca da intervenção divina em Ourique fortaleceu a ideia de um reino construído com a ajuda de Deus e, através deste ideal, homem algum poderia ameaçar a autonomia do reino Portugal.

Jacques Le Goff ao escrever a obra *O maravilhoso e o quotidiano no Ocidente medieval*, nos apresenta as fronteiras políticas do maravilhoso. Os chefes políticos e militares da Idade Média utilizaram o maravilhoso para seus fins. De acordo com o autor, as dinastias reais sempre procuraram forjar para si origens míticas, o que posteriormente observamos a tentativa de apropriação do passado mítico por famílias nobres e cidades.[3]

Assim, inferimos que o maravilhoso torna-se um instrumento da política e do poder em Portugal, sendo a mitificação da batalha necessária à justificação do processo de independência, pois a vitória em Ourique devia ter constituído um fator de prestígio suficiente para Afonso Henriques decidir adotar o título de rei.

Para viabilizarmos nosso estudo, elegemos um *corpus documental* baseado em documentos manuscritos e impressos. Estes são compostos por forais, cartas de *couto* e crônicas, estas são responsáveis pela construção da figura guerreira de Afonso Henriques e pela fundamentação ideológica da construção do reino de Portugal e da guerra contra o muçulmano.

Nas crônicas analisadas, indagamos a narrativa dos feitos de Afonso Henriques e suas vitórias. Podemos afirmar que é deste discurso que provém as descrições das batalhas e dos gestos de enorme bravura e heroísmo, a sagração de atos políticos e guerreiros. Por este motivo, todos os cronistas que narram sobre sua vida e realeza ressaltam a sua *strenuitas*, sua valentia e seus sucessos guerreiros.

Durante a construção da figura de Afonso Henriques, todas as representações produzidas acerca deste rei coincidem em explicitar um ponto crucial: o seu papel como chefe guerreiro. Ao analisarmos a documentação, verificamos sempre o caráter belicoso atribuído ao referido rei, associando-o aos seus feitos militares.

As representações de Afonso Henriques confirmam a ideia de um guerreiro singular. As mesmas põem em relevo, de maneira muito expressiva, a espada. O rei empunha e coloca-a sobre o ombro numa atitude que consideramos ostensiva como se estivesse indicando a sua insígnia mais representativa, aquela que lhe fornece uma autoridade única, a que o distingue de todos os outros homens.

Esta espada possui a função de atribuir um maior significado à entrega desta insígnia na cerimônia de coroação, associando-lhe assim um rito inspirado na iniciação da cavalaria. De qualquer forma, estas questões eram características marcantes da primeira monarquia portuguesa, na qual a realeza foi obtida principalmente pelo direito de conquista, em que o seu primeiro rei assume de forma empreendedora a sua designação guerreira.

Inferimos que a consolidação política de Portugal não foi fruto do acaso e nem apenas da própria força de Afonso Henriques. Sem a ajuda de seus auxiliares durante o processo de Reconquista cristã, como seus companheiros de armas, clérigos da chancelaria, e a propaganda ideológica dos monges e cônegos regrantes, principalmente de Santa Cruz de Coimbra que o apresentaram como um instrumento de Deus na luta contra os muçulmanos, o monarca não teria sido reconhecido como rei pelos habitantes do território onde conquistou e dominou.

Inferimos que as vitórias guerreiras de Afonso Henriques lhe permitiram usar o título de rei, e seus súditos e pares considerá-lo como seu legítimo representante. Podemos afirmar que foi a guerra que assegurou um território amplo para deixar de ser apenas um Condado e se tornar um reino. Seu esforço vitorioso na guerra contra o muçulmano sancionava sua autoridade e reforçava-a.

Sem este pleno reconhecimento, Afonso I não poderia transmitir a sua coroa e suas insígnias régias ao seu filho e sucessor Sancho I, e nem este, provavelmente, teria sido reconhecido como seu verdadeiro sucessor. A atuação militar deste monarca inclui muitos segmentos da sociedade que se firmava. A integração política tornou-se viável em virtude da integração das regiões recém-conquistadas.

Esta forma de analisar os acontecimentos nos permite compreender o caráter eminentemente guerreiro dos primeiros monarcas portugueses, pois os mesmos se impõem, no conjunto dos reinos cristãos, como chefes guerreiros que devem a sua dignidade à descendência régia, porém, pelo vigor militar, encontram sua legitimação.

Em Portugal, estes reis eram justificados por esse trabalho e a extensão do seu território às terras retomadas aos muçulmanos constituía apenas a prova da sua submissão a Deus e aos seus mandamentos. Os elementos simbólicos de poder construídos durante a primeira monarquia de Portugal foram calcados na guerra contra o muçulmano.

Portanto, concluímos que a Guerra de Reconquista possui um verdadeiro sentido unificador de todo o território do Condado Portucalense e é precisamente a vitória de Afonso Henriques neste empreendimento, assim como sua rede de estratégias políticas e de poder, que o reconhece como o primeiro rei de Portugal, sendo esta legitimação proveniente do seu prestígio na guerra e da autoridade que ela lhe conferiu, sempre unindo a figura do monarca a esta ação armada.

A ascensão de Afonso Henriques ao trono português representava o aparecimento de um novo rei, destinado a tomar na Cristandade um lugar de relevo, amalgamando a figura do rei, da guerra e de um reino.

Notas

1. De acordo com a crônica de Duarte Galvão, a *Chronicon Conimbricense*, a *Chronica Gottorum*, a *Crônica de Cinco Reis de Portugal*, a ascensão de Afonso Henriques representava o juízo de Deus e sua vontade divina, assim como sua proteção em relação aos povos ibéricos, especialmente, os portugueses.
2. SERRÃO, Joel; OLIVEIRA MARQUES, A . H. (org.). "Portugal em definição de fronteiras (1096-1325): do Condado Portucalense à crise do século XIV". In: *Nova História de Portugal*, vol III. Lisboa: Presença, 1996, p. 31.
3. LE GOFF, Jacques. *O maravilhoso e o quotidiano no Ocidente medieval*. Lisboa: Edições 70, 1983, p. 28.

Bibliografia

LE GOFF, Jacques. *O maravilhoso e o quotidiano no Ocidente medieval*. Lisboa: Edições 70, 1983.

MATTOSO, José. *História de Portugal*, vol II. Lisboa: Círculo de Leitores, 1992.

_____. *Portugal medieval: novas interpretações*. Lisboa: Imprensa Nacional, 1992.

_____. *Fragmentos de uma composição medieval*. Lisboa: Estampa, 1993.

SERRÃO, Joel; OLIVEIRA MARQUES, A . H. (org.). *Portugal em definição de fronteiras (1096-1325): Do Condado Portucalense à crise do século XIV*. In: *Nova História de Portugal*, vol. III. Lisboa: Presença, 1996.

SORIA, Jose Manuel Nieto. *Fundamentos ideológicos del poder real em Castilla (siglos XIII-XVI)*. Madrid: Eudema, 1988.

Memória e propaganda legitimadora do fundador da monarquia de Avis

Maria Helena da Cruz Coelho
(Universidade de Coimbra)

A afirmação do poder real e o objetivo de uma forte política centralista e centralizadora têm de se impor em ato mas também em representação. Assim aconteceu em Portugal a partir da dinastia de Avis.

D. João era um filho ilegítimo do rei D. Pedro. Nascera para ser um membro do clero, um Mestre da Ordem de Avis. Circunstâncias e vicissitudes várias guindaram-no à realeza. A 6 de Abril de 1385 esse Mestre estava a ser aclamado rei de Portugal, como D. João I, e a assumir-se como o fundador de uma nova dinastia, a de Avis.

Sendo D. João I um ilegítimo tinha de suplantar as carências de sangue e uma ascensão ao trono, não por herança, mas por eleição em Cortes, recorrendo à propaganda, ao cerimonial, à ritualidade. No seu caso, mais do que em qualquer outro, esses rituais propagandísticos e memorialísticos eram vitais para firmar e legitimar o seu poder e assegurar a sucessão ao trono da sua linhagem.

O monarca de Avis empenhou-se, pois, tanto na ação como na celebração.

Na construção de uma memória a legar para a posteridade, tomemos como referencial as palavras de Zurara no capítulo XXXVIII da *Crónica da Tomada de Ceuta*:

> Uns fizeram tão grandes sepulturas e assim maravilhosamente obradas, cuja vista fosse azo de os presentes perguntarem por seu possuidor. Outros fizeram ajuntamento de seus bens, havendo autoridade de el-rei, por que o fizessem morgado para ficar ao filho maior, de guisa que todos os que daquela linhagem descendessem, houvessem razão de se lembrarem sempre daquele que o primeiramente fizera. Outros se trabalharam de fazer tão excelentes feitos de armas, cuja grandeza fosse azo de sua memória ser exemplo aos que depois viessem...
>
> E porém, dizia Alexandre, o grande, rei da Macedônia, que ele seria bem contente de trocar a prosperidade que lhe os deuses tinham aparelhado, e afastar sua mão de toda a parte que lhe no Céu podiam dar, por haver um tão lato e tão sumo autor para os seus feitos, como houvera Aquiles em Homero, poeta e um romano sendo perguntado em um convite, qual era a cousa que mais desejava, disse que saber, certamente, que, depois de sua morte, seus feitos seriam cumpridamente escritos como os ele fizera.[1]

D. João, e depois os seus descendentes por ele, perseguiram todos estes ideais de perpetuação. O rei de Avis mandou erguer para si e para a sua esposa um túmulo conjugal, até então nunca visto no reino, guardado no interior de uma capela que sacralizava os restos mortais de um rei fundador, acompanhado da sua linhagem. O rei de Avis legou ao seu filho maior a herança magna de todo um reino. O rei de Avis enobreceu-se em feitos de armas que asseguraram a integridade e segurança do reino ou o projetaram em conquistas de além-fronteiras por terras de muçulmanos, que lhe deram fama no seio de toda a Cristandade. Os descendentes do rei de Avis por eles próprios ou por grandes cronistas garantiram a memória escrita dos seus gloriosos feitos.

Como regedor e defensor do reino, o Mestre de Avis teve de enfrentar os castelhanos, sofrendo na sua cidade de Lisboa um cerco prolongado de mais de três meses, que debilitou os corpos pela fome e pela sede. Mas depois de ter resistido, o Mestre elevou-se ao mito de um Messias, aquele que, na nova era do Espírito, se esperava como o redentor e libertador. O percurso dessa mitologia política dá um novo passo nas Cortes de Coimbra de 1385, em que o Mestre é escolhido para rei. Para logo em seguida tal legitimidade jurídica se consagrar militarmente, defrontando D. João I, na batalha real, ocorrida em Agosto desse ano, o rei D. Juan I de Castela e saindo vitorioso.

O primevo e fundador memorial joanino era guerreiro e cobria-se de glória. E sempre em guerra se manteve D. João, submetendo ao seu domínio cidades, vilas e aldeias no interior do reino, e enfrentando Castela, defendendo-se dos seus ataques ou atacando para além das fronteiras, até que a primeira paz duradoura se assinasse em 1411.[2]

Mas, em consentâneo, desde cedo, o monarca avisino procurou viabilizar os fundamentos da sua corte e governo.

A aliança com João de Gand, filho do rei de Inglaterra Eduardo III, que lançou Portugal na campanha anglo-lusa por terras de Castela em 1387, teve como consequência maior a aliança matrimonial do monarca. Com a filha mais velha de João de Gand e de sua mulher D. Branca de Lancaster, D. Filipa, se consorciou D. João, na cidade do Porto, no mês de Fevereiro de 1387. Ainda antes de partir para a guerra, e na sequência apressada da reunião de Cortes mesmo nesse mês, constitui-se a casa do rei e da rainha.[3]

A corte régia modelava-se e disciplinava-se em torno da figura do rei, logo da sua casa, que acolhia a família conjugal e parental, mas também a mais alargada de todos os que o serviam. Os cortesãos privavam intimamente com todo o aparato e simbolismo da realeza.

Convergindo, na pessoa do rei, a dupla pessoa, pública e privada, as instituições e pessoal da corte materializavam ambos os desempenhos. Em torno da aula, o organismo aberto em que o soberano se reunia com os seus vassalos, conselheiros, oficiais e servidores, se desenvolviam os cargos ligados ao exercício da justiça, da organização militar e da administração, na manifestação pública do seu amplo poder político. Já a câmara demarcava a esfera do privado, com um acesso restrito à pessoa régia dos oficiais da sua maior confiança ou alguns da sua domesticidade, sendo a capela o espaço de vivência e cerimonial da corte, que acumulava a valência de guardadora da memória escrita, assumindo-se também como chancelaria.

A casa da rainha, mimetizando a do rei e assinalando-se mesmo nela o desempenho de cargos por vassalos régios ou por elementos femininos das suas linhagens, era todavia autônoma com rendimentos e oficiais próprios.

A rainha era cabeça de um gineceu, onde as donzelas das famílias fidalgas aprendiam as virtudes morais e as regras conviviais da corte, preparando-se para o seu desempenho futuro de esposas, mães e senhoras. Nela se criavam e ensinavam as escolhidas pelos vassalos do rei para o matrimônio, como também muitas dessas alianças conjugais aí se delineavam, às vezes até algo forçadas, da mesma forma que eram elas as progenitoras das novas gerações de cavaleiros e servidores do reino, como de igual modo assumiam a administração do patrimônio quando os seus maridos estavam ausentes no teatro da guerra.[4]

A corte, a partir dos seus protagonistas maiores, o rei e a rainha, tinha de ser modelo e norma de toda a sociedade, muito em particular da aristocracia. E de pronto essa família real se alargou.

D. Filipa foi um caso singular de mulher fértil em tempos medievais. Casada aos 27 anos de idade, manteve a sua capacidade de conceber até aos 42 anos. Nesses quinze anos de fertilidade ativa, regularmente e com intervalos intergenésicos de apenas um ano e alguns meses até à idade de 34 anos, para depois se alongarem a 2 ou 3 anos, deu à luz oito crianças. Conheceu todas as agruras e alegrias da maternidade. Teve um aborto, assistiu à morte de uma filha e de um filho, ainda crianças, enfrentou uma gravidez de risco, estando às portas da morte na ocasião do nascimento do seu último filho. Conheceu, porém, a ventura de lhe terem nascido e sobrevivido cinco varões – Duarte, Henrique, Pedro, João e Fernando, batizados com nomes de seus antepassados paternos e maternos – que garantiam plenamente a herança do trono de Portugal – e ainda o singular enlevo de haver gerado uma filha – Isabel – que a poderia coadjuvar, ou mesmo substituir, no seu desempenho político e social de rainha, como de fato aconteceu após a sua morte.

E não devemos esquecer que a descendência real, pelos seus ilegítimos, era ainda mais ampla. Dos amores de D. João, como mestre de Avis, havia nascido um varão, Afonso, que, pelo seu matrimônio com a filha de Nuno

Álvares Pereira, será o fundador da casa de Bragança, e uma donzela, Beatriz, que, pelo seu casamento com o conde de Arundel, reforçou a aliança entre Portugal e a Inglaterra.[5]

Assegurada esta, prole a corte tornou-se um referencial normativo, um exemplo de costumes e valores. É até um membro da linhagem, na pessoa de D. Duarte, que constrói esse modelo nas páginas do *Leal Conselheiro*, modelo que depois o cronista de Avis, Fernão Lopes, secundou e enfatizou.[6]

A corte avisina surge-nos descrita como um espaço de religiosidade e devoção a Cristo e à Virgem, o que reprodutivamente conduzia ao respeito e amor para com os progenitores. Mas na expressão da autoridade conjugal dominada pelo *paterfamilia*, que era neste caso também o pai de um reino, os filhos ter-se-iam norteado, acima de tudo, pelo amor e temor ao senhor rei. Cumpriam as sua vontades, obedeciam às suas determinações, aceitavam os cargos de que eram incumbidos, acorriam ao seu chamado, esforçavam-se por ser solícitos em dar-lhe satisfação, alegria e apoio nas tarefas cotidianas, nos momentos de lazer e festa e, sobretudo, nos mais duros, de tristeza e doença. Os infantes irmanavam-se, fraternalmente, sem cobiças e invejas.

Compõe-se, repetimo-lo, um modelo, um *exemplum*. Para servir aos membros da família real e os súditos do reino. Na prática não foram pequenas as clivagens e antagonismos entre os infantes e mesmo as discórdias com seu pai, rei e senhor. Mais graves ainda se mostraram as desavenças com a nobreza. Mas, no plano dos valores, muitas vezes também por certo no das aparências, sem negar alguma efetiva concretização, era este o *topos* normativo que se queria impor e difundir. A corte devia ser espelho de comportamento dos familiares, dos cortesãos, dos vassalos e mesmo de toda a sociedade.

Corte que se queria devota, virtuosa, unida, cavaleiresca e culta. Valores ideais, mas também valores práticos, programaticamente assumidos pelos infantes, que se envolvem em projetos militares em prol da fé cristã, que se afamam na Cristandade pelo seu saber e feitos de armas, que legam uma memória escrita em obras de doutrina política e militar, que se pautam por linhas devocionais e de espiritualidade muito exigentes e bem compaginadas com a fé do seu tempo.

Assim atuaram porque assim foram educados, recebendo dos seus maiores esta lição. A corte joanina inicia, de fato, novos e bem atualizados comportamentos, cerimoniais e ritos simbólicos.

O monarca de Avis empenhou-se em dar forma a uma corte como um espaço controlado da exibição do poder régio. A vida cortesã, a partir do *exemplum* do casal real, acompanhado depois pelos infantes, pauta-se, no cotidiano e no festivo, por um renovado cerimonial e etiqueta. Ela torna-se o modelo da doutrina moral, cultural, social e política, que devia ser imitada pelos súditos e reprodutivamente divulgada junto das suas clientelas nas casas senhoriais.

Nesse projeto da afirmação legitimadora do poder régio empenham-se múltiplos atores. Os nobres concorrem com a sua bravura e conhecimento de armas para o espírito guerreiro, cavaleiresco e cruzadístico que envolveram certos atos bélicos. Os clérigos que o serviram como conselheiros, diplomatas e confessores eram, pelos seus conhecimentos e experiência, os pilares do cerimonial litúrgico e da fundamentação teológica do seu poder. Os legistas concorriam com a sua retórica jurídica para alicerçar um política de afirmação régia. Artistas, homens de letras e de saber gravaram na escrita ou esculpiram na pedra os monumentos memorialísticos desse poder. Este corpo de colaboradores deu forma e conteúdo a uma coerente e acabada reperesentação e propaganda monárquicas, assentes em pressupostos retóricos, simbólicos, cerimoniais e iconográficos.

A simbólica heráldica redimensiona-se e fixa-se em cânones rigorosos e precisos, demarcando as hierarquias sociais. Compõem-se e divulgam-se signos identificadores do poder real. Com eles se consolida, num primeiro momento, a relação entre o rei e o reino, como depois se representa a assimilação entre o reino e a dinastia, corporizando a tomada de consciência de uma comunidade política. Espadas, escudos, pendões identificam o rei e o reino, em batalhas, e tornam-se mesmo relíquias para as gerações vindouras. Coroas, brasões e armas de Portugal figuram-se em pinturas ou ganham relevo em ornamentos escultóricos de mosteiros e igrejas ou de tumularia. A sacralidade eclesiástica acolhe e dá visibilidade à sacralidade régia.

A figuração das hierarquias que a heráldica codifica e representa invade a vida cortesã no cotidiano e muito em particular nos momentos festivos.

Nas representações cerimoniais combina-se a ritualidade com o simbolismo heráldico, tão ao gosto inglês. Na corte joanina aparecem então os arautos, oficiais com funções cerimoniais e diplomáticas, especialistas da linguagem emblemática da armaria e das convenções heráldicas. E é justamente um arauto português, natural de Lamego, que escreve o *Livro dos Arautos*, datado de 1416, obra de literatura heráldica, destinada a servir de guia aos arautos que seguiram com os embaixadores portugueses para o Concílio de Constança, dando-se a conhecer os elementos identificadores e nobilitadores dos reinos europeus.

Na corte joanina, a um tempo cavaleiresca e galante, reinava uma cultura de aparato, a que não seria estranha a forte influência inglesa que nela se fazia sentir. A par da armaria, estava em moda, na época, o uso de empresas e divisas, reforçando os significantes heráldicos. Se as armas codificavam os símbolos de uma linhagem a divisa era identificadora e personalizante, na expressão ideológica e simbólica da vontade e aspirações de cada indivíduo. Representadas, no corpo da divisa, por figurações e cores e, na sua alma, pela inscrição de uma legenda.

Rei e infantes, a par de grandes fidalgos, tinham empresas e divisas próprias, linguagem críptica de convicções e anseios.

D. João escolheu o pilriteiro como árvore simbólica, certamente pelos espinhos e adversidades que teve de vencer, e tomou como moto a frase "por bem", comungando D. Filipa da mesma figuração, mas pessoalizada na expressão "*Y me plaêt*", que, possivelmente, com a do monarca dialogava. As suas cores eram o azul e o vermelho, tradução da hierogamia entre o céu e a terra, que o poder régio, sacralizado e terreno, em si mesmo condensava. Afirmam alguns autores que, depois da tomada de Ceuta, D. João teria também usado uma outra divisa, em cujo corpo se figurava um rochedo penetrado por uma espada, que uma mão, saída de uma nuvem empunhava, e apresentava como alma a frase "*Acuit ut penetret*" ("para vencer agucei a minha espada"), na demonstração da sua agudeza em enfrentar difíceis empresas, como a expedição a Marrocos.

A par dos sinais e símbolos heráldicos e emblemáticos a palavra ergue-se para propagandear o poder real. A voz é dos eclesiásticos. A mensagem é a da teologização do rei e da realeza. Que se difunde, num discurso coerente e em crescendo, em sermões, e se fixa na prosa cronística.

Quando ainda Mestre, mas já depois de ter sofrido com a sua cidade de Lisboa as agruras da fome, da sede, e do assédio militar de um cerco, os pregadores mendicantes exaltam o seu poder carismático, a sua ação e entrega em prol da terra e das gentes de Portugal e anunciam as proféticas expectativas messiânicas e milenaristas de uma realeza. Nas cortes reunidas em Coimbra essa aura de predestinado e essas mensagens proféticas concretizam-se na escolha de D. João para rei. Rei que, no acúmulo do discurso apologético, vai culminar na mitificação e mesmo na sacralidade.

Nesta ascese, Aljubarrota assume-se como um ordálio, um inequívoco juízo de Deus, que se aliou ao seu eleito, protegendo-o e ajudando-o a derrotar o inimigo. Para depois, quando logrou conquistar Ceuta, ter concretizado um feito militar, que se repercute como uma vitória de toda a Cristandade contra o Islão. O rei, que fora obrigado a fazer verter sangue entre cristãos, para defender o reino de um invasor, redimia-se e purificava-se ao fazê-lo derramar em prol da expansão da fé e da conversão dos infiéis.

A guerra já não era só justa, mas plenamente santa. D. João refundava Portugal. A sua ação e valor reproduziam e evocavam a memória da valentia militar de D. Afonso Henriques, aquele que fora aclamado rei pelos seus companheiros de armas, tal como ele fora escolhido para rei pelas forças sociais reunidas em Cortes, na recompensa dos seus atos e dedicação ao reino, aquele a quem a providência divina auxiliara e protegera no recontro de Ourique, tal como acontecera consigo em Aljubarrota. D. João aureolava-se com o mito de outro rei fundador de Portugal, pedra angular de uma dinastia que era nova, mas que se enraizava e dava continuidade ao carisma guerreiro, vitorioso e sacralizado do antepassado.

Como escreve o Doutor António de Oliveira, "a cristofania, a um tempo, sacralizou o rei e fez de Portugal um país portador de um destino messiânico".[7] E, pela palavra, a imagem real compõe-se com os atributos do sagrado. Fernão Lopes, descrevendo os preparativos para o aterrador cerco de Lisboa pelos castelhanos, preanuncia o apoio divino na tribulação, com a visão dos milagres da candeias acesas ajunto ao muro da cidade ou da chuva de cera que caíra em Montemor-o-Velho.[8] Na sermonária de Frei Pedro, depois da vitória na batalha real, vertem-se para esta gloriosa empresa os anúncios proféticos da realeza do Mestre, que haviam saído das bocas inocentes de crianças e dos desígnios de um santo eremita como Frei João da Barroca.[9] Por sua vez o arauto que escreveu em 1416 o *Livro dos Arautos* – no qual dá justamente entrada ao milagre de Ourique – anota que D. João I foi "milagrosamente" vencedor dos seus vizinhos, tendo-os "por Deus" derrotado, embora fossem dez vezes superiores às sua hostes, do mesmo modo que, posteriormente, "aprouve ao Altíssimo" que entrasse na cidade de Ceuta e derrotasse os islamitas.[10]

E a sacralidade régia torna-se ainda mais explícita depois da sua morte, atestada por milagres, registada nos epitáfios mandado elaborar pelo seu filho e herdeiro D. Duarte e apregoada na parenética fúnebre, como veremos.

Corporizando a palavra, difunde-se a imagem. Ritualiza-se e cerimonializa-se o poder político, muito para além da esfera da corte, nos espaços públicos do reino. O rei deixa de ser um rei oculto e passa a ser um rei exibido, mostrando-se em todo um vasto programa de representações cerimoniais, que vão desde os ritos de passagem da família real, em particular os ritos funerários, entradas régias e cerimônias litúrgicas até às celebrações militares, recepção de embaixadas e banquetes.

A imagem real torna-se assim mais tangível e próxima, provocando uma adesão emocional dos súditos, facilitando os consensos para a aceitação do programa político da realeza. Esta representação do poder régio mobiliza amplamente a participação popular, sobremaneira quando ocorre nas cidades, espaços por excelência da circulação e intercâmbios de bens, homens e ideias. As entradas régias, sobrevivências dos desfiles militares dos vencedores, são um momento particularmente propício à teatralização dos laços indissolúveis e birrelacionais entre o soberano e os seus súditos.

São poucas as descrições das entradas régias de D. João I, que se ficam a dever à cronística de Fernão Lopes e Rui de Pina, mas carregam-se de profundo significado.

De Torres Novas, nos primeiros meses do ano de 1385, parte D. João para Coimbra, cidade em que se reuniriam Cortes. Parte, sem conseguir dominar a vila no cerco que lhe montara, já que fora minado por traições, mas parte acompanhado pela gente da vila e termo que não se queria separar daquele de quem tudo esperava. A descrição do quadro hiperboliza-se na prosa lopesiana e densifica-se numa linguagem profético-messiânica. O Mestre, qual Moisés atravessando o deserto com o povo de Israel, conduz o seu povo eleito, essa multidão de homens e mulheres miseráveis, a que não faltava mesmo um cego para enfatizar a imagem bíblica, para um nova terra prometida.

Estava preparada a encenação para a entrada em Coimbra.[11] As crianças, "sem lho mandando ninguém", como refere o cronista, saem ao caminho do Mestre. Montados em cavalinhos de canas e hasteando canaviais com bandeiras dão largas à sua alegria, correndo e gritando "Portugal! Portugal por el-rei D. João, em boa hora venha o nosso rei". Para logo depois o regedor e defensor do reino ser recebido em festa pela clerezia em procissão, fidalgos e cidadãos com jogos e trebelhos. Entrava na cidade um esperado Messias que, na literatura como talvez na realidade, mais programada ou mais livremente, a vontade popular queria entronizar. Era uma entrada em tempo de advento, anunciando-se proféticamente o nascimento de um novo rei.

Num segundo momento, logo depois de haver sido aclamado, D. João I faz a sua primeira entrada na cidade do Porto, que tanto o apoiara.[12] Um outro enquadramento se nos depara, uma outra mensagem se difunde.

Nesse mês da renovação da natureza, da festa e do amor que é Maio, nesse mês da celebração da festividade mítica e popular das Maias, a natureza e os homens congregam-se para receber um rei e senhor. As ruas cobrem-se de ramos, flores e ervas de cheiro. As casas, de portas abertas e purificadas com louro e ervas aromáticas, oferecem-se à hospitalidade. As janelas enfeitam-se com coloridos panos e mantas e com a formosura das donas e donzelas. No ar ecoam velhas cantigas ou novas trovas sobre o jovem rei. Preparam-se as danças e os jogos para a festa. O rio cobre-se de naus e batéis enfeitados com pendões, estandartes e ramos verdes e os remeiros alindam-se com ramos e flores para acolher o cortejo real, que, vindo de Gaia, tinha de atravessar o Douro.

Na outra margem a comitiva régia é recebida pela clerezia e pelos honrados cidadãos, com vestes ornadas a ouro e prata, e pelo povo. E segue-se o momento alto desta visita. Um cidadão estende a bandeira da cidade ao rei, que a toma com a mão, e presta-lhe preito e menagem em nome da cidade, prometendo serviço ao rei e ao reino, em corpos e haveres. O soberano aceita este juramento e compromete-se a defender a cidade e o reino com a sua vida e a recompensar aqueles que o servirem. Ritualiza-se, nos gestos e nas palavras, o pacto recíproco de fidelidade e serviço do vassalo e de proteção e liberalidade do senhor. Mas com uma projeção ampliada, porque se trata da obediência e sujeição, livre e espontânea, de toda uma cidade ao seu rei, num momento crucial de ameaça de invasão do reino por inimigos.

E depois do solene compromisso seguiu-se a festa desdobrada em jogos, danças e cantares. Avançando D. João I para o paço que o acolheria, caem sobre ele, atirados das janelas, rosas, flores, milho e trigo, enquanto se ouviam aclamações de "Viva el-rei D. João" e saudações de que "o mantivesse Deus muitos anos e bons e muita fosse sua vida e boa". Derramavam-se sobre a pessoa real os dons simbólicos da beleza e da fertilidade e os augúrios proféticos de um longa e nobre vida. Por dentro de um júbilo cósmico, os súditos comungavam com o seu senhor, para bem de todo o reino. O cerimonial e a ritualidade desta entrada foram, agora, de epifania, de manifestação de um rei, amado pelo seu povo.

A terceira e última entrada, que nos é relatada desta vez por Rui de Pina, aconteceu em Évora, no regresso da tomada de Ceuta.[13] Repetem-se os signos propagandísticos do embelezamento das ruas, do espírito festivo, da recepção calorosa das gentes. Mas já não é só a cidade que recebe o seu soberano, mas também a corte que aí estancia. O rei, acompanhado pelo herdeiro e pelos seus dois filhos mais velhos, regressa vitorioso da campanha cruzadística por terra de além-mar e é recebido pelos demais membros da família real e cortesãos que se unem aos grandes e miúdos da cidade. Toda a comunidade política e social, respeitosa e ordenada nas suas hierarquias, presta honra e louvor não apenas ao seu rei e senhor, mas também à sua prestigiada descendência. É uma entrada em tempo de consagração. Então os meninos pequenos "vinham todos ante ele cantando, como se fosse alguma cousa celestial enviada a eles para sua salvação". A consagração redimensiona-se. Transmuta-se em sacralização – a mensagem propagandística do poder real, de novo difundida pela voz inocente das crianças, é agora a de uma realeza e de uma linhagem real santificada e abençoada pela corte celestial.

Estes atos comemorativos e celebrativos chegam até nós mediados pela escrita. Escrita que grava uma memória. Uma memória modelada ao sabor do querer e da vontade do seu encomendante.

Retornando às palavras de Zurara, se Aquiles teve a dita de haver Homero como seu poeta, D. João I teve a dita de haver Fernão Lopes como seu cronista. A *Crónica* de Fernão Lopes foi encomendada a este guarda-mor da Torre do Tombo pelo herdeiro do trono D. Duarte e secundada pela vontade do infante D. Pedro. Fernão Lopes, com rara beleza literária e grande mestria de cronista, deu corpo a uma reconstituição do passado em que a sua mundividência pessoal se caldeou com a dos encomendantes. Nela se plasmou a projeção de um poder político, axializado na família real, que se apresentava como "o modelo referencial monárquico".[14]

No seu discurso de poder, o plano ético-político combina-se com o jurídico e providencial. Numa conceção aristotélica, a prática do poder é indissociável da moralidade da ação, assentando a boa governança na justiça, no bem comum, no patriotismo e na legitimidade do governante para o exercício do poder. E porque D. João se via ferido no seu carisma de sangue, Fernão Lopes, para justificar a legitimidade do poder do Mestre, recorre à enumeração de sinais prodigiosos e a uma retórica messiânica e providencialista que o indigitavam com rei, tanto por Deus, como pelo povo. Assim demonstrava que o seu carisma advinha da entrega à causa, que se identificava com o bem da comunidade, e da sua ação ponderada e justa, que suplantava a legitimidade hereditária.

A sua aura messiânica, tecida com profecias, sinais divinos, sermões e sacrifícios pelo bem comum, justifica a sua escolha como rei nas Cortes de Coimbra, por vontade divina, querer do povo, amor à pátria e atos meritórios.

Com a reconstituição e justificação deste acontecimento, que fecha a primeira parte da *Crónica de D. João I,* se termina o ciclo profético e milenarista da entronização. A segunda parte da *Crónica*, narrando a batalha de Aljubarrota como um ordálio, as lutas contra o inimigo castelhano como campanhas para defesa da terra dos seus *maiores*, e relevando os principais atos governativos do monarca, que tinham em vista o proveito da *res publica* e o equilíbrio da ordem social, assume-se como a legitimação do poder real pelas armas e a consagração absoluta da nova realeza e da sua linhagem.

Este memorial histórico do rei de Avis completa-se com a *Crónica da Tomada de Ceuta*, escrita por Zurara entre 1449 e 1450. A tomada de Ceuta é o ato que coroa e redimensiona a política guerreira de D. João I, já que a guerra é agora santa, um feito cruzadístico e cavaleiresco ao serviço de Deus e da Igreja. Em paralelo é a vitoriosa empresa militar na qual os infantes, com toda a honra e prestígio, ascendem à dignificante ordem da cavalaria. A *Crónica da Tomada de Ceuta* remata as mensagens contidas nas duas partes da *Crónica de Fernão Lopes*. Agora o monarca apresentava-se já como chefe de uma linhagem, guerreira e unida na ação, que se devotava ao alto serviço de Deus, da cavalaria e do ideal da Cruzada, vencendo os "infiéis" pelas armas e pela fé.

Estes memoriais escritos dos registos históricos combinam-se com os memoriais gravados na pedra. Também aí a escrita se lavra, mas associando-se aos signos e iconologia que a arquitetura, a escultura e a pintura em si mesmo encerram.

D. João deixou lembrança em monumentos díspares, desde paços e fortificações a mosteiros e igrejas.

Em Coimbra terá mandado erguer, no paço da alcáçova, uma nova ala palatina, aberta ao exterior por uma varanda, que amenizava a expressão fortificada da morada real; em Leiria ordenou a construção intramuros de um palácio com quatro pisos, flanqueado por duas torres, com uma varanda que permitia a contemplação da vila, palácio ao qual se adossava a Igreja de Nossa Senhora da Pena de elegante estilo gótico batalhino; no fértil vale do Tejo mandou cercar a vala de Almeirim e nela edificou grandes paços com muitas câmaras e salas e uma capela própria em honra de Santa Maria, construções circundadas por apetecíveis jardins e terras de vinha, pomares e hortas, lugar ameno e aprazível, de desenfado e lazer, onde D. João estanciou nos últimos anos da vida; em Lisboa acrescentou e melhorou os paços do castelo; na refrescante vila de Sintra, fez surgir um novo paço que acrescentava o dionisino, com rés-do-chão e primeiro andar, uma torre e 26 compartimentos, além de cozinha e capela, onde as cortes do rei, da rainha e dos infantes se podiam juntar com as suas clientelas; em Évora mandou levantar uns paços no mosteiro de S. Francisco, que lhe garantiam o isolamento do bulício da cidade, a par da proteção defensiva e do apoio espiritual.[15]

Por sua vez em castelos, torres, cercas, muros e muralhas, com vista à defesa militar e à segurança da populações, sabe-se que terá viabilizado obras e melhoramentos[16], fazendo inscrever em alguns deles a sua simbologia, como na torre do castelo de Bragança, em que se gravam as armas reais joaninas.

Cuidou e beneficiou ainda muitas igrejas e mosteiros, como, entre outros, a Igreja de Santa Maria de Oliveira e o mosteiro de S. Francisco de Leiria, mandando esculpir na frontaria da igreja do convento os brasões da casa real, havendo também apoiado a fundação do mosteiro de Santa Clara do Porto, gestos que bem evidenciam os traços da sua fé e devoção, muito arreigada à espiritualidade mendicante.[17]

Nesta arquitetura civil, militar e religiosa se inscrevem, muitas vezes, os sinais heráldicos e os símbolos emblemáticos da realeza e da linhagem de Avis, numa repetida mensagem propagandística. Marca personalizante de um rei e do seu régio poder, não apenas no tempo do seu governo, mas muito para além dele, para as gerações vindouras, na visibilidade desses monumentos ou na repetição das missas, orações e aniversários que em alguns deles se rezavam em perpétua lembrança deste empreendedor e benemérito soberano.

Mas o mais acabado exemplo da expressão artística desta filosofia ostentatória do poder é, sem margem de dúvida, o mosteiro de Santa Maria da Vitória. Nasce como uma "casa de oração" para agradecer à Virgem a proteção que concedera a D. João, como ele lhe havia rogado, na batalha contra os castelhanos, em que, como afirma, tivera "vitória maravilhosa".[18] Mas esta memória pétrea de um feito guerreiro foi-se metamorfoseando. Crescendo em magnificência no espaço e no tempo. De uma simples igreja, lembrança de uma batalha vitoriosa, tornar-se-á em mosteiro dominicano, em honra da Virgem, monumento legitimador do poder real. Concebido como marco fundacional de um bem-sucedido ato bélico, dobra-se de uma simbólica mais ampla de afirmação e legitimação de um monarca e de uma política régia. Monarca que, nascendo ilegítimo, se legitimara ao tomar nas suas mãos o resgate e defesa do reino contra os usurpadores e invasores castelhanos.

No espaço monástico, o sagrado combina-se com o profano, na pintura e na escultura. A realeza celeste une-se com a realeza terrestre. Na pintura da abóbada da sacristia anjos heráldicos, criaturas aladas de longas vestes vermelhas, sustentam, afrontadamente, os brasões de D. João I e D. Filipa de Lencastre. Uma outra figura angelical parece ostentar o brasão régio português, como que anunciando o Anjo Custódio de Portugal, do programa propagandístico da monarquia desenvolvido por D. Manuel. Finalmente um outro anjo, de mais difícil leitura, empunharia um estandarte, talvez o pendão real. Toda esta gramática pictórica imbuía o espaço da sacristia de uma profunda sacralidade, envolvendo-se numa aura celestial os símbolos do poder político avisino, projeção de uma epifania messiânica e salvífica, anunciadora dos altos desígnios da dinastia de Avis. Um manto divino cobria a realeza e as preciosas relíquias dos santos que se guardavam no rico tesouro da sacristia.

Uma densa expressão desta sacralidade régia ostenta-se no portal principal do mosteiro, o portal da Gloria, como lhe chamou Virgílio Correia.[19] Neste portal desenvolve-se toda a figuração cósmica da Igreja Triunfante e da Igreja Militante. O Velho Testamento, de profetas e reis de Judá, estabelece uma ponte com o Novo Testamento, de evangelistas e apóstolos. No reino celeste, Deus é servido e louvado pelos seus mensageiros, os anjos serafins e músicos, e a Virgem reina como mãe do Redentor. Depois da caminhada terrestre, alguns bem-aventurados, os santos, mártires, virgens e confessores, entram no jardim paradisíaco dessa corte divina e angélica.

Nesta profunda e densa iconografia eleva-se um hino de louvor à Igreja Triunfante, num programa escultórico certamente encomendado pelos Dominicanos. Nela se historia, numa narrativa de códigos e hierarquias, a corte celeste em que Deus se acompanha dos seus eleitos, dos seus anjos e dos seus santos. Iconologia e hierarquia litúrgicas, que remetem simbolicamente para a glorificação da corte terrena, centrada no rei fundador de Avis, servido também pelos seus eleitos, a rainha e os infantes da sua longa e prestigiada geração.

É este monumento, já plenamente imbuído de simbolismo, que D. João vai escolher para seu panteão real. A capela do Fundador, encostada ao flanco exterior da nave sul do mosteiro, será a casa-relicário dos restos mortais de reis e infantes santos, unidos valorosos e cultos. E desde então a Batalha assume-se ainda mais como um memorial propagandístico da dinastia de Avis, testemunho e símbolo dos seus gloriosos e elevados atos e valores e do seu poder firme e duradouro.

Espaço sagrado, centrado no túmulo do casal de Avis, rodeado pela tumularia dos infantes, decorada com uma personalizante heráldica, esta capela funerária projeta a imagem, quase litúrgica, de uma sagrada família. D. João I inscreve nela a memória coletiva de uma linhagem fidelíssima e leal, unida mesmo para além da morte.

União que se materializa desde logo no túmulo conjugal em que D. João e D. Filipa descansam. D. João, no seu jacente, mostra-se coroado, vestido com uma armadura completa e tabardo ornado com as armas reais, na figuração do rei e do guerreiro. D. Filipa, igualmente coroada, com túnica cintada e capa lavrada, segura um livro, revelando-se numa identidade de rainha, culta e piedosa. Mas numa outra nota iconológica, o casal une as suas mãos direitas, reafirmando a *maritalis affectio* da união conjugal, no significante do casal perfeito, que deu vida a uma linhagem real, igualmente modelar e virtuosa, que os acompanha no espaço sagrado do descanso eterno.

Este monumento funerário completa-se com os epitáfios laudatórios que D. Duarte compôs e neles fez gravar.[20] Para memória futura do seu progenitor, quis recordar os principais feitos que empreendera contra Castela, mas valorizou sobremaneira a sua expedição ultramarina, ao afirmar que D. João "havia sido o primeiro entre todos os cristãos que depois da perda geral de Espanha foi senhor da famosa cidade de Ceuta em África". D. Filipa é encomiada pela sua descendência dos reis de Inglaterra, pelo modelar exemplo de esposa e mãe e pelos seus bons costumes cortesãos, virtudes e piedade. No epitáfio joanino exalta-se a realeza e a linhagem de Avis, a partir de um progenitor invicto e virtuoso. A que se acrescenta, na *laudatio* de D. Filipa, o acúmulo de prestígio pela linhagem inglesa de que provinha e pela sua missão de educadora de toda a corte, pautada por altos valores que a elevavam mesmo à santidade. Estes elogios fúnebres constroem um mito do casal régio, que serve a pragmática política eduardina e, mais além, o poder futuro de toda a linhagem avisina.

A memória joanina foi, na verdade, um simbólico capital para a realeza de que o herdeiro do trono muito cuidou. Desde logo nas exéquias fúnebres e trasladação dos restos mortais de seu pai para a Batalha.

D. João I especificara minuciosamente os serviços que desejava para bem de sua alma, a herança do reino e a manutenção e gestão do seu precioso mosteiro de Santa Maria da Vitória e panteão fúnebre, no testamento que fizera lavrar, a 4 de Outubro de 1426,[21] quando tinha 69 anos. Não menos, segundo nos conta Rui de Pina, na *Crónica de D. Duarte*, se preparou espiritualmente para a passagem, peregrinando pelos lugares sagrados da sua especial devoção e vigiando a imagem póstuma da exibição do seu corpo, condizente com uma boa morte e um elevado espetáculo, reclamado pela alta dignidade do cargo real.[22]

Depois foi o seu herdeiro que se ocupou, meticulosamente, da cerimonialização e ritualização do tempo de luto e de dó – da linhagem e família para com o seu progenitor e parente; dos cortesãos e vassalos para com o seu senhor; de toda a população do reino para com o seu chefe e rei.

Por mais de dois meses o corpo de D. João I esteve exposto, qual relíquia santa, na Sé de Lisboa, sendo aí permanentemente sufragado e acompanhado. No dia marcado para o início da trasladação, desmultiplicaram-se os cerimoniais religiosos em missas, orações, bênçãos, toques de sinos e sermões e os cerimoniais civis de preitos de homenagem da corte e do povo de Lisboa.[23]

Quatro exaltados sermões evocaram os desígnios de Messias e Salvador deste rei quase santo, arrebatando os corações e fazendo correr as lágrimas. O dorido pranto, a copiosa luz, o contínuo incensamento, as vestes de luto dos clérigos e fidalgos, o carregamento do corpo real apenas pelos infantes e grandes senhores remetem para uma ritualidade sacralizadora. O solene cortejo fúnebre que se organizou, com todo o simbolismo heráldico e hierarquização social, encenou a derradeira saída do protetor e defensor da sua amada e leal cidade de Lisboa. Nos quatro dias do trajeto que se seguiram até à Batalha, as paragens em diversas igrejas e mosteiros dobraram-se de celebrações religiosas e caritativas e homenagens de cortesãos e súditos. Para se ritualizar, por fim, uma última e solenfssima entrada régia no mosteiro de Santa Maria da Vitória, a casa religiosa que D. João escolhera para o seu descanso eterno.

Em atos, gestos, palavras, ritos e cerimoniais, em vida de D. João I e para além dela, propagandeara-se o poder real e a legitimidade da realeza. Que coroava a memória de um rei fundador. Que garantia a transmissão reprodutiva desse afamado poder real nas gerações vindouras da sua linhagem. Que projetava, enfim, na cristandade, o prestígio e a fama do reino de Portugal.

Assim, no teatro das cortes, em 1451, D. João será lembrado pelo povo como "Padre dos Portugueses que os livrou dos seus inimigos".[24] Como na oratória laudativa do procurador do duque da Borgonha, será invocado como rei de suma glória, claríssimo e virtuoso, que defendeu o reino de Castela e submeteu a Portugal a inexpugnável cidade de Ceuta.[25]

Dentro e fora das fronteiras a boa memória da realeza avisina proclamou-se e propagou-se. O reino de Portugal e os reis e príncipes de Avis cumpriram, no futuro a haver, a alta herança recebida. Lançaram ao mar, feito barco, a terra dos seus *maiores*, para a acrescentar e viabilizar, e abriram, desde então, o velho continente ao conhecimentos de novos e outros mundos.

Notas

1 ZURARA, Gomes Eanes de. *Crónica das Tomada de Ceuta por el-Rei D. João I*, publicada por Francisco Maria Esteves Pereira. Lisboa: Academia das Sciencias de Lisboa, 1915, cap. XXXVIII (doravante citada *CTC*).
2 Para pormenores sobre esta evolução, leia-se Maria Helena da Cruz Coelho, *D. João I, o que re-colheu Boa Memória*. Lisboa: Temas e Debates, 2008, p. 19-147.
3 *Idem, ibidem*, p. 148-57.
4 A casa do rei, capela e casa da rainha são abordados por Maria Helena da Cruz Coelho, *op. cit.*, p. 182-91.
5 Para mais pormenores sobre a linhagem real, ver a obra referida nas notas anteriores, p. 22-3, 158-60.
6 D. Duarte, *Leal Conselheiro*, cap. LVIII, in: *Obras dos Príncipes*, introdução e revisão de M. Lopes de Almeida. Porto. Lello & Irmão-Editores, 1981; Fernão Lopes, *Crónica del Rei D. Joham I de Boa Memoria e dos Reis de Portugal o Decimo, Parte Segunda*, edição fac-similada da de Anselmo Braamcamp Freire de 1915, prefácio de Luís F. Lindley Cintra. Lisboa: Imprensa Nacional-Casa da Moeda, 1977. cap. CXLIX (doravante citada *CDJI*).
7 OLIVEIRA, António de. "D. Duarte. Pátria e memória". *Beira Alta*, vol. I, fasc. 4, 4º trimestre. Viseu: 1991, p. 440.
8 *CDJI. Primeira Parte*, cap. CXI.
9 *CDJI. Segunda Parte*, cap. XLVIII.
10 *Livro dos Arautos. De Ministerio Armorum, Script: Anno MCCCCXVI ms. Lat. 28, J. Rylands Library (Manchester)*, estudo codicológico, histórico, literário, linguístico, texto crítico e tradução de Aires Augusto Nascimento. Lisboa, 1977, p. 262-4.
11 *CDJI*, I, cap. CLXXXI.
12 *CDJI*, II, cap. IX.

13 *CTC*, cap. CIII.
14 Rebello, Luís de Sousa. *A concepção do poder em Fernão Lopes*. Lisboa: Livros Horizonte, 1983, p. 15-22.
15 Maria Helena da Cruz Coelho, *op. cit.*, p. 215-20.
16 Cf. Monteiro, João Gouveia. *Os castelos portugueses dos finais da Idade Média. Presença, perfil, conservação. Vigilância e comando*. Lisboa: Edições Colibri/ Faculdade de Letras da Universidade de Coimbra, 1999, p. 132-8.
17 Maria Helena da Cruz Coelho. *D. João I*. p. 289-90.
18 Sousa, Frei Luís de. *História de S. Domingos*, vol. I, introdução e revisão de M. Lopes de Almeida. Porto: Lello & Irmão- Editores, 1977, p. 629-32.
19 Correia, Virgílio. *Batalha. Estudo histórico-artístico-arqueológico do Mosteiro da Batalha*, vol. II. Porto: Litografia Nacional-Editores, 1931, p. 44-52.
20 Sousa, Frei Luís de. *História de S. Domingos*, vol. I, p. 638-42.
21 *Monumenta Henricina*, edição da Comissão Executiva das Comemorações do V Centenário da Morte do Infante D. Henrique, vol. III. Coimbra: Atlântida, 1962, doc. 70.
22 Como refere o cronista, estando já nos últimos momentos da sua vida D. João passa a mão pela cara e, sentido a barba crescida, ordenou que lha fizessem, pois "não convinha a rei, que muitos haviam de ver, ficar depois de morto espantoso e disforme", gesto que bem corroboraria a sua lucidez à hora da morte e se compaginava com a serenidade de um justo e com a consciência do espectáculo da morte régia (Rui de Pina, *Chronica do Senhor Rey D. Duarte*, cap. I, in: *Crónicas* de Rui de Pina, introdução e revisão de M. Lopes de Almeida. Porto: Lello & Irmão Editores, 1977).
23 Pina, Rui de. *Chronica do Senhor Rey D. Duarte*, cap. V.
24 TT- Suplemento de Cortes, m. 21, nº 47.
25 Referimo-nos ao discurso do deão de Vergy, enviado do duque de Borgonha e proferido perante D. Afonso V, em defesa de D. Pedro e de seus filhos, encomiando o fundador da estirpe de onde estes descendiam, D. João I (*Quatro discursos proferidos em Évora pelo deão de Vergy, J. Jouffroy, enviado do Duque de Borgonha a el-rey D. Affonso V*. In: Martins, Oliveira. *Os filhos de D. João I*, 3ª ed. Lisboa: Parceria A. M. Pereira, 1914, p. 425-65).

Três reis e um cronista:
discursos e imagens nas crônicas de Fernão Lopes

Ana Carolina Delgado Vieira
(Mestranda – USP/Gempo)

Falar de traços de identidade comum no medievo português não é tarefa fácil. Sabemos que a época medieval, na Península Ibérica como um todo, guarda grandes especificidades e não será nosso objetivo aqui discutir o porquê de suas peculiaridades. No tempo de nosso cronista Fernão Lopes, ainda não temos uma imagem concreta do que é ser português naquele momento, uma vez que não conseguimos localizar um latente sentimento de pertença que seja um fator identitário de um grupo. Entretanto, em suas crônicas, o que mais está presente é a imagem de Portugal e de seus naturais unidos em um sentimento comum que se fortalece ao longo da sua trilogia. Todo este referencial vai sendo erigido, não através da força difusa da língua comum e da percepção de um território com fronteiras definidas, mas sua construção é catalisada através da imagem-símbolo da figura do Rei.

De acordo com a tradição, o Rei é a ponte entre o Sagrado e o Terreno, ele é *in officio* a representação de Deus na Terra e sua essência e substância do seu poder deve servir sempre em prol de um bem comum. As virtudes do ofício régio já eram destacadas muito antes das criações de Fernão Lopes.

As leis produzidas no período de 1302-1366 versam que o poder real tem uma origem divina, e sempre associam o monarca como vigário de Deus, sendo portanto responsável pela boa condução de seu rebanho.[1] Além da sua origem, a finalidade do poder real também é justificada através da ideia da guarda e da aplicação das noções do direito, da paz e da justiça, que é versada como virtude máxima responsável pela *utilitas publica*. A metáfora biológica, tão clássica nos textos jurídicos medievais, também está presente na legislação portuguesa, em que o Rei é não só cabeça, como a alma e o coração do seu povo.[2]

E, por fim, nesta construção legal da imagem do Rei, temos a criação da dimensão ética do poder real. O "Estado de Rey" se justifica pela sua origem, mas, se legitima sobretudo através dos atos do Rei, que devem cuidar da saúde da alma do seu reino e dos seus súditos, assegurando assim a continuidade do bem comum.[3] Este estado de graça esteve presente em uma longa tradição nos tratados políticos medievais, assim como nos atos legais do medievo português, que revela uma continuidade na produção dos seus ciclos normativos. Mas para este trabalho, desejaremos tentar localizar o quanto este "Estado de Rey" está presente nos monarcas historiados por Fernão Lopes e o quanto desta graça foi louvada pelo cronista nos atos e nas posturas de seus Reis.

Em suas crônicas, Fernão Lopes procura dar destaque à virtude da Justiça, enquanto característica primordial ao exercício do bom reger. Para o cronista, a Justiça ganha destaque especial a partir do prólogo da *Crônica de D.Pedro I*, que a ela o dedica. É uma virtude necessária tanto para o povo, quanto para o Rei, pois ela é comparada como a "lei de Deos"[4], responsável pela manutenção dos bons costumes e de valores referenciais para uma sociedade cristã. Fernão Lopes registra nos capítulos desta crônica, a presença de um monarca pacificador e ao mesmo tempo justiceiro, Rei legítimo, fonte direta da justiça, poder onipotente e onipresente, modelo de perfeição e de virtude. O exemplo do bom monarca português nos é dado por Lopes quando este afirma que El-Rei:

> Era ainda de boom desembargo aos que requeriam bem e merçee [...]. Amava muito de fazer justiça com dereito; [...] andava pollo Reino; e visitada huuma parte nom lhe esquecia de hir veer a outra

> [...]; e se a escriptura afirma, que por o Rei nom fazer justiça, vem as tempestades [...] sobre o poboo, nom se pode assi dizer deste.[5]

Na sua segunda crônica, Lopes eterniza a imagem de D. Fernando enquanto o *Rei Formoso*. Desde o prólogo da *Crônica de D. Fernando* e seus primeiros capítulos, o cronista explora a imagem do jovem vigoroso que parece estar predestinado a um bom governo, continuador da ordem anterior.

> [...] mancebo vallente, ledo e namorado, [...] fremoso em parecer e muito vistoso, tall que estando acerca de muitos homees, posto que conhecido nom fosse, logo o julgariam por rrei dos outros.[6]

O cronista não deixa de ressaltar que D. Fernando também fora agraciado com a virtude da Justiça, uma vez que "Amava justiça [...] amou muito seu poboo e trabalhava de o bem rreger; e todallas cousas que por seu serviço e defensom do rreino mandava fazer[7]". Mas, o ponto alto da trilogia é a última crônica de Fernão Lopes, onde o cronista destaca todas as virtudes de D. João I, já investido em seu "Estado de Rey", dizendo que:

> [...] [o] mais excelente dos Rex que e Portugual reinaraõ, foy sempre bem fiell catholico [...] não hera sanhudo nem cruell, mas mança e byninamente castiguava: asy que ambas as virtudes que no Rey deve daver, [...] [a] justiça e piedade, eraõ em elle compridamente.[8]

Entretanto, o relato não parece ser linear, as três crônicas não compactuam de uma única tônica. O cronista é capaz de identificar ao leitor virtudes especiais dos seus três monarcas, mas isso não quer dizer que cada um deles executou de modo exemplar o seu ofício real.

Se a finalidade do poder real se concretizava a partir do momento em que o monarca se assemelhava à figura divina no plano real, o êxito de um governo se dava na medida em que este se aproximava das virtudes de Deus ou se afastava de seus ensinamentos. A evidência mais clara que mostra se o Rei estava agindo em prol do bem comum era o modo como ele passa a se relacionar com os naturais do seu reino. As relações dos populares com o monarca, registradas pela atenta interpretação de Fernão Lopes, era o demonstrativo mais fidedigno do sucesso ou do fracasso de um governo e essas oscilações são muito claras ao longo da leitura das três crônicas em conjunto.

Tanto D. Pedro I quanto o então Mestre de Avis, e mais tarde, D. João I, ganharam muitos capítulos nas crônicas, onde Fernão Lopes não se cansa de versar sobre suas relações com os portugueses de todas as partes do reino. Mesmo o *Rei Cruel*, com a sua fama de justiceiro implacável, é um Rei amado pelo seu povo onde em suas itinerâncias por Portugal, consegue ser recebido sempre com grandes festejos. É a imagem de um Rei que porta sempre um açoite, mas que ao mesmo tempo sai aos paços durante as noites de insônia e consegue confraternizar com os populares em meio a danças e festas. O que dizer então do Mestre de Avis, que, antes mesmo de ser investido do poder real, conseguiu reunir os populares em sua defesa e mobilizou a todos de Portugal, desde os clérigos, os fidalgos e o povo para a sua aclamação? Não que fosse dotado de um carisma extremado, mas o seu acolhimento popular unânime tinha razões mais profundas, como veremos a seguir.

Já D. Fernando não consegue levar adiante as suas virtudes do *Rei Formoso* até o final do relato. O atributo da realeza natural de D. Fernando, que o elevava à categoria de *primus inter pares* em qualquer ocasião, vai se alterando ao longo da crônica. No final do relato, el-Rei era já "mui desasemelhado de quando [...] começou de rreinar".[9] E esta mudança de imagens não se deve exclusivamente ao fato do Rei estar fraco e doente. A pista para um afastamento de D. Fernando das virtudes cristãs esperadas de todo *Rex Justus* já está manifesta em seu prólogo pelo cronista:

> Desfalleceo esto quando começou a guerra, e naceo outro mundo novo muito contrairo ao primeiro, passados os folgados anos do tempo que rreinou seu padre; e veherom depois dobradas tristezas com que muitos chorarom suas desaventuras mizquindades. [...] mas per ventura nom era *hordenado de cima*.[10]

Algo acontece em seu reinado que lhe escapa ao bom controle e faz com que a segurança do Reino fique ameaçada. A utilização atípica da primeira pessoa no texto do cronista confere a ele uma força considerável na construção da legitimidade do seu discurso neste trecho exposto:

> Todo esso creo come fiell cristaão, e creo mais que elle me deu estes rregnos pera os manteer em dereito e justiça, e eu por *meus pecados* o fiz de tall guisa que lhe darei d'elles mui maao conto.[11]

Lopes aponta que o mal-estar do monarca se relaciona com à ameaça da autonomia de Portugal pelos sucessivos conflitos com Castela. Mas a construção da imagem de um Rei inconstante e fragilizado vai sendo criada na medida em que estão presentes em todo o relato as relações de dependência de D. Fernando com os membros de sua nobreza. Entretanto, este mau governo tem causas mais densas, que não estão apenas ligadas ao modo de governar e sim também se relacionam às escolhas de D. Fernando e aos seus *pecados* confessos nos últimos momentos de sua vida. Há mais pistas destas imagens destorcidas de práticas virtuosas que estão espalhadas pela crônica e merecem ser recolhidas e colocadas em destaque. Um dos pontos altos destas imagens que são construídas ao longo da *Crônica de D. Fernando* é o casamento do Rei com Dona Leonor Teles de Menezes. Menina fidalga, casada, descendente de uma forte família castelhana, "lavradora de Vênus"[12] não era, definitivamente, a rainha que o povo desejava para o reino. Fernão Lopes alertou para o quanto este amor era danoso e mesmo os populares, os "verdadeiros portugueses", sabiam que não poderiam perder tão bom Rei por uma mulher que o tinha "enfeitiçado".[13]

Este foi o grande pecado de D. Fernando. Rompeu tratados, colocou o reino em risco, aproximou-se do *outro* lado, colocando o bem comum em segundo plano. Para Fernão Lopes e não só, era um momento no qual o reino precisava de um Rei mais atuante, tão presente e justiceiro quanto D. Pedro e tão virtuoso quanto o futuro D. João I. Há muitas imagens em Fernão Lopes, mas poucas tão fortes quanto a cena na qual o povo sente-se no direito de cobrar o Rei quanto ao seu casamento com Dona Leonor, e o ameaça caso ele siga adiante. Mais do que uma escolha, o que estava em jogo era a manutenção do bem comum e também a continuidade pelo zelo das boas virtudes de um reino cristão.[14] O desfecho desta história teve seu reflexo no reinado de D. Fernando. Sua fuga da cidade para se concretizar o casamento e o desprezo para com o seus súditos,[15] fez com que o reino padecesse pelas "sandices" de seu Rei.

Mas, por um pecado há um arrependimento. Capítulos adiante o cronista relata como D. Fernando se confidencia a um conselheiro, dizendo estar arrependido de seu casamento. O conselheiro lhe conta a história de D. Afonso IV, que também fora repreendido pelos seus por dedicar mais tempo à caça do que ao reino, e destaca a ameaça de deposição que fizeram a ele. O exemplo é sutil, mas revelador. A inversão da hierarquia presente na *Crônica de D. Fernando*, é sinal de que o Rei não está sendo o melhor senhor do reino.

Morre D. Fernando, sem grandes cortejos, sem a presença do povo, de um modo "não como perteencia a estado de rrei".[16] Mas em compasso de espera, o cronista habilmente tenta resgatar o que ficou suspenso desde a sua primeira crônica. Há uma importante passagem na *Crônica de D. Pedro I*, onde o Rei, através de um sonho, predestina que seu filho João, o então Mestre da Ordem de Avis, é o eleito para a salvação de seu reino:

> [...] por que eu sonhava huuma noite o mais estranho sonho que vos vistes: a mim pareçia [...] que eu viia todo Portugal arder em fogo, de guisa que todo o reino pareçia huuma fugueira; e estamdo assi espamtado veemdo tal cousa, viinha este meu filho Johanne com huuma vara na mãao, e com ella apagava aquelle fogo todo [...], alguns gramdes feitos lhe aviam de sahir damtre as maãos.[17]

Lopes encerra sua primeira crônica já mostrando que algo importante acontecerá nos próximos reinados. E, de fato, a profecia é retomada na sua crônica maior. Em diversos momentos da *Crônica de D. João I*, mesmo quando o Mestre de Avis ainda não é Rei e merece ter seus atos eternizados pelo cronista, o "Estado de Rey" se confirma ao Mestre desde cedo. O cronista deixa claro, para que o seu leitor não tenha dúvidas, que foi "ho Señor Deus [que] o posera em allto estado de Rey".[18] Dos três monarcas que versa Fernão Lopes, D. João I é o que mais tem vocação natural para a realeza. Mesmo antes de ser Rei, sua "origem real" é destacada por Álvaro Pais, que evoca sua descendência no socorro do Mestre no assassinato do conde Andeiro, em prol da honra de D. Fernando.[19]

Intervenção providencial, sem dúvida. Fernão Lopes cria assim a sua última crônica com o Rei que não nasce como tal, mas que o destino reserva para a salvação do reino. Para o cronista, D. João I foi o maior exemplo do "Estado de Rey" que Portugal poderia ter tido em sua história; mais do que um poder transmitido por Deus, o Mestre de Avis e posteriormente, D. João I era a representação personificada do filho de Deus em Portugal.[20] Não é por acaso que o Mestre se torna o "Messias de Lisboa", cidade sitiada, que sofre com a peste, com invasão dos partidários do Anti cristo e que reage sob comando do Mestre e de seus seguidores. Metáfora mais clara, impossível.

Mas mais do que o próprio apoio dos naturais de seu reino, o ainda Mestre tem a voz da própria Lisboa personificada, que "vhiuva e descomssollada" recebe o Mestre como "Senhor e esposo"[21] para o amar e servir. Deste modo, o cronista legitima que foi por vontade comum do reino que o povo deseja recebê-lo como Rei-Salvador, para que em Portugal se inaugurasse a "Septima Hidade"[22] cristã. Um novo tempo, com uma "nova geeraçom de gemtes", mas que ainda fosse capaz de recuperar a tradição das "amtiigas fidallguias".

Percebemos com estes exemplos que o tão honroso "Estado de Rey", que é legitimado ao longo dos tempos através dos textos legais, também aparece com uma forte carga no discurso do cronista. Lembremos aqui que toda crônica é capaz de elaborar um local da memória. Local este que acaba sendo construído pelo cronista na trajetória do resgate dos mitos do passado que *mereçam* ser eternizados na *sua* História. É lugar-comum encontrar um discurso laudatório entre os cronistas valorizando todas estas qualidades reais, já que são eles os porta-vozes de uma consciência coletiva, capazes de projetar a imagem do Rei no patamar máximo da hierarquia feudal.

Com Fernão Lopes não foi diferente. Reconhecemos que o cronista, ao conceber a sua trilogia e sua narrativa evolutiva, construiu um discurso repleto de imagens e de símbolos de poder. Mas não ofertou aos seus senhores o "Estado de Rey" de modo generalizado. O seu grande herói é, sem dúvida, o fundador da dinastia de Avis. E esta escolha não é inocente. Mas destacamos também que além deste protagonista, tanto D. Pedro I, quanto D. Fernando ocupam lugares de destaque na sua história e na história de Portugal. Eles são responsáveis pela legitimação de um destino. Destino este que vai sendo cumprido e eternizado pelos mitos criados pelo cronista através do seu discurso, capaz de fundamentar bases para a projeção de uma futura identidade comum em seu reino.

Notas

1 "Os Reis sam postos cada huum em seu rregno em lugar de deus sobre as Jentes pera as manter em Justiça. E com uerdade E dar a cada huum seu direito". Ley da partilha dos filhos dalgo. In: *Ordenações del-Rei D. Duarte*, p. 310-1.
2 "E porem foy chamado alma. E coraçom de seu poobo ca assy como a alma. Jaz no coraçom do homem E per ella ujue o corpo E se mantem assy el Rey E deue Jazer de rrazom E direita Justiça que he uyda E mantijmento do poobo E do seu rregno (...) porque el Rey he huum que deue fazer Justiça E em ell Jaz deuem seer huus com ell dessy porque he cabeça do seu Regno. Ca assy como da cabeça naçem os sentidos per que se mandam todo-llos membros do corpo, assy pollo mandamento que ceçe el Reu que he cabeça de todo-llos do seu Regno, se deuem mandar E guiar E auer huum acordo". Ley da partilha dos filhos dalgo. In: *Ordenações del-Rei D. Duarte*, p. 311.
3 "Hua das vertudes porque melhor, e mais honrradamente se mantem o Mundo asy he Justiça, e porque se ella avia de fazer comvem por dereita razam, que ouvesse hu quem na fizesse, e sostevesse. Porem foram os REYS escolheitos para esto (...) e elles som postos para dar a cada huu igualmente o seu dereito, e o poobo em elles terre vida e mercee, e bem". *Livro das Leis e Posturas*, Fl 79v, 1ª col., p. 241. A noção do "serviço de Deus" também está clara nesta lei de D. Dinis quando o monarca declara "(...) E esto faço porque ueio que he sseruiço de deus e prol e assessegamento da mha terra e das mhas gentes". Livro das Leis e Posturas. Fl. 22, 2ª col, p. 81.
4 LOPES, Fernão. *Crônica de D. Pedro I*. Porto, s/d, p. 3.
5 LOPES, F., *op. cit.* p.8-9.
6 LOPES, F. *Crônica de D.Fernando*. p. 3.
7 LOPES, F. *Crônica de D.Fernando, idem*.
8 LOPES, F. *Crônica de D.João I*, vol. II, p. 2-3.
9 LOPES, F. *Crônica de D.Fernando*, p.591.
10 *Idem*, p. 4 (grifo meu).

11 *Idem*, p. 592 (grifo meu).
12 Lopes, F. *Crônica de D.Fernando*, p. 230.
13 *Idem*, p. 210.
14 Mesmo depois de rainha, Dona Leonor não conseguia cair nas graças do povo, nem tão pouco conseguiu ganhar palavras de louvores de Fernão Lopes. Há um capítulo em que o cronista relata as benfeitorias da rainha, especialmente nos "acrecentamentos de linhagem" e nos casamentos que eram feitos no reino. O cronista chega a dizer que "nunca a ella chegou pessoa por lhe demandar mercee que d'ant'ella partisse com vãa esperança", entretanto, ele não deixa de ressaltar que tamanha caridade era apenas "cobertura de seus desonestos feitos". Lopes, F. *Crônica de D.Fernando*, p. 230.
15 "Oolhaae aquelles villaãos treedores, como sse juntavom! Certamente prender-me quiserom, se allá fora." *Idem*, p. 214.
16 *Idem*, p. 592.
17 Lopes, F. *Crônica de D. Pedro I*, p. 196-7.
18 Lopes, F. *Crônica de D. João I*, vol. II, p. 2.
19 "Acorramos ao Meestre, amigos, accorramos ao Meestre, ca filho he delRei D. Pedro". Lopes, F. *Crônica de D. João I*, vol. I, p. 24.
20 "E assi como o Filho de Deos chamou os seus Apostollos, dizemdo que os faria pescadores dos homees, assi muitos destes que o Meestre acreçemtou, pescarom tamtos pera ssi per seu gramde e homrroso estado". Lopes, F. *Crônica de D. João I*, vol. I, p. 350.
21 *Idem*, p. 348-9.
22 *Idem*, p. 350.

Obras de referência

Fontes primárias:

Albuquerque, Martim de; Nunes, Eduardo Borges (eds.). *Ordenações del-Rei D. Duarte*. Lisboa: Fundação Calouste Gulbenkian, 1988.

Lopes, Fernão. *Crónica de D. Fernando*, 2ª ed. Lisboa: Imprensa Nacional – Casa da Moeda, 2004.

_____. *Crónica de D. João I*, vol. I e II. Porto: Livraria Civilização, [1945-1949].

_____. *Crónica de D. Pedro I*. Porto: Livraria Civilização, s/d.

RODRIGUES, Maria Teresa C. (ed.). *Livro das leis e posturas*. Lisboa: Faculdade de Direito, 1971.

Fontes impressas:

MATTOSO, José (coord.). *A monarquia feudal. (História de Portugal,* vol. II*)*. Lisboa: Editorial Estampa, 1997.

HOMEM, Armando L. de C. "Rei e 'estado real' nos textos legislativos da Idade Média portuguesa". *En la España Medieval*, (22): 177-185, 1999.

KANTOROWICZ, Ernst H. *Os dois corpos do rei: um estudo sobre teologia política medieval*. São Paulo: Companhia das Letras, 1998.

A imagem do monarca D. Dinis: uma análise comparada entre a *Crônica geral de Espanha de 1344* e a *Crônica de Portugal de 1419*

Augusto Ricardo Effgen
(Mestrando – UFF/Scriptorium)

Dom Dinis reinou na passagem dos séculos XIII e XIV (1279-1325). Entrou para a historiografia portuguesa como um rei que exerceu sua autoridade régia a serviço da centralização monárquica, praticando uma política interna de combate ao poder senhorial que perpassou todo o seu reinado. Além de ações direcionadas para a fixação das fronteiras de Portugal, dom Dinis se destaca também por ter criado uma rede de alianças baseadas nos arranjos matrimoniais da casa real com os reinos vizinhos, dinamizando o papel da monarquia lusa na política peninsular. Destacam-se, ainda o desenvolvimento econômico vivenciado nos anos de seu reinado e a tentativa de organização de uma expressiva máquina administrativa, ambos ligados a uma expressiva base legislativa.

Este reinado ficou registrado em diversas fontes de conteúdos variados, dentre as quais as obras narrativas. Estas fontes literárias desempenharam um importante papel nos primórdios da construção da história do reino de Portugal. Possuidoras de um valor e importância singulares para o contexto Baixo Medievo, as crônicas produzidas sob os incentivos da realeza portuguesa nos séculos XIV e XV figuram como embriões de uma produção de cunho historiográfico. Pensar nas crônicas medievais portuguesas é pensar em produção de Memória:[1] a Memória de um reino, de um povo e de seus reis.

A *Crônica Geral de Espanha de 1344*[2] é um marco para a historiografia lusitana, uma produção genuinamente portuguesa, ainda que mantendo um ponto de vista hispânico.[3] Forjada nos moldes da *Crônica General de Espanha*, do rei sábio Afonso X de Castela, a versão portuguesa de 1344 teve por responsável o Conde de Barcelos, dom Pedro. Na versão portuguesa desta obra encontramos uma fração da narrativa dedicada à história dos reis portugueses, reunida a partir das *estóreas* referentes a Portugal que se encontravam em narrativas leonesas e castelhanas.[4]

Na *Crônica de Portugal de 1419*[5] o autor retira a história dos sete primeiros reis portugueses da sombra da história peninsular verificada na obra de 1344 para lhe fornecer independência em sentido narrativo. Se a crônica de 1344 é uma produção genuinamente portuguesa e, de certa forma, inaugura uma atividade literária deste tipo, a obra de 1419 inova ao reescrever a história do reino de Portugal, ampliando-a e fornecendo-lhe ares de autonomia. Portugal passa a existir por si só ocupando a posição de primazia dentro da narrativa, tornando-se autônomo em relação às histórias dos outros reinos ibéricos.

O texto designado por "crônica de 1419" contempla os mesmos reinados encontrados na crônica do século anterior: D. Afonso Henriques, D. Sancho I, D. Afonso II, D. Sancho II, D. Afonso III, D. Dinis e D. Afonso IV. A principal obra utilizada para sua redação foi a primeira edição da *Crônica Geral de Espanha de 1344*, acrescentando informações oriundas de outras obras literárias e de documentos arquivistas.[6]

Essa crônica, considerada por alguns estudiosos como sendo de autoria de Fernão Lopes, mas que não é consenso, foi produzida em uma conjuntura que se mostrou determinante na história portuguesa: a "Revolução de Avis" e a vitória de D. João I sobre os castelhanos em Aljubarrota (1383-1385). A ascensão de dom João I e da dinastia de Avis evitou que as terras do reino, assim como sua Coroa, conquistadas no decorrer dos séculos anteriores à base de guerras, sangue e acordos diplomáticos, fossem anexadas pelo monarca castelhano. Ao quebrar o Tratado de Salvaterra de Magos,[7] o rei de Castela criava condições para que tal anexação pudesse ocorrer. O que estava posto em questão nesta conjuntura era a autonomia do reino de Portugal e a sua própria existência como tal.

Acreditamos que os reflexos desse reinado inaugural avisino, que trabalhou em prol da legitimação e afirmação da nova dinastia perante os portugueses e outros reinos da cristandade, incidiram na pena do cronista. Cabe lembrar que a autoria moral da crônica de 1419 pode nos remeter a dom Duarte, sucessor de D. João I e que desde cedo participara dos assuntos referentes ao governo de seu pai.

Observando estes fatos, questionamos quais as modificações e inovações que encontramos na *Crônica de Portugal de 1419* em relação à *Crônica Geral de Espanha de 1344*, possuindo por objeto de análise a imagem do monarca dom Dinis.

Nas duas obras a imagem de dom Dinis está atrelada à justiça, ao exercício da justiça. Um monarca que usou de justiça temperada com piedade. Um rei que possuiu mais vassalos que seus antecessores e que foi o melhor rei que Portugal teve até seu tempo, além de muito acrescentar aos fidalgos. No início das narrativas as informações que qualificam este rei são as mesmas, algumas vezes quase uma repetição de palavras. No entanto, existe uma diferença crucial entre ambas no que diz respeito ao referencial espacial utilizado pelos cronistas para comparar a imagem deste monarca.

Na crônica de 1344 dom Dinis foi o rei "mais dereito en justiça teparada có piedade que ouve e Espanha",[8] enquanto na crônica de 1419 ele "era mais justo e dereito rei em todolos seus feitos [...] e sempre porem em todo com piedade onde compria de a aver".[9] Na segunda obra a Espanha como referência espacial desaparece. No entanto, algumas linhas abaixo encontramos uma informação que não faz parte da primeira crônica: "E ele (dom Dinis) foy mui riquo e as gemtes do seu regno em seus dias, e foy tam liberal que por todo mundo falavam em sua grandeza, [...]".[10] O cronista de 1419 não somente excluiu a Espanha como referência comparativa, mas inseriu outra mais abrangente: "todo mundo".

Algo parecido encontramos no episódio em que dom Dinis é escolhido como juiz pelos reis de Castela e Aragão para resolver a querela territorial existente entre eles. Na narrativa de 1344, além de dom Dinis ser sogro do rei castelhano e cunhado do rei de Aragão, outra razão para sua escolha se devia ao fato de que "[...] el rey dom Denis de Portugal era muy dereito e muy boo e que nom avya e Espanha outro tal como ele [...]".[11] O autor de 1419, ao confirmar tal versão dos fatos, limitou-se a dizer: "[...] e mais que era (dom Dinis) homem de mui boo juízo e mui direito em todos seus feytos".[12] Novamente fora excluído o referencial espanhol.

Seguindo a associação rei-justiça já encontrada em 1344, em 1419 alguns atributos qualitativos e ações são agregados à imagem do monarca português, potencializando essa associação. Segundo o autor do período de Avis, dom Dinis foi um rei verdadeiro e nunca usou de mentira, amava a justiça, defendia os lavradores e dava grandes esmolas para viúvas, órfãos e pobres. Logo que subiu ao poder tratou de fazer justiça: perseguiu os ladrões, matou malfeitores, prendeu saqueadores e castigou quem merecia, de forma que no reino as forcas sempre estavam povoadas de malfeitores.

Na *Crônica de Portugal de 1419*, encontramos dom Dinis descrito como um grande governante que punha em prática leis em prol do reino, um rei que sempre defendeu com direito e verdade as terras portuguesas, acrescentando-lhes muitos outros lugares. Relacionando com a defesa do reino, o cronista afirma que o monarca português "avya grande vontade de fazer mal a mouros e catava muitos azos pera com eles aver contenda, em guisa que poucas vezes achamos que com eles ouvese paz nem tregoas".[13] A defesa das terras lusas se transmuta em defesa da cristandade, ampliando a imagem de um rei defensor, na medida em que identificamos o "infiel" como inimigo comum de Portugal e da fé cristã. O fato de o rei ter combatido os mouros não se encontra na obra de 1344. Combater os mouros foi referenciado na narrativa de dom Dinis como um serviço prestado a Deus.

D. Dinis passa de um rei "muy boo cristãao" em 1344 para um rei "devoto christão" em 1419, que na prática guerreira lutou contra mouros. Um rei guerreiro que combateu por mar e por terra os inimigos da fé e prezou pelas terras do reino. As ações guerreiras deste rei reaparecem na ocasião do casamento de sua filha com o infante de Castela dom Fernando, segundo acordo firmado entre dom Dinis e o rei dom Sancho, enquanto este era vivo. Diz-nos o texto de 1419, por duas vezes, que dom Dinis entrou por Castela matando, queimando e destruindo tudo o que encontrava, a fim de fazer valer tal acordo matrimonial. O texto de 1344 é extremamente resumido em relação a este episódio, afirmando apenas que o rei de Portugal entrou em Castela "[...] fazendo todo o que queria, e nõ achou quee lho contradissesse, [...]".[14]

Além dessas atribuições referentes à imagem de dom Dinis, já existentes na crônica de 1344 e que foram ampliadas e valorizadas na crônica de 1419, existem dois pontos que se destacam na crônica do século XV que não são encontrados na obra do século anterior. O primeiro ponto se refere à participação da rainha dona Isabel na narrativa e aparece distribuído em diferentes momentos da história narrativa. O segundo, aparece de forma isolada, ocupando apenas um capítulo, e aborda o Estudo Geral instituído por dom Dinis em Portugal.

Começando pelo segundo ponto, o capítulo que trata deste fato inicia exaltando o rei de Portugal por ele ser "avondoso em fala e mui graçioso e bem temperado[15]", um rei amado por todos, rico e de grande fama, preocupado com causas em proveito do povo. Devido a isso, segundo o cronista, este monarca ordenou um "estudo de todas as çiiençias" em Coimbra e mandou buscar em outros reinos mestre e doutores para ensinar em Portugal quem desejasse aprender.

O motivo maior da instituição de um ensino deste tipo foi associado pelo cronista à vontade de dom Dinis de prezar pela honra das terras portuguesas. O saber e as letras, e o conhecimento das ciências deste período, eram para o monarca tão importantes para o reino que foram classificados como "necessários" e comparados com a alimentação e defesa do reino. Rei, saber e honra do reino, eis a associação que resulta deste capítulo.

No segundo ponto, nos remetemos à dona Isabel, esposa de dom Dinis. Dos sete reinados que compõem a *Crônica de 1419*, somente esta rainha se destaca na narrativa. Na *Crônica de 1344* ela apenas é citada na breve informação sobre o casamento com dom Dinis e na ocasião do confronto entre o rei e o infante, em Guimarães, momento em que ela intercede pela paz entre dom Dinis e o infante dom Afonso. No texto quatrocentista ela ganha relevo e importância, sendo descrita de forma pormenorizada em relação às suas qualidades e participando diretamente nas tentativas de acordo de paz entre o rei e o infante.

Escreve o cronista que dona Isabel era "fermosa e estremada em todos os bõos costumes",[16] humilde, liberal aos pobres e piedosa com as viúvas e os órfãos. Ela jejuava e rezava as horas canônicas e outros livros de devoção. Foi uma rainha a serviço de Deus, que intercedeu pela paz no reino e que operou milagres em vida. O cronista informa que às sextas-feiras da quaresma ela tinha o costume de lavar os pés de homens e mulheres de baixas condições e necessitados. Em um desses episódios, a rainha beijou as chagas encontradas nos pés de uma mulher e esta ficou curada posteriormente. Outro milagre ocorreu quando a rainha esteve em Alenquer e não gozava de plena saúde. Foi recomendado a ela que bebesse vinho, mas, como se negava a bebê-lo, ela transformou o vinho que lhe fora fornecido em água por duas vezes.

Dona Isabel teve um papel decisivo para que as escaramuças ocorridas entre o rei e o infante chegassem ao fim. Em Lisboa, foi por intermédio dela que pai e filho acordaram a paz. A esposa de dom Dinis também trabalhou pela paz na circunstância em que o rei de Portugal entrou em desacordo com o irmão dom Afonso. Além disso, afirma o cronista que "se lhe deziam que avia descomcordia amtre alguns grandes do regno, logo ela trabalhava de os fazer amiguos, e dapnos, [...] ela os pagava de seu tesouro por hos trazer à paz e à comcordia".[17]

Em outro momento a imagem da rainha contribuiu para expor um pecado cometido por dom Dinis. O autor afima que o rei de Portugal se afastou da rainha e teve filhos de outras mulheres "por desarrezoada cobiça de sobeja deleitação".[18] Para ele, depois que se iniciaram as traições e os filhos bastardos deste rei, Portugal perdeu em regimento e justiça em suas terras. A condição de bem-estar do reino se encontra nesta passagem dependente da relação entre o rei e a rainha.

A imagem de uma "rainha santa" e intercessora da paz ao lado de dom Dinis valoriza não só a imagem do rei, mas também do reino. Através dos milagres operados e por suas ações de devoção e caridade, ela se reveste da presença de Deus ao lado do monarca. É nítida alusão feita pelo cronista das atitudes da rainha com as de Jesus Cristo: a cerimônia de lava-pés em relação ao milagre da cura da ferida e o milagre da transformação da água em vinho, que no caso da rainha ocorreu ao inverso. O adultério cometido pelo rei o afastou da presença do Altíssimo e, por causa disso, as consequências recaíram sobre o reino.

Sob estes aspectos, podemos afirmar que a narrativa registrada na *Crônica de Portugal de 1419* seguiu a tradição historiográfica da *Crônica Geral de Espanha de 1344*. No entanto, na obra do século XV, a história do reinado deste monarca foi estendida, sendo alguns fatos inseridos e outros excluídos. Destacamos em relação ao último ponto, a supressão da Espanha como referencial comparativo, o que nos remete à questão da autonomia de Portugal frente aos espanhóis vivenciada na virada dos séculos XIV e XV.

Ao rei relacionado com a justiça, já existente na narrativa de 1344, acrescenta o autor de 1419 uma justiça baseada nas ações do monarca português. A associação rei-justiça, a função régia de dom Dinis de castigar os contrários da causa do reino, a sanha do rei contra os maus e a alternância entre o rigor e a clemência para o caso da "justiça temperada com piedade" remontam os aspectos da imagem de um rei justiceiro.[19] Relativas à imagem articulada de um rei protetor e legislador,[20] encontramos as ações defensoras do rei junto ao reino e ao povo, principalmente aos mais necessitados, ao lado de sua atividade legisladora em prol dos direitos de todos. A noção de Justiça percebida nas sentenças outorgadas por dom Dinis em questões particulares e reconhecida em relação ao bom regimento do reino de Portugal, dita o caráter funcional da Imagem de um rei juiz.[21] A boa administração da justiça no reino é dever do monarca em retribuição a Deus pelo poder régio instituído por Ele, dever que no caso do rei português foi cumprido.

A imagem virtuosa deste rei conduz a imagem de um reino independente, bem governado, regido pela justiça, sob a proteção divina e de fronteiras sólidas no espaço Ibérico. Sua construção na *Crônica de 1419* está em concordância com as necessidades do contexto no qual ela foi escrita: em um momento em que o reino lutava pela afirmação da sua autonomia e unidade.

Notas

1. MENEZES, Ulpiano Bezerra de. "A história Cativa da Memória?" In: *Revista do Instituto de Estudos Brasileiros*, nº 34. São Paulo, p. 9-24. Disponível em: <htpp//www.ieb.usp.br/revista/revista034ulpiano menezes.pdf> acesso em 03 de outubro de 2008.
2. *Crônica Geral de Espanha de 1344*. Imprensa Nacional – Casa da Moeda, 1990.
3. SARAIVA, Antonio Jose. *O crepúsculo da Idade Média em Portugal*. Lisboa: Gradiva, 1995.
4. *Crônica Geral de Espanha de 1344*, vol I. Imprensa Nacional/ Casa da Moeda, 1990.
5. *Crônica de Portugal de 1419*. Edição crítica de Adelino de Almeida Calado. Universidade de Aveiro, 1998.
6. *Ibidem*.
7. MATTOSO, José (dir.). *História de Portugal. A monarquia feudal (1096-1480)*. Lisboa: Estampa, 1993. 557p.
8. *Crônica Geral de Espanha de 1344*, vol IV. Imprensa Nacional – Casa da Moeda, 1990, p. 243
9. *Crônica de Portugal de 1419*. Edição crítica de Adelino de Almeida Calado. Universidade de Aveiro, 1998, p. 162.
10. *Ibidem*.
11. *Crônica Geral de Espanha de 1344*, vol IV. Imprensa Nacional/ Casa da Moeda, 1990, p. 247.
12. *Crônica de Portugal de 1419*. Edição crítica de Adelino de Almeida Calado. Universidade de Aveiro, 1998, p. 178.
13. *Ibidem*, p. 163.
14. *Crônica Geral de Espanha de 1344*, vol IV. Imprensa Nacional/ Casa da Moeda, 1990, p. 245.
15. *Crônica de Portugal de 1419*. Edição crítica de Adelino de Almeida Calado. Universidade de Aveiro, 1998, p. 182.
16. *Ibidem*, p. 164.
17. *Ibidem*, p. 170.
18. *Ibidem*, p. 169.
19. SORIA, José M. N. *Fundamentos ideológicos del poder real en Castilla (siglos XIII-XVI)*. Madrid: Eudema, 1988.
20. *Ibidem*.
21. *Ibidem*.

Bibliografia

Crônica Geral de Espanha de 1344. Edição crítica Luis Felipe Lindley Cintra. Lisboa: Imprensa Nacional/ Casa da Moeda.

Crônica de Portugal de 1419. Edição crítica de Adelino de Almeida Calado. Universidade de Aveiro, 1998.

Oliveira Marques, A. H. *Portugal nas crises do século XIV e XV*. Lisboa: Presença, 1987.

Mattoso, José (dir.). *História de Portugal. A monarquia feudal (1096-1480)*. Lisboa: Estampa, 1993.

Menezes, Ulpiano T. Bezerra de. "A história, cativa da memória?" In: *Revista do Instituto de Estudos Brasileiros*, nº 34. São Paulo, p. 9-24. Disponível em: www.ieb.usp.br/revista/revista034/rev034ulpianomenezes.pdf.

Saraiva, Antonio José; Lopes, Oscar. *História da literatura portuguesa*. Portugal: Porto Editora, 2001.

Saraiva, Antonio Jose. *O crepúsculo da Idade Média em Portugal*. Lisboa: Gradiva, 1995.

Soria, José M. N. *Fundamentos ideológicos del poder real en Castilla (siglos XIII-XVI)*. Madrid: Eudema, 1988.

D. Fernando, "pela graça de deus rei de Portugal e do algarve": dignidade e ofício

Armando Alberto Martins
(Universidade de Lisboa)

Quase a concluir a *Crónica de D. Fernando* escreveu Fernão Lopes que o rei, sentindo a morte aproximar-se, tendo recebido os últimos sacramentos, fez a sua derradeira profissão de fé e acrescentou:

> tudo isto creio como fiel cristão e creio também que Deus me deu estes reinos para os manter em direito e justiça e eu, por meus pecados, o fiz de tal guisa que lhe darei deles mau conto.[1]

Se, de fato, D. Fernando, na hora grave do seu trânsito, entre lágrimas, pronunciou estas ou semelhantes palavras, então ao seu espírito não acudiram tantas medidas econômicas e políticas que tomara: procurara melhorar a agricultura através da lei das sesmarias, dera incremento ao comércio externo e disciplinara a atividade dos mercadores estrangeiros, renovara a marinha mercante criando a Companhia das Naus, fundara para os homens do mar uma sociedade de Seguros Marítimos, regulamentara as sisas, restringira jurisdições senhoriais, limitara quantias que os filhos da nobreza costumavam receber da Coroa, reformara a administração pública civil e militar, enfim, protegera cidades e vilas com poderosas muralhas de admirável engenharia militar, feitas em tempo recorde (1373-1375), mostrando o grau de organização e eficácia dos vedores dos seus estaleiros.[2]

De certo, acudiam à sua lembrança os erros de orientação política, sobretudo os mais recentes de que muito se arrependia e pelos quais se humilhava: arrastara o reino para três guerras de consequências desastrosas e de que tantos queixumes lhe haviam chegado, deixava a coroa sem herdeiro, na quase tutela de um monarca estrangeiro que casara com a sua única filha, com menos de 12 anos de idade. Em gesto simbólico pediu que o revestissem com o hábito de S. Francisco, santo da sua especial devoção, significando uma espécie de mudança de estatuto: despia-se do rei, "corpo imortal", e assumia apenas a condição humana, pecadora e mortal.

Reconhecia, enfim, que o poder de que era administrador não lhe pertencia e era hora de dele "*dar conto*" ao seu mais alto Senhor.

Fora D. Fernando um mau rei? Cumprira mal o seu *ofício*? O que era um bom rei, *rex justus*? Qual era o seu *ofício*?

"*Rex eris, si recte facias*", definira Isidoro de Sevilha no longínquo século VII. Competia-lhe, pois, "*recte regere fines, regere populos*", defender, segundo o direito, as fronteiras; governar, segundo a justiça, os povos. A sentença das *Etimologias*[3] que se tornara aforismo no direito político peninsular era ainda válida neste declinar do século XIV e critério pertinente para se aferir a governação do Rei?

Encarregado de escrever as crónicas dos reis de Portugal por D. Duarte,[4] Fernão Lopes organizara numa trilogia dialética os reinados de D. Pedro I e dos seus dois filhos, que analisa, no dizer de Luís de Sousa Rebelo, num tríplice plano retórico: ético-político, jurídico e providencial:[5] deixara do primeiro a ideia de um rei justiceiro, cego pela paixão e cego pela razão, mas bom e pacífico administrador que permitira a prosperidade; definira D. Fernando como de má memória, simbolizada na sua má morte ("talis vita..."), porque se deixara arrastar, por uma oligarquia de maus conselheiros, para dois perigos que seriam fatais para a dinastia e dramáticos para o reino: a ambição da guerra e a sedução de uma mulher, que "*forjava grandes máquinas com cruel coração*":[6] "*assim se perdeu um tão bom rei como ele, por uma mulher que o tinha enfeitiçado*".[7] Caberia àquele meio irmão, Mestre de Avis, tornado rei por carisma de poder, derrotar o inimigo, assegurar a independência e apontar ao reino os caminhos que seriam os da gesta da sua Expansão e, por isso, de si deixara muito Boa Memória.

1. A dignidade Real

D. Fernando tinha consciência de que, no Reino, fora a ele, "*a quem Deus fez mais alto e deu maior estado*"[8] e que "*nós, como rei per natura, a quem Deus deu a suceder este reino*",[9] a ele exclusivamente, competia o título "*rei de Portugal e do Algarve*", o uso da coroa e das outras insígnias de '*regalia*' e certas formas de homenagem dos súditos, como a genuflexão. A sua pessoa revestia caráter inviolável e só contra ele se cometia o crime de lesa-majestade, como nas duas tentativas de assassinato, em 1379 e 1380[10] ou na "união" que tentou impedir-lhe o casamento,[11] justificando-se os que assim procederam que o faziam "*para que tomasse mulher filha de Rei, qual convinha a seu estado*",[12] ou seja, em defesa da alta dignidade que reconheciam à sua função.

Era soberano: legislava "*de nossa ciência e poder absoluto*"; pelos seus agentes dirigia os tribunais: "*na obra desta justiça os homens bons e grandes do reino, como braços do rei, devem a ele ser ajudadores*".[13] O direito imperial que praticavam os seus juristas insinuava-lhe que, vigário de Deus, ele podia ser a fonte da lei, pois "*o que ao príncipe agrada tem valor de lei*",[14] mas percebia também que tinha limites e que o "*reino não existe por causa do rei mas este por causa do reino*"[15] quando, entendendo a harmonia como a colaboração de todos, esclareceu que desejava não só manter aos seus povos foros, costumes e tradições a que têm direito mas ainda acrescentá-los, como referiu nas cortes de Lisboa, em 1371: "*é nossa tenção de vos guardar todas as graças e mercês que vos foram feitas por nós e pelos reis que antes de nós foram e acrescentarmos em elas, porque sois nossos naturais e por o muito serviço que recebemos de vós*".[16]

Cabia-lhe a orientação da política externa salvaguardando a posição independente do reino, em relação a outros reis, imperador ou papa: por isso D. Dinis se insurgira contra o imperador e seu pai instituíra o beneplácito régio. Internamente, no testamento de 1378 podia dispor da Coroa, clarificando o herdeiro do trono, excluindo, em todos os casos, aqueles que achou ilegítimos e indignos, com grande vigor e indignação, porque "*semearam sedição e conspiraram em nossa morte e em nosso desfazimento e destruimento de nossos reinos*".[17]

O seu tempo conjugava estas ideias com a defesa da origem divina do poder: "*o estado real que temos por Deus nos é dado*"; era "*Rei, pela graça de Deus*", como deixou claro em muitas cartas e no preâmbulo do primeiro testamento, e sentia-se seu vigário no reino, "*cujo lugar tem*" e diante dele responsável: "*da obra que em esta razão fizermos havemos de responder ante Aquele que é rei e príncipe de todos os reis e nos pôs em seu lugar para cumprir direito e justiça em estes reinos*".[18] Chegaria o momento em que "*lhes daria dele conto*", como se lembrava, chorando, no leito de morte.

Mas este poder não poderia subsistir sem o consentimento dos povos, expresso em Conselho régio e em Cortes. Já depois da sua morte se queixariam os povos, nas cortes de Coimbra de 1385, que D. Fernando lhes tinha diminuído ou privado a participação nos assuntos públicos, "*fazendo as coisas que pertenciam ao estado do Reino, como lhe aprazia, de que se seguiram muitos males, como é notório a todos*".[19]

Cumprindo uma lei de D. Afonso III, não lhe era lícito "*minuere regnum*", de tal modo que teve o cuidado de cercear jurisdições, doações e concessões feitas aos nobres e privilegiados ainda que "*de juro e herdade*"; concedia cada vez mais, préstamos vitalícios e doações, "*enquanto minha mercê for*", a qualquer momento revogáveis. Mas fazia saber que, politicamente, ainda que a realeza não fosse de natureza cooperativa, "*a rainha tem parte do Regimento do reino e do Estado que nos Deus deu, jurisdições e quaisquer direitos* […] *nas vilas e terras que ela haja*",[20] o que se acordava com a "*empresa*" do monarca, como a seguir diremos.

O conturbado período dos 16 anos do governo fernandino decorreu quando a Guerra dos Cem Anos alastrava aos reinos peninsulares e D. Fernando sentiu, como grave, a ameaça à independência de Portugal. Foi nesse contexto que se decidiu a entrar em guerra com Castela e tentar uma rede de alianças dentro e fora da Península Ibérica. A sua intensa atividade política e diplomática, coordenada pelo escrivão da puridade, João Gonçalves Teixeira, moveu-se entre negociações, ambiguidades, promessas esquecidas, tratados de paz jurados e não cumpridos, pelo que os historiadores o têm classificado de homem sem vontade e sem escrúpulos, inconstante cana agitada pelo vento.

A verdade é que D. Fernando apenas procedia como a sua época e na linha de ilustres predecessores seus: a D. Afonso Henriques, o monarca fundador, um documento do século XII dizia-o *"arundo fragilis ferebatur proclivis"*[21] e dele escreveu, no século XIX, o autor de *Os Filhos de D. João I*: *"submisso e humilde quando se achava vencido, subscrevia todas as condições, aceitava todas as durezas, para logo mentir a todas as promessas, rasgar todos os tratados"*.[22] D. Fernando era apenas um rei da sua linhagem e da sua dinastia, ambíguo e astuto como outros, mas sem o mesmo carisma. Ou teremos que interpretar estes comportamentos de outra maneira?

A sua acção política mostrava-lhe que era imperioso reformar instituições e adaptá-las às necessidades dos tempos: pelo cargo de escrivão da puridade, tinham passado os assuntos da guerra, das relações diplomáticas e o controle das cortes, pelo que, em 1382, o seu detentor, em discreta usurpação, já se intitulava *"chanceler da puridade"* ou *"chanceler dos selos da puridade"*.[23] O seu prestígio não deixaria de aumentar nos reinados seguintes, vindo a chamar a si os assuntos da fazenda, moradias e casamentos, menagens dos vassalos do rei e até as construções do reino, tornando-o embrião da futura coordenação de todos os assuntos do governo.[24]

2. O ofício

Não consideremos o conceito de *"ofício"* régio, no sentido vulgar de *"opus"*, como uma profissão ou forma de trabalho; ele tinha antes, mais profundamente, o significado ciceroniano de "dever de função" (*De Officiis*),[25] de quanto competia à dignidade de que o Rei fora investido.[26] O Rei não era, ainda que em altíssimo grau, nenhum funcionário do Estado; *"Vigário de Deus, de quem recebera o reino"*, exercia o seu poder sobre todo ele. Era nesse sentido que o ofício de rei, para o qual era preciso acordar, segundo o conselho dado a D. Duarte,[27] implicava formas próprias, pessoais, de escolha dos conselheiros, de administração da justiça, o encargo de legislar, a chefia militar, as funções económicas, os cuidados culturais, os deveres de rei cristão. Deixemos para outra circunstância o estudo das formas com que o seu "ofício" de rei se aplicou, com a mesma originalidade, em domínios como a arquitetura e a arte, a política externa e a diplomacia, a cetraria, a etiqueta de Corte, entre outros.

Como concebeu ele tal *"ofício"*?

Entre os testemunhos escritos que até nós chegaram do seu reinado, há um "pequeno pormenor" a que talvez não se tenha dado a devida atenção e que, hipoteticamente, pode encerrar um dos códigos perdidos da sua governação: trata-se da sua *"empresa"* ou *"lema de acção"*: os dois corações varados pela mesma espada têm encimada a inscrição: *"Cur non utrumque"*,[28] *"Por que não um e outro, em conjunto?"*

Empresa de D. Fernando

Terá o rei concebido, com originalidade e ousadia, uma forma de governo conjunta, em que as coisas do Reino fossem administradas por ele e pela rainha? Se assim o admitirmos, ainda que provisoriamente, não ganham novo sentido as cartas que D. Leonor Teles enviava e recebia das várias chancelarias europeias? As negociações diplomáticas e as embaixadas enviadas a Paris e Londres, em paralelo e de sinal contrário, a poucos dias de distância, em 1380 (ao ducado de Anjou, a França e a Inglaterra)[29] na ação que fazia com o monarca? Não ganharão novo sentido, certas afirmações de Fernão Lopes, como o escárnio da rainha quando no paço se soube da derrota naval de Saltes? Não serão as *"hesitações e ambiguidades"* de D. Fernando, afinal, resultado de decisões bicéfalas? Não se poderá ler a uma luz nova a decisão do casamento da única filha do rei que *"tinha a cruz de S. Jorge no coração"*, no eixo inimigo, franco-castelhano, contra sua expressa vontade e quando já, gravemente enfermo, tudo lhe fugia e nada controlava? E por que não admitir que foi este o pecado original desta Eva, Teles, que *tinha enfeitiçado o rei*, mas também o cronista?!

Seja como for, admitamos ou não a hipótese, consideremos como o *"ofício"* apareceu desempenhado diante do reino.

2.1. Administração da justiça

Segundo a teoria política bem sublinhada no seu tempo e assumida por D. Fernando, o rei medieval definia-se, antes de mais e acima de tudo, como o fazedor de justiça, a quem ela *"foi encomendada, para louvar os justos e penar os malfeitores, sem o que "mereceria de perder o nome e estado de rei"*.[30] Com efeito, *"cumpre aos reis ser justiçosos para que a todos os seus súbditos possa vir bem e a nenhum o contrário e duvidar se o rei há-de ser justiçoso, não é outra coisa senão duvidar se a regra há-se ser direita"*, assim escrevera F. Lopes na crónica de D. Pedro seu pai,[31] sumariando o pensamento do *Regimento de Príncipes* de Gil de Roma, em voga em todas as cortes de então.

D. Fernando retoma longamente estas ideias quando, invocando a autoridade de Salomão e Aristóteles faz doutrina no longo preâmbulo da "Lei dos fidalgos, cavaleiros pessoas poderosas que pelas terras andam e fazem malfeitorias que não devem":

> Porque a justiça é sobre todos os bens e é virtude mais alta e mais proveitosa e muito necessária a todas as cousas e sem ela nenhuma obra não é de louvar; e segundo disseram alguns sabedores foi achada para ajuda e defesa especialmente dos pequenos, menos poderosos que os maiores; e assim pela lei de Deus como pela lei dos homens é cometida e encomendada aos reis e a eles é mais própria que a outro nenhum, para guardar e defender cada um no seu e não deixar nem consentir a nenhum de fazer obra de poderio e de prema [opressão] contra os seus sujeitos [*súditos*].
> E segundo autoridade do sabedor Salomão e outros muitos santos, o rei que o consente ou deixa passar sem escarmento e sem pena

será havido por quebrantador e desprezador da lei de Deus cujo lugar tem, e não querendo usar da justiça de que usar deve para louvar os bons e justos e penar os malfeitores mereceria de perder o nome e estado de rei e, segundo outrossim o dito de Aristóteles seria menosprezado dos homens e condenado na lei de Deus. E ainda segundo disseram os Santos Doutores da nossa santa fé católica, assim como entre os homens Deus fez mais alto o rei e lhe deu maior estado, assim ante Deus nas penas do outro mundo, se justiça não fizer ou se deixar de a fazer terá o principal lugar. E porém na obra desta justiça os homens bons e grandes do reino, como braços do rei devem a ele ser ajudadores".[32]

2.2. Legislar:

A historiografia portuguesa, severa no juízo da governação de D. Fernando, é menos severa em afirmar que ele, rodeado de eminentes legistas, foi, como rei, brilhante e original legislador: segundo Oliveira Martins, *"o corpo de leis que promulgou [...] honrarão eternamente a sua inteligência"*.[33] Tal atividade pode provar-se pela apreciação dos monarcas seguintes, classificando-o de *"virtuoso rei de louvada memória"*,[34] *"de muito louvada e esclarecida memória"* ou pelo conjunto de leis registadas no que nos resta da sua *Chancelaria*,[35] nos diplomas compendiados por ordem do rei Africano nas *Ordenações Afonsinas*, pelas atas e capítulos das cortes reunidas no seu reinado, em especial as de Lisboa (1371), Porto (1372) e Leiria (1372)[36] e ainda pelos sumários das leis que Fernão Lopes fielmente regista na sua crônica, do que conclui: *"muitas ordenações outras fez e mandou cumprir por bom regimento e prol do seu povo este nobre rei D. Fernando"*.[37]

No domínio legislativo quase não houve setor com que a sua atividade se não tivesse ocupado, como já acima ficou dito. Consciente de que era um rei feudal, suserano quanto soberano, em 1375 chamou a si o padroado de todas as igrejas (com exceção as das terras da rainha)[38] mas incidiu particularmente na definição de poderes e jurisdições de nobres, – porque *"foi gram criador de fidalgos"*,[39] e o número de condes, por exemplo, havia sextuplicado, havendo só na família Teles, três,[40] – a quem ele mesmo tinha concedido excessivos cargos, dignidades e benesses que interessava corrigir e regulamentar:

> A jurisdição [...] é cometida aos reis, em sinal de maior e mais alto senhorio, e não deve ser dada a outro nem outro deve usar dela no nosso senhorio, nem nos nossos reinos, senão nós ou aqueles a quem nós mandarmos por nós e em nosso nome,[41]

o que significava, em nosso entender, que prestava atenção e tomava medidas para impedir que junto de si, apesar da possibilidade, surgisse qualquer verdadeira "oligarquia áulica".[42]

Em 1375 regulava igualmente a nomeação e poderes dos corregedores, prerrogativa que reivindicava como da sua exclusiva autoridade que a todos sujeitava, em especial os grandes e poderosos:

> Outrossim, porque a correição é sobre toda a jurisdição, como cousa que esguarda o maior e mais alto senhorio, a que todos são sujeitos, assim é aprezada e ajuntada ao príncipe e poderio do rei que por nenhuma guisa não na pode de si quitar; e a obra e exercício dela é e deve ser sobre os grandes e poderosos e que maior lugar e maior estado a sob nos têm, mais que sobre os outros pequenos e de menor condição.[43]

Esta decidida afirmação teórica da soberania real, na prática não podia concretizar-se *ad litteram*, pois havia as jurisdições da Igreja e, pelo pacto com os seus povos, existiam limites legais e jurídicos a respeitar e que as Cortes não deixavam de lhe recordar:

O rei, como senhor feudal que ainda era, entre 1369-1383 precisou de negociar o apoio da nobreza para as suas guerras, não dispondo de forças suficientes para a todos impor a sua autoridade.

Como soberano devia respeitar foros e costumes dos povos e de cada uma das corporações e classes, embora, a pretexto do interesse geral, muitas vezes a todos se fosse sobrepondo.

E embora tivesse a obrigação de ouvir o Conselho e convocar as Cortes[44] submetendo-lhes certos assuntos mais graves como a guerra, os impostos e as sensíveis questões de cunhagem e quebra da moeda, para ter o seu consentimento, nem sempre assim procedera.

Se bem que agisse "*de nossa ciência certa e poder absoluto*" devia ele mesmo submeter-se à legalidade e "*estar a direito*" com os seus súditos aceitando que eles pudessem citá-lo em tribunal competente, observando regras processuais e juízes independentes. Embora não conheçamos nenhum caso, situar-se-ia, de certo, como seu bisavô, D. Dinis que deu prova de grande escrúpulo neste domínio quando em litígio com o mosteiro de S. Clara de Coimbra (por causa dos bens de D. Mor Dias) se apelou para a justiça e o tribunal régio proferiu sentença contra o monarca!

O outro e principal limite, na esfera jurídica, é que o rei devia sempre submeter-se ao interesse geral e à justiça no pacto de sujeição do povo, procedendo como verdadeiro rei e não como desleixado ou tirano. Acerca de seu avô, D. Fernando tinha contado, como *exemplum*,[45] a anedota das caçadas prolongadas em Sintra enquanto os assuntos do Estado se acumulavam sem despacho levando os conselheiros, quando o Bravo, finalmente, regressou a ameaçarem-no: – se não… – Como se não?! – Se não escolheriam outro! E, num jogo de aceitação–recusa, lamentava o Formoso de assim não ter o Conselho procedido no difícil momento em que, sozinho, decidira o seu casamento![46]

Mas o neto soube ser mais subtil e quando teve que ouvir nas cortes de Lisboa, em 1371, a queixa dos procuradores do povo: "*que acontece muitas vezes que andamos aos quinze dias (a correr monte) que há muitos que vêm para tais negócios que os da nossa mercê os não querem desembargar sem nós*", respondeu mais afoitamente: "*pois que vão a nós ao monte ou onde quer que formos*",[47] sublinhando, mais à vontade, na sua soberania.

O paralelismo entre D. Afonso IV e D. Fernando mostra como em situações semelhantes, de esquecimento dos deveres de estado, o avô aceitou regressar ao seu ofício no modelo tradicional, enquanto o neto preferiu atingir os limites do tolerável, deslocando em seu favor a importância maior das hierarquias constituídas: colocava-se à beira de uma revolta mas, dava um passo novo e irreversível a caminho do reforço do poder real e do Estado moderno.

2.3. O chefe militar:

Como rei, D. Fernando era o chefe supremo do país em armas e nas batalhas deveria combater como qualquer outro dos seus guerreiros[48] e na primeira linha, segundo o *Regimento da guerra*; ele, porém, só veio a ser armado cavaleiro, tardiamente, no campo de batalha, por um conde estrangeiro.[49]

Homem de muitos talentos, não tinha qualidades de comando nem aptidões militares. Como escreve o cronista: "*isto, per ventura non era ordenado de cima*"[50]. No dizer de Oliveira Martins "*faltava-lhe a firmeza necessária para realizar planos concebidos por uma inteligência perspicaz*"[51]: caçador ligeiro e amigo de falcoeiros, preferia na guerra resguardar-se "*em seu poleiro*"[52] atrás das muralhas dos castelos a enfrentar o inimigo em campo, pelo que, de todas as guerras deixou fama de inépcia e covardia, capitulando e assinando pazes inglórias de que o mais grave caso aconteceu em Santarém, em 1373: "*que covardice do coração lho fizera fazer*", como ele mesmo reconheceu.[53] Faltava-lhe a "*tal vontade que traz honra*", como lhe disse, atrevidamente, o filho do azemel.

Sabia, porém, conceber audazes planos estratégicos de defesa e tirar lições das circunstâncias adversas: foi depois de uma derrota e da destruição de Lisboa que decidiu rodear a cidade, como várias outras, de novas e inexpugnáveis muralhas,[54] ordenar minuciosos recenseamentos de homens, animais, provisões e armas; reformar o exército dotando-o de melhor armamento e chefias mais funcionais, com a criação dos cargos de condestável e marechal.[55]

Como suserano cabia-lhe convocar para a guerra vassalos, milícias municipais e o almirantado; e se não hesitou em romper o contrato feudal quando achou que Lançarote Pessanha, desguarnecendo Lisboa com a sua marinha, não agira com suficiente firmeza na defesa dos seus interesses e do reino, nomeando novo almirante, tal decisão mostrar-se-ia precipitada e muito gravosa: o novo homem ao leme da armada, com "*sandia presunção*",[56] faria sofrer, em Saltes, (em 17 de Junho de 1381) à marinha portuguesa, a mais estrondosa derrota de toda a sua história[57] e Pessanha acabaria por ser restabelecido no seu hereditário feudo do almirantado.[58]

Observemos ainda que é quando por parte do rei de Portugal se sofrem, no domínio militar, mais reveses e maior é a fraqueza, que uma parte da sua nobreza feudal sente a necessidade de refundir os pergaminhos das suas façanhas bélicas e afirmar em memórias históricas os altos feitos passados das suas linhagens, como que a significar que sem contar com elas sempre havia sido diminuto o poder dos reis de Portugal. Em tese recente o historiador Luís Krus pôde demonstrar que, em duas etapas, de 1360-1365 e de 1380-

1383, foram feitas refundições no *Livro de Linhagens do Conde D. Pedro de Barcelos*, projetando para o presente feitos memoráveis e novos ramos de antigas famílias, como a dos Pereira, do velho D. Gonçalo, arcebispo de Braga e de seu filho, D. Álvaro, Prior do Hospital que se haviam tornado heróis na batalha do Salado (1340). Despontava já na corte de D. Fernando um donzel, de nome Nuno, que a curto prazo levaria a novo e mais elevado prestígio tão ilustre avoenga.[59]

2.4. O Rei na economia do Reino

Apesar de quase monopolizado para os assuntos da guerra e da diplomacia, D. Fernando não descurou os problemas de política econômica em um reino não tão rico como no prólogo da sua crônica Fernão Lopes nos faz crer, quando refere as muitas peças de ouro e prata que atulhavam a torre do haver da alcáçova e descreve a cópia transbordante de navios que nos portos de Lisboa, vindos de tão desvairadas partes, aguardavam para o comércio de tantos e tão variados produtos e mercadorias.[60]

Decerto, o reino estava ainda depauperado demograficamente pelos efeitos da Peste Negra, empobrecido pelos resultados de contínuos maus anos agrícolas ou devastações de terremotos, como o que atingira Silves em 1372. A situação econômica agravou-se no início dessa década com as guerras, fomes, quebras da moeda, subida dos preços, agitação social e fuga dos campos, para na década de 80 mais grave se tornar com tudo isso e a vinda do indisciplinado e desastroso contingente militar inglês.

São conhecidas as medidas decididamente tomadas em vários domínios, mas não podemos aquilatar para todas elas uma real eficácia, pois que os condicionalismos maléficos, materiais e psicológicos dos conflitos militares persistiram ao longo de todo o reinado.

Na agricultura, a lei das sesmarias (1375) mandava canalizar o máximo de mão de obra humana e animal para o trabalho dos campos, impedindo aos proprietários a posse improdutiva das terras e procurando o equilíbrio agropecuário, pelo maior cultivo de trigo e cevada: "*considerando como por todas as partes dos nossos reinos há desfalecimento de mantimento de trigo e de cevada [...] havendo sobre esto nosso acordo e conselho com o Infante [...], condes [...] e com os prelados, estabelecemos, ordenamos e mandamos ...*".[61]

No comércio, depois de ouvir as queixas das Cortes, disciplinou a atividade dos negociantes e mercadores estrangeiros e judeus; acusado em 1371, de decretar almotaçaria em todas as coisas, mandou-a levantar no ano seguinte[62] para fazer o seu levantamento geral, cinco anos mais tarde.[63] Em 1377 impunha foral da portagem da cidade de Lisboa, pauta de direitos aduaneiros de bens e artigos de todo o reino, entrados e saídos, por terra e por mar, na capital – retrato de um país agrícola que a todos nivelava em tributação perante o monarca. Ainda no domínio do comércio fez criar as sisas gerais, medida que pela forma que revestiu, abrangendo todos os súditos, era, no dizer de Oliveira Marques, verdadeiro sinal de modernização do Estado, neste domínio.[64]

A criação da Companhia das Naus (1380) e das Bolsas de Seguros Marítimos foram duas outras disposições do maior alcance e clarividência: impulso sábio que permitia àqueles que quisessem construir novos barcos o poderem fazer, gratuitamente, com madeiras das florestas reais e isenção total de impostos das ferragens que houvessem de importar. Igualmente, aos proprietários de navios este outro 'plantador de naus a haver'[65] isentava sisa e portagens nas mercadorias exportadas na primeira viagem e taxando, apenas com metade do imposto, panos e outras mercadorias transportadas no regresso.[66] Instituía-se, além disso, o primeiro cadastro ou estatística da coisa naval entre nós. Era, de fato, o maior impulso até então dado, em Portugal, para a fundação da marinha mercante e esboço da de guerra. Com a criação dos seguros os proprietários viam salvaguardadas as suas fazendas e dotava-se a navegação de um instrumento de enorme influência no apoio aos que, como D. Fernando, acreditavam que o futuro de Portugal estava no mar:[67] certeiramente concluiu Oliveira Martins: "*de todos os fundadores de Portugal marítimo, D. Fernando é o maior (...). O corpo de leis que promulgou para fomentar a navegação e o comércio honrarão eternamente a sua inteligência e a fina percepção com que via no desenvolvimento marítimo o futuro da pátria*",[68] ideia que levou Dias Arnaut a afirmar que "*D. Fernando obriga sempre a pensar no Infante D. Henrique*".[69]

Também nos assuntos financeiros foram feitas reformas: às duas quebras da moeda, feitas sem o conhecimento das Cortes, sucederam novas "*crunhagens*"(1367, 1368, 1369-1370) e entraram em circulação novas espécies: dobras de ouro, reais de prata e outras. Apesar de a circunstância ser grave, tais medidas de desvalorização e revalorização permitiram-lhe acertar o sistema monetário português por padrões europeus, modernizando-o.[70]

E porque a circulação do dinheiro e os assuntos financeiros eram cada vez mais importantes no desenvolvimento econômico, em 1372, na Fazenda foram criados os cargos de dois vedores que substituíam os antigos ouvidores da Portaria e ganhavam mais autonomia de ação.

O incremento do dinheiro e a sua instabilidade, bem como a circulação de moeda estrangeira (castelhana, francesa, inglesa, florentina, granadina) levou à proliferação de moeda e moedeiros falsos, como já acontecera no tempo de D. Afonso IV, que decretara severos castigos ainda em vigor:

> Se o nosso moedeiro ou outro, moeda falsa fizerem e disto forem vencidos, talhem-lhes os pés e as mãos e percam quanto houverem; isto mesmo estabelecemos para os ourives que trabalham para falsear o ouro e a prata, misturando-lhe alguma outra coisa ou d'outra guisa.[7]

2.5. Dotação e proteção da Universidade

Em 1371, as cortes reunidas em Lisboa, decerto conscientes do estado degradado em que se encontrava, pediam ao rei que, por mercê, olhasse pelo *Studium*: protegê-lo era uma das mais nobres tarefas que no mundo um Rei podia ter, pois o progresso do reino dependia muito de homens letrados e entendidos e, recordando-lhe que aquele só funcionava com certas rendas, para isso há muito estabelecidas, rogavam-lhe que as fizesse atualizar e impetrasse do papa novos privilégios, enfim, que contratasse bons lentes para a cada cadeira ou ramo de saber dar prestígio e atrair mais estudantes.[72]

As diligências levadas a cabo fizeram com que em 1377, "*para melhor regrar a sua terra em direito e justiça*"[73] e sem ter pedido prévia autorização ao papa (ao contrário do que D. Dinis fizera, em 1307), a Universidade viesse a ser transferida, mais uma vez, de Coimbra para Lisboa, "*pela guisa que antes soyia d'estar*", pensando, com essa medida, atrair melhores mestres estrangeiros e revitalizar aquela em que, qual candeia, "*per scientiam mundus illuminatur*".[74]

Aproveitando a mudança de obediência para o papa Clemente VII de Avinhão, instado pelo reitor e professores, ordena na Torre do Tombo o levantamento geral das rendas que lhe estavam atribuídas e a feitura de cópias novas das cláusulas assumidas por certas igrejas e mosteiros e impetra do pontífice mais privilégios.

Por bula de 7 de Junho de 1380, o papa:

Confirmando-lhe o estudo dos dois Direitos e da Teologia (nº 46) aceitava a transferência da Universidade para Lisboa, onde deveria permanecer *"perpetuis temporibus"*, (mas que, como sabemos, com o soprar dos ventos do Humanismo renascentista, só ali ficaria até à terceira década de Quinhentos).

Concedia aos estudantes todos os privilégios de que gozavam os dos outros Estudos Gerais pelo que, atribuía ao grau de licenciado, conferido pelo bispo de Lisboa ou seu vigário, a cláusula *"ubique docendi"*, sendo-lhes permitido, doravante, exercer ofício e ensinar em toda a Cristandade.

Numa outra bula com a mesma data, dirigia-se o papa ao Bispo de Lisboa e ao Deão de Coimbra, comunicando-lhes estas decisões e dando-lhes conta dos pedidos de D. Fernando para aumentar as rendas com que o Estudo era subsidiado, taxando, embora moderadamente, de novo, as catedrais de Lisboa, Braga e outras, bem como certas colegiadas, para acudir à súplica do rei.[75]

No seguimento destas medidas, ao longo de todo o seu reinado D. Fernando prestou especial atenção à Universidade, antes e depois da transferência. O *Livro Verde* regista pelo menos 26 outros documentos, entre certidões, alvarás e cartas régias, de proteção, reforma e auxílio, confirmando diplomas de reis anteriores, fazendo guardar privilégios, proibindo abusos, desembargando crimes, impedindo embargos, providenciando casas para alojamento dos estudantes, regulamentando a instalação das Faculdades depois da transferência, dispensando portagens, dízimas e a redízima papal, moderando justiças contra lentes e estudantes, garantindo, com recurso aos tribunais, o cumprimento das rendas que não estavam a ser pagas.

Porém, para lá destes importantes aspectos institucionais, não temos notícia alguma da tão solicitada reforma de programas e conteúdos: a *"reforma do dito Estudo por bons lentes em cada ciência quanta lhi faz mester, para que melhor pudessem perfeitar"* ficou por fazer.[76]

2.6. O rei cristão

São escassos os documentos onde é possível colher notícias sobre a vida cristã do corpo privado do rei D. Fernando. Algumas notas esparsas sobre a sua religiosidade pessoal aparecem-nos ligadas com a sua doença e nos momentos finais da sua vida. Sabemos mais da religião do rei: declara-se sinceramente crente "*tudo creio como fiel cristão*", ao Alto agradecendo o seu muito nobre estatuto de "*rei, pela graça de Deus*". Reconhece-se pecador, arrependido e penitente, mostra-se cuidadoso na preparação da morte e, em tempo oportuno, mandou redigir as suas disposições finais em forma de testamento, em 1378 e 1383 e cujos preâmbulos são extensas confissões de fé cristã de um homem de poder.[77]

Ao longo do seu reinado manteve boas relações com o clero e com o papa, de quem, por diversas vezes, impetrou e obteve privilégios e concessões (para a Cruzada, para a Universidade, para a guerra, provisões de benefícios etc.). Não sofreu censuras eclesiásticas, como muitos dos seus antecessores, nem como seu pai foi severo na fiscalização dos diplomas da Santa Sé dirigidos aos bispos, praticamente esquecendo a existência do beneplácito que, na sua juventude, criara novas crispações entre o Estado e a Igreja. Não contestou o trabalho dos sacadores apostólicos ligados aos coletores de dízimos que, em alguns anos, o papa lhe reservou, a seu pedido. Sentiu, com gravidade o Cisma que na Cristandade estalou no seu reinado, cindindo-a em duas obediências papais antagônicas e agiu com sinceridade, consciente do seu dever de colaboração com os outros monarcas na busca da solução do conflito que afligia a Igreja de que se sentia filho. Analisados com serenidade os documentos hoje conhecidos, em boa parte editados por A. Domingos de Sousa Costa nos grossos volumes de *Súplicas papais*, talvez tenhamos que *nuançar* o severo juízo historiográfico tradicional de "*sempre hesitante e mutável*"[78] nas escolhas de obediência que o caracterizaram.

O teor cristão da sua realeza exprimiu-o ainda na inscrição numária dos bolhões, barbudas, torneses e graves, que mandou cunhar: "*Si Dominus michi aiutor non timebo*" e "*Dominus michi aiutor et ego*", invocação extraída de um salmo bíblico de quem busca proteção mais alta.[79]

Contou entre os seus amigos e confidentes altos membros do clero: trouxe para a Sé de Lisboa o já por si indicado bispo de Silves, D. Martinho Anes que, sendo castelhano e próximo do papa Clemente de Avinhão, haveria de ser um dos seus conselheiros e diplomatas mais próximos, nomeando-o para o grupo privado das testemunhas dos seus testamentos e na execução das disposições aí consignadas. Aceitou ingressar entre os membros da Ordem Terceira de S. Francisco, como já outros monarcas haviam feito, e também nela escolheu os seus confessores e confidentes: primeiro Frei Fernando de Astorga e, depois, Frei João Rodrigues. Num grandioso convento franciscano, em Santarém, em capela expressamente edificada, elegeria, para si e sua mãe, o lugar da sepultura: contra o costume, foi o primeiro monarca português a eleger para última morada uma igreja mendicante.[80]

Onde, porém, melhor se manifestava a religião do rei era na sua morte: tão importante como bem governar, era bem morrer, pois tratava-se do último e definitivo dos atos políticos e daí a necessidade de a bem preparar e dignificar com exéquias: de lamento e pranto pelo rei, mas de fé imortal pela realeza.

A preparação para a boa morte, segundo os tratados das *artes moriendi* fazia-se de longe, com a redação de cuidadosos testamentos onde não haviam de faltar sapientes considerações do efêmero da vida humana e sábias disposições, definição clara de herdeiros, destino de bens, contemplação de necessitados, restituição de empréstimos, pagamento de dívidas, criação de pias instituições e bens de alma ou capelas de sufrágio, pedidos de memória e aniversário litúrgico, enfim, a eleição do *locus tumularis* e os cuidados a ter com ele nos tempos que viriam: "*mandamos que o nosso corpo seja deitado no mosteiro de S. Francisco de Santarém, na nossa capela (…); para mantimento da nossa capela que se mantenham doze frades de S. Francisco, clérigos de missa*".[81]

A boa morte implicava um trânsito sereno, não imprevisto nem violento (a não ser no campo de batalha, onde tombavam os heróis), acompanhado da família e dos amigos, de quem se despedia e a quem se faziam as recomendações finais.

Atendendo a estes tópicos, a morte de D. Fernando, ocorrida em 22 de Outubro de 1383, se atendermos aos pormenores que sobre ela nos fornece a única fonte conhecida, a crônica de Fernão Lopes, não foi morte exemplar nem digna de um rei: ainda doente o monarca quis que o trouxessem de Almada, onde jazia muito enfermo, para Lisboa, para morrer no paço da alcáçova, como convinha ao seu estatuto e dignidade. Mas ordenou ser transferido de noite, sem luminárias, pois não desejava ser visto, tal o estado desfigurado pela doença daquele que a história recordaria como "*o Formoso*": "*assim que o trouxeram ao serão e ninguém abria a porta, nem punha candeia à janela, pois fora lançado pregão nesse sentido e, assim, escuramente, o levaram a seus paços*".[82]

Depois de longos sofrimentos físicos e morais, D. Fernando morreu só, "*tristemente e só*",[83] praticamente abandonado até pela própria rainha que, de fato, ele já abandonara e por ela já não mandava cantar, nem a citava no derradeiro testamento. Escandalosos seriam igualmente, segundo F. Lopes, os seus funerais: posto em andas cobertas de panos pretos, logo no dia seguinte ao da morte, o seu corpo foi conduzido aos ombros, por frades, para o vizinho convento de S. Francisco de Lisboa, acompanhado de pouca gente e sem muitos lamentos: exéquias bem modestas e não condizentes com a sua real condição. Lamentando-as, o cronista que, antes de a tampa cair sobre o caixão, metera também nele a pesada e negra memória que lhe construíra, não se conteve sem lhe lançar, qual compensação reprovadora dos que em vida o haviam mal conduzido, uma jaculatória da sua parte, volvidas que eram quase sete décadas de defunto: "*por sua mercê praza (a Deus) de o fazer reinar com os seus santos!*"[84]

Ignoramos quando e com que cuidados, de S. Francisco de Lisboa o corpo foi levado a S. Francisco de Santarém para, ao lado de sua mãe (mas não da sua rainha), ser colocado no artístico sarcófago de calcário que ali fizera construir e no qual mandara esculpir um programa heráldico e político cujos códigos, em parte, hoje ignoramos.[85] Não sabemos também quando em volta dele foi gravado o sóbrio epitáfio que identifica a sua dignidade régia nas linhagens paterna e materna: "*Aqui jaz o mui nobre rei D. Fernando, filho do mui nobre rei D. Pedro e da Infanta D. Constança, filha de João Manuel. Finou em Lisboa no hábito de S. Francisco, quinta-feira, vinte e dois dias de Outubro da Era de mil e quatrocentos e vinte e cinco anos*":[86] é na purificação do burel mendicante, o termo de registo cronológico de um rei que viveu. Tinha 38 anos.

Concluindo

Assim, em nenhum domínio do *ofício* de rei D. Fernando se contentou com o que encontrara na torre do haver mas multiplicou, exponencialmente, o *dever* da tensão social e política e o não *haver* da segurança, da independência, ameaçada e delapidada, elementos que foram, no entanto, criadores de enorme potencialidade: D. Fernando, *"consolidando o poder cesáreo dos reis"* gerou o povo, *"a consciência material interna do corpo da nação"*.[87] Pela ousadia do modelo de governar fora levado a escolher alianças de antagonismo, pelo que deixou o país no fio do abismo e, por isso, *"logo que a tampa caiu sobre o caixão [...] rebentou a revolução!"*[88]

"Um dos melhores monarcas portugueses", para Alexandre Herculano.[89] *"Pobre rei, tão bom e tão sagaz"*, *"de grande inteligência e fina percepção com que via [...] o futuro da pátria"*, mas que *"desnorteadamente reinou"*, segundo Oliveira Martins.[90] *"Formoso e frívolo"* para o poeta Almeida Garret; *"Avançado em relação ao seu tempo [...], muitíssimo inteligente e muitíssimo infeliz"*, para Dias Arnaut.[91] *"Como sempre muito equívoco"* *"sempre hesitante e mutável"*, como escreve Maria Helena da Cruz Coelho[92] – são várias as apreciações que, daquele contra quem o cronista disse que em seu tempo *"alguns se soltaram em desmesuradas palavras"*,[93] historiadores portugueses mais recentes dele têm feito.

Nos duros tempos em que reinou, pela dignidade de que teve consciência e pela forma como desempenhou o seu *ofício*, D. Fernando, o último *"rei de Portugal e do Algarve"*, que quando *"mancebo, era valente, namorado e de bem composto corpo, fremoso em parecer e muito vistoso [...], tal que logo o julgariam por Rei"*,[94] objeto historiográfico, continua sedutor, monarca atrevido e de desafio desconcertante, aos historiadores de hoje, como aos homens de ontem.

Notas

1. LOPES, Fernão. *Crónica do Senhor Rei D. Fernando nono rei destes Regnos*, introdução de Salvador Dias Arnaut. Porto: Livraria Civilização Editora, 1986, c. 172, p. 475. Citaremos, doravante, *CDF*.
2. PEREIRA, Paulo. *História da Arte Portuguesa*, (dir. de Paulo Pereira). Lisboa: Círculo de Leitores, vol. I, 1995, p. 396. Uma lápide, na atual rua da Mouraria, em Lisboa, refere o nome de dois deles: Vasco Brás e João Fernandes.
3. SEVILLA, San Isidoro de. *Etimologías*, introdução de M. C. Diaz y Diaz. Madrid: BAC, 1982, vol. I, IX, 3, 4, p. 764.
4. COELHO, Maria Helena da Cruz. *D. João I*. Lisboa: Círculo de Leitores, 2005, p. 250.
5. REBELO, Luís de Sousa. *A Concepção do Poder em Fernão Lopes*. Lisboa: Livros Horizonte, 1983, p. 18.
6. Sousa, D. António Caetano de. *História Genealógica da Casa Real,* vol. I, nova edição Manuel Lopes de Almeida e César Pegado. Coimbra: Atlântida, 1946, p. 259.
7. *CDF, oc.*, prólogo e c. 60, p. 162.
8. *Ordenações Afonsinas*. Lisboa: Fundação Calouste Gulbenkian, 1984, fac-símile da edição de 1792, livro II, título II, art.º 60, lei de D. Fernando. Citaremos, doravante, OA.
9. *OA*, III, título 64, art.º 64, p. 218, lei fernandina de 1379.
10. TAVARES, Maria José Ferro. "A Nobreza no reinado de D. Fernando e a sua atuação em 1383-1385", in: *RHES*, 12 (1983), p. 56.
11. *CDF, oc.,* c. 61, p. 164.
12. *Ibidem*, p. 162.
13. *OA, oc.*, II, 60, lei fernandina.
14. O aforismo jurídico dizia "*Quod principi placuit legis habet vigorem.*"
15. Na expressão dos legistas: "*Non regnum propter regem, sed rex propter regnum.*"
16. *Cortes Portuguesas Reinado de D. Fernando (1367-1383)*, vol. I. Lisboa: INIC e UN de Lisboa, 1990 (1367-1380), Cortes de Lisboa, 1371, art.º 101, p. 63-4. Citaremos, doravante, *Cortes Portuguesas*.
17. ARNAUT, Salvador Dias. *A Crise Nacional dos Fins do Século XIV*. Coimbra: Faculdade de Letras, 1960, doc. 7, 'testamento de D. Fernando', 1378, p. 294.
18. Cit. Marcelo Caetano. *História do Direito Português (1140-1495)*. Lisboa/ São Paulo: Verbo, 1985, p. 297.
19. LOPES, Fernão. *Crónica de D. João I*, vol. II. Ed. M. Lopes de Almeida e A. de Magalhães Basto. Porto: Livraria Civilização Editora, 1990, c. 1, p. 6. Conde de Tovar, *Estudos Históricos*, vol. III Lisboa, APH, 1961, p. 40.
20. *OA, oc*, II, 63, 15, lei fernandina de 1375.

21 *Hagiografia de Santa Cruz, Vida de D. Telo*, edição crítica de Aires do Nascimento. Lisboa: Edições Colibri, 1998, p. 58-60.

22 MARTINS, J. P. de Oliveira. *História de Portugal*. Lisboa: Guimarães Editores, 2004 (21ª), p. 71.

23 Documentos transcritos por João António Mendes Neves. *A 'Formosa' Chancelaria*. Coimbra: Faculdade de Letras, 2005, docs. 127 e 130.

24 Conde de Tovar, *oc.*, p. 77.

25 CÍCERO, Marco Túlio. *Dos Deveres (De Officiis)*. São Paulo: Martins Fontes, 1999.

26 Para situar este tema veja-se o estudo de J. Le Goff, "Le roi dans l'Occident médiéval". In: LE GOFF, Jacques. *Héros du Moyen Age, le Saint et le Roi*. Paris: Gallimard/Quarto, 2004, p. 1075-119.

27 MARTINS, J. P. de Oliveira. *Os Filhos de D. João I*. Lisboa: Editora Ulisseia, 1998, p. 130: A frase, atribuída ao confessor do rei, o franciscano Frei Gil Lobo, diz textualmente: '– *Acorde, senhor, para o ofício de rei!*'.

28 A "empresa" do rei vem reproduzida em D. António Caetano de Sousa, *História Genealógica, oc.*, p. 261.

29 Visconde de Santarém, *Quadro Elementar*, tomo XIV, Lisboa, 1865, p. 43-53; tomo XV, p. 62s. Veja-se ainda o enigmático discurso pronunciado na corte de Carlos V de Paris pelo bispo de Lisboa (ao serviço do rei ou da rainha?) em Noël Valois, "Discours prononcé le 14 juillet 1380, en présence de Charles V par Martin, évêque de Lisbonne, ambassadeur du roi de Portugal". In: *Bibliothèque de l'École de Chartes*, vol. 52 (1891), p. 485-516. Note-se que, no dia seguinte, era assinada uma aliança entre Ricardo II de Inglaterra que levaria ao matrimônio de D. Beatriz com Eduardo de Cambridge. Mas, em 21 de Maio do mesmo ano fora acordado o mesmo casamento com o herdeiro castelhano! Veja-se L. Adão da Fonseca. *O Essencial sobre o tratado de Windsor*. Lisboa: INCM, 1986, p. 21.

30 *OA, oc.*, II, 60, lei fernandina.

31 LOPES, Fernão. *Crónica de D. Pedro I*, introdução de Damião Peres. Porto: Livraria Civilização, 1984, prólogo p. 3 e 5. L. Sousa Rebelo, *oc.*, p. 31.

32 *OA, oc.*, II, 60.

33 MARTINS, Oliveira. *História de Portugal (HP), oc.*, p. 107; PERES, Damião. In: *História de Portugal*, vol. II. Barcelos: Portucalense Editora, 1929, p. 363; RUSSELL, P. E. *As Fontes de Fernão Lopes*. Coimbra Editora, 1941, p. 31.

34 *OA, oc.*, III, 27.

35 Dos 17 volumes da *Chancelaria de D. Fernando* chegaram até nós apenas quatro: dois originais, do século XIV e dois em cópias do século XV. Veja-se a pequena referência em P. E. Russell, *o.c.*, p. 32.

36 Vide *Cortes Portuguesas, oc.* Referem-se neste volume mais duas outras cortes: Santarém (1373) e Atouguia (1375), de que não há a certeza de terem sido convocadas e de que não nos chegou documentação alguma.
37 *CDF, oc.*, prólogo, p. 7.
38 Maria José Ferro Tavares, *oc.*, p. 65.
39 *CDF, oc.*, prólogo, p. 3.
40 D. António Caetano de Sousa, *História Genealógica*, vol. I, *oc.*, p. 258.
41 *OA, oc.*, II, 63, nº 9.
42 Cfr. L. Sousa Rebelo, *oc.*, p. 35.
43 *OA, oc.*, II, 63, nº 11.
44 MARTINS, Oliveira. *Os Filhos de D. João I, oc.*, p. 56.
45 Vide L. Sousa Rebelo, *oc.*, p. 37.
46 *CDF, oc.*, c. 64, p. 170.
47 *Cortes Portuguesas, oc.*, Cortes de Lisboa, 1371, art. 64, p. 45.
48 A. S. Costa Lobo. *História da Sociedade em Portugal no século XV e outros estudos históricos*. Lisboa: História Crítica, 1979, p. 610. *OA, oc.*, vol. I, 'Regimento da Guerra', I, 61.
49 *CDF, oc.*, c. 153, p. 424.
50 *CDF, oc.*, prólogo, p. 4.
51 MARTINS, Oliveiras, *HP, oc.*, p. 107.
52 *Ibidem*, c. 72, p. 191.
53 *Idem, ibidem.*
54 *CDF, oc.*, c. 87 e 88, p. 229-31, sobre as reformas do armamento e p. 233-5, sobre a cerca nova de Lisboa.
55 RUSSELL, P. *A Intervenção Inglesa na Península Ibérica durante a Guerra dos Cem Anos*. Lisboa: INCM, 2000 (1955), p. 367.
56 Oliveira Martins, *HP, oc.*, p. 113.
57 MONTEIRO, Saturnino. *Batalhas e Combates da Marinha Portuguesa (1139-1521)*, I. Lisboa: Sá da Costa, 1989, p. 36.
58 *CDF, oc.*, c. 74, p. 197-8 e c. 124, p. 347.
59 KRUS, Luís. *A Concepção Nobiliárquica do Espaço Ibérico (1280-130)*. Lisboa: Gulbenkian e JNICT, 1994, p. 135 e 334.
60 *CDF, oc.*, p. 4-7.
61 *OA, oc.*, IV, 81. Virgínia Rau. *Sesmarias Medievais Portuguesas*. Lisboa: Editorial Presença, 1982, p. 89-90. Maria Helena da Cruz Coelho, *oc.*, p. 191.
62 *Cortes Portuguesas, oc.*, Cortes do Porto, 1372, art. 3, p. 84.

O Portugal Medieval 123

63 ANTT, *Chancelaria de D. Fernando*, livro II, fl. 17; H. da Gama Barros. *História da Administração Pública em Portugal nos Séculos XII a XV*, vol. V, 2ª ed. T. Sousa Soares. Lisboa: Livraria Sá da Costa, 1950, p. 158.
64 MARQUES, A. H. de Oliveira. *Portugal na Crise dos Séculos XIV e XV*, vol. IV de *Nova História de Portugal*, dir. de Joel Serrão e A. H. Oliveira Marques. Lisboa: Editorial Presença, 1987, p. 305, nº 7.
65 PESSOA, Fernando. *Mensagem*. Lisboa: Edições Ática, s/d, p. 31. O poeta referia-se ao rei D. Dinis, naturalmente:
"*Na noite escreve um seu Cantar de Amigo*
O plantador de naus a haver,
E houve um silêncio múrmuro consigo:
É o rumor dos pinhais que, como um trigo
De Império, ondulam sem se poder ver."
66 SCHAFFER, Henri. *História de Portugal*, tomo II. Lisboa: 1842, p. 471-2.
67 *Idem, ibidem*, p. 475.
68 Oliveira Martins, *HP, oc*, p. 137 e 107.
69 ARNAUT, Salvador Dias. *D. Fernando o Homem e o Governante*. Lisboa: APH, (Separata), 1989, p. 29.
70 MARQUES, A. H. de Oliveira. *Portugal na Crise, oc.*, p 204; Maria José Ferro Tavares. *oc.*, p. 52-53.
71 *OA. oc.*, V, V, 1.
72 *Cortes Portuguesas, oc.*, Cortes de Lisboa, 1371, art.º 71, p. 49.
73 *Livro Verde da Universidade de Coimbra (cartulário do século XV)*. Leitura, revisão e prefácio de A. G. da Rocha Madahil. Coimbra: 1940, p. 77.
74 *Idem, ibidem*, p. 9, petição ao papa, 12 de Novembro de 1288.
75 BRANDÃO, Mário. *A Universidade de Coimbra*. Coimbra: Por Ordem da Universidade, 1937, p. 109. O documento, porém, é vago e não refere as igrejas que concretamente seriam afetadas nem qual a taxa a pagar.
76 *Cortes Portuguesas, oc.*, Cortes de Lisboa, 1371, art. 71, p. 49; M. Júlio de Almeida Costa, "O Direito (Cânones e Leis)", in *História da Universidade em Portugal*, I volume, tomo I (1290-1536), Universidade de Coimbra – Fundação Calouste Gulbenkian, 1997, p. 289.
77 Os dois testamentos fernandinos, de 1378 e 1383, encontram-se transcritos e com as respectivas cotas arquivísticas em S. Dias Arnaut, *A Crise Nacional, oc.*, doc. 7, p. 291-5 e João Mendes Neves, *A 'Formosa' Chancelaria, oc.*, p. 354-7.
78 Vejam-se, especialmente, os volumes dos *Monumenta Portugaliae Vaticana*, edição de A. Domingues de Sousa Costa. II, *Súplicas, Clemente VII, Bento XIII, Bonifácio*

IX (1378-1418). Braga: Editorial Franciscana, 1970; III-1, *A Península Ibérica e o Cisma do Ocidente*. Braga: Editorial Franciscana, 1982. Maria Helena da Cruz Coelho, *oc.*, p. 30.

79 Segundo as reproduções feitas em J. Ferraro Vaz, *Livro das Moedas de Portugal*, Braga, 1969, p. 153, 158, 163.
80 PRADALIÉ, G. *O Convento de S. Francisco de Santarém*. Santarém: Câmara Municipal, 1992, p. 104.
81 ARNAUT, S. Dias. *A Crise Nacional, oc.*, o já citado doc. 7, p. 292.
82 *CDF, oc*, c. 172, p. 475.
83 M. Helena da Cruz Coelho, *oc.*, p. 32.
84 *CDF, oc.*, c. 172, p. 32.
85 Vejam-se as posições divergentes de G. Pradalié. *O Convento de S. Francisco de Santarém*. Câmara Municipal de Santarém: 1992 e M. J. Barroca, *Epigrafia Medieval Portuguesa (862-1422)*. Lisboa: FCG e FCT, 2000, 3 vols., bem como algumas questões postas por Carla Varela Fernandes. *Poder e Representação, Iconologia da Família Real Portuguesa Primeira Dinastia, séculos XII-XIV*. Lisboa: Faculdade de Letras de Lisboa, 2004 (tese de doutoramento, orientada por Vítor Serrão).
86 Segundo a leitura de G. Pradalié, *oc.*, p. 120, nº 43.
87 Oliveira Martins, *HP, oc.*, p. 137 e 117.
88 *Idem, ibidem*, p. 117.
89 HERCULANO, Alexandre. *Lendas e Narrativas* vol. I. Lisboa: Europa América, 2003, p. 59.
90 Oliveira Martins, *HP, oc.*, p. 108; *Os Filhos de D. João I, oc.*, p. 36.
91 S. Dias Arnaut, *oc.*, 1989, p. 31.
92 M. Helena da Cruz Coelho, *oc.*, p. 21 e 30.
93 *CDF, oc.*, c. 156, p. 433.
94 *Idem, ibidem*, p. 3.

O "ofício de rei" no Portugal quatrocentista: teoria e práticas de poder

Margarida Garcez Ventura
(Universidade de Lisboa)

Este breve trabalho tem por objetivo suscitar uma reflexão sobre o conceito que inserimos no título deste estudo: "ofício de rei" no tempo e no espaço do Portugal quatrocentista. Muito tem sido escrito sobre a realeza medieval; menos sobre a realeza no Portugal medieval, nomeadamente nesse século de viragem para a modernidade. Por isso, seguiremos um caminho próprio, tentando passar para além das definições dos conceitos para nos situarmos no concreto da atuação régia. Um método de difícil aplicação, pois se trata de um campo historiográfico no qual com muita facilidade tomamos o nome pela realidade, as declarações de princípio pelos comportamentos, as intenções pela governança efetiva. E ainda temos de ter em conta as absurdas considerações do sempre citado Walter Ullmann quando escreve que "as ações e os fatos são simples sintomas de ideias e princípios fundamentais".[1] De fato, não podemos admitir que "a essência da história esteja fora dos factos da própria história",[2] até pela razão de que "essência" é algo que não tem existência histórica.

Assim sendo, em jeito de profissão de fé, diremos que a teoria política medieval, ainda que deduzida, nas suas primeiras formulações, de princípios globais contidos na Sagrada Escritura e, por isso, de revelação divina, recebe a influência dos fatos concretos seus contemporâneos. Essa mesma teoria, reformulada ou adaptada, irá impulsionar a ação política, a qual arrastará novas formulações. Existe, pois, um vai e vem entre teoria e prática que se passa ao nível da existência das coisas.

As ideias políticas medievais assentam no projeto de Deus para os homens. Assim como "Toda Ley he huma invençom, e dom de Deos",[3] que terá de ser convertida em leis positivas em cada reino e em cada tempo, do mesmo modo o pensamento divino sobre a função do rei no ordenamento da *cidade de Deus* é uma estreitíssima faixa de asserções tão indiscutíveis na sua formulação como problemáticas na sua definição concreta: o Bem, a Paz, a Justiça...

Por isso, como escreveu Jacques Krynen, quando trabalhamos sobre mentalidades políticas na Idade Média, há que respeitar o "perpétuo movimento de imbricação entre ideias e crenças com os fatos".[4]

São inúmeras as fontes para nos aproximarmos do conteúdo do "ofício de rei" no tempo e lugar que escolhemos: os projetos de futuro que são livros sobre a educação de príncipes,[5] textos dos príncipes de Avis, crónicas, representações iconográficas,[6] prefácios de leis ou de coletâneas legislativas, capítulos de cortes ou correspondência régia, entre muitas outras possibilidades. E o historiador – cuja visão é muito mais sistémica do que a de um jurista ou mesmo de um cultor da literatura – usa também como fontes a multidão de atos correntes de governo, cuja linha de atuação coerente lhe permite teorizar.

A abundância das informações e a complexidade do tema não nos permitem aqui mais do que um discurso muito seletivo, qual ceifeiro que apanha algumas "espigas" num campo fértil.[7]

Escolhemos um longo período, uma época de charneira entre o mundo medieval e moderno. No plano do poder político, podemos dizer que é um tempo no qual se passa de uma situação de algum constrangimento da realeza perante os outros poderes para um progressiva valorização da figura régia.

D. João I é um rei que a custo irá, em diferentes cronologias, equiparar-se ou sobrepor-se àqueles homens que o elevaram ao trono: nobreza, clerezia, concelhos. De fato, o resultado da crise de 1383-85, favorável ao mestre de

Avis, teve o seu preço nas cedências de D. João I em muitas questões de jurisdição, as quais cedências sustiveram o processo afirmação do poder real que se vinha desenhando com D. Pedro e mesmo com D. Fernando.

O primeiro sinal de recuperação da autoridade, do prestígio e... dos bens da coroa dá-se nas cortes de Coimbra de 1394.[8] Depois, já no primeiro quartel do século XV, D. Duarte, ainda infante, acelera a viragem, sobretudo em relação ao *status* mais problemático, o clero. Mas também, mais tarde, esta ação eduardina será realizada em relação à nobreza: haja em vista, por exemplo, a imposição da exclusividade das justiças régias na proteção dos povos[9] ou a formalização da chamada Lei Mental.[10]

Podemos concordar com a tradição que confere a D. Afonso V um recuo na afirmação do poder real. Aliás, a trágica morte do infante D. Pedro em Alfarrobeira e a infâmia sofrida enquanto homem justo e filho de rei, tudo isso é fruto da bem-sucedida tentativa da recuperação da nobreza, no sentido de um neos-senhorialismo. Malícia, injustiça e muita inveja por parte de alguns nobres, à frente dos quais se posicionou a Casa de Bragança: são estas as acusações contidas no célebre discurso de Jean Jouffroy, deão de Vergy,[11] enviado por Filipe, o Bom, duque da Borgonha, junto de D. Afonso V para defender a honra do infante morto.[12]

É D. João II que mantém uma política de intensa consolidação do poder, com efetiva supremacia sobre todas as questões, sobre todo o território, sobre todos os súditos. D. João II conseguiu na ação política cotidiana aquilo que tinha sido enunciado e anunciado pelo Doutor Vasco Fernandes de Lucena na *Arenga* das cortes de 1481, as primeiras do seu reinado.[13] Note-se que Vasco Fernandes de Lucena foi amigo, confidente e colaborador do Infante D. Pedro, tendo ele mesmo escrito para D. Afonso V um Tratado sobre as "virtudes que ao Rey pertencem",[14] do qual nada mais se conhece senão o Prólogo.

No começo do século podemos usar e verificar o conceito de *ofício* aplicado à realeza: uma função em prol do bem comum, baseada num pacto tácito entre os reis e os seus súditos, do qual resultavam fortes laços birrelacionais entre o rei e os seus súditos e, ainda, uma monarquia limitada ao modo senhorial. Mas, nos finais de quatrocentos, o rei afirmar-se-á, não como o primeiro entre iguais, mas acima de qualquer outro senhor.

E, se D. João I era tratado pelos seus súditos por "senhor", a D. João II chamarão "senhor", mas também, e *já*, "Alteza".[15]

O trajeto desse século é, pois, o que vai de uma monarquia pactuada para uma "monarquia preeminencial",[16] em breve monarquia absoluta. Uma monarquia com redobrado recurso à origem divina do poder régio recebido directamente de Deus, ficando assim justificada a asserção de que esse poder não tem paralelo nem superior (no temporal ?) Como escreveu Jacques Krynen: "Um rei cristianíssimo só pode ser um rei absoluto".[17] O que não impede, contudo, que se continue a usar a expressão de *ofício de reinar* já em pleno século XVI.[18]

Depois destas palavras, que servirão como enquadramento para uma abordagem cuidadosa e referenciada do que adiante se dirá (e do que fica por dizer), passemos a referir alguns esteios fundamentais da função real quatrocentista em Portugal. Função que não pode evidentemente ser desligada dos seus antecedentes cronológicos, assim como não está desligada do que se pensava e fazia nos outros reinos da Cristandade.[19]

Em Dezembro de 1433, D. Antão Martim de Chaves escreve um "conselho" a D. Duarte, que há poucos meses ocupava o trono de Portugal.[20] Escusado será referir a importância deste texto que desejava ser orientador do novo rei, como, aliás, esclarece o seu autor. O tema fulcral é a Justiça, ou melhor, a "Santa Justiça". O bispo define-a como a virtude que mais deve brilhar no príncipe, pois sem ela nenhum estado se pode sustentar: se não existisse, toda a terra ficaria cheia de rapinas, de homicídios, de adultérios e de outros inúmeros e irreparáveis danos, que enumera. Insistimos na ideia-chave do texto: a Justiça é aquela virtude pela qual os reis reinam e os príncipes são senhores (cita os *Provérbios*). Isto é, os reis existem para praticar a Justiça. Mais adiante D. Antão vai mais longe quando diz que tempos houve em que os homens não estavam submetidos a qualquer senhorio,[21] mas sucedeu que "cada um ousava fazer mal" e os maus passavam sem pena e os bons sem prêmio. Por isso, os homens viram-se obrigados a renunciar ao dom celestial da liberdade para elegerem reis e príncipes que os governassem em direito e em justiça. Evidentemente que o bispo não se refere a um tempo histórico, nem mesmo à vida do homem no Paraíso, pois aí não haveria mal... Passemos à frente desta questão de saber se havia ou não senhorio no Paraíso... que não é de somenos, e à qual voltaremos. O que importa agora é perceber para quê, no pensamento de D. Antão – leitor confesso do *De regimine principu,* de Egídio Romano – serve a realeza, para quê foram eleitos e abençoados por Deus: para amar e praticar a Justiça. E o que é Justiça? Explica o bispo, recorrendo a São Cipriano: a justiça do rei é exemplo de paz, defende os povos da guerra, garante a liberdade das gentes.

A Justiça é a virtude específica dos reis e príncipes deste mundo, recebida de Deus para "justamente reger e governar seus Principados e Senhorios".[22]

Como pressuposto de todo o ofício de reinar está a proclamação da sua incontestável origem divina, dentro da larga tradição bíblica e dos Padres da Igreja, sempre continuada por toda a Idade Média.

Poder real que tem a sua origem em Deus, pois, como disse São Paulo em frase repetida à exaustão na Idade Média, *"Non est potestas nisi a Deo"*. Mas um poder que resulta de um pacto de serviço para com os povos, de modo a assegurar-lhes a Justiça cujo conteúdo se desdobra na sustentação da paz interna e externa, no castigo dos crimes, na prosperidade da terra, na recompensa dos bons, na procura do bem comum, da felicidade temporal e espiritual dos povos que lhe foram confiados por Deus.

Se o rei a cumprir os deveres da Justiça será verdadeiramente rei e terá a vida eterna. Di-lo o infante D. Pedro na famosa carta de Bruges: "ca bem sabeis, senhor, que uos sos posto no mundo per autorjdade do apostolo para louuor dos bons e ujngança dos maos".[23] *Rex eris si recte facias, si non facias, non eris,* passagem de Santo Isidoro de Sevilha justificadora da deposição de tantos reis, entre os quais, lembremos, o português D. Sancho II.[24]

A concepção de monarquia como ofício recebido de Deus em prol do bem comum manifesta-se frequentemente. Lembremos, por exemplo, as palavras – de segura inspiração eduardina – referentes ao "estado do rei" com que se inicia o Regimento da Casa da Suplicação:[25] "O Rei é vigário de Deus". A mesma ideia é formulada pelo Doutor Rui Fernandes – ou porventura por D. Duarte – no prefácio ao enunciado dos Direitos Reais: "antre todalas cousas somos em especial obriguado ao Nosso Senhor Deos, de cuja mão, e encomenda teemos a governança, e regimento destes Regnos".[26]

Também o infante D. Pedro considera o rei como vigário de Deus com vista ao bem dos súbitos.[27] Tal afirmação surge sempre – e mencionamos textos portugueses de quatrocentos – articulada com o encargo decorrente. Di-lo D. João I no seu *Livro da Montaria:*[28] Deus deu-lhe a reger uma multidão de gentes, o que é grande encargo, pois tem de a reger bem. É este o ofício de rei do qual terá de dar contas a Deus.

Tendo recebido de Deus o governo do reino, sendo vigário de Deus (para as coisas temporais) o rei deve trabalhar afincadamente (e conhecemos o horário de trabalho de D. Duarte)[29] no governo do reino. A governança do reino tem um largo espectro: a promulgação de leis justas e sua divulgação, a vigilância contra pecados e heresias, o zelo na definição e recolha de todos impostos ou todos os Direitos que, sendo reais[30] estão, na verdade, ao serviço do reino, a insistência no castigo dos inimigos internos, e, também, a segurança das fronteiras.[31]

No século XV não há, do ponto de vista teórico, novidades sobre a concepção da origem do poder régio e sua finalidades.

Selecionemos um dos axiomas: o rei é vigário de Deus e não tem superior na ordem temporal. Para além na insistência nesta formulação, o que conta é, de fato, o alargamento daquilo que se vai entender por "temporal".

Reduz-se o "território" do "sagrado" ou do "espiritual" – quer o sentido próprio (coutos e terras imunes da Igreja), quer no sentido figurado – entendendo por "profanos" alguns assuntos e algumas pessoas considerados espirituais ou sagrados. Dito por outras palavras, D. João retoma uma primeira tentativa realizada por D. Dinis – vejam-se as queixas do clero contidas nas duas concordatas assinadas entre este o rei e o clero[32] – de esvaziamento da esfera espiritual. É no reinado dionisiano que D. João I e D. Duarte encontram essa matriz legislativa e comportamental de avanço do poder real sobre a "esfera" do espiritual, ao mesmo tempo que esta ficaria reduzida à área da definição teológica, ascética e de administração dos sacramentos. São prova disso os numerosos *itens* das muito polêmicas "lei jacobinas" de 1419[33] e os artigos da concordata de 1427 entre o rei e o clero. A montante destes textos conhecemos as acesas querelas sustentadas por polêmicas intervenções do reis e seus oficiais.[34]

É evidente que temos em conta que o Poder régio se vai definindo através da relação com todos os outros poderes presentes no reino. Mas, se no plano da prática política cotidiana a implementação do ofício de rei se faz muito em correlação com os nobres, com os oficiais régios, com os mesteirais, com os pastores, com os agricultores e mercadores, enfim, com os povos em geral, cuja voz nos chega em cortes e fora delas, quando se trata de discutir o porquê e o para quê do ofício régio, tudo é remetido para os membros do clero, como representantes máximos da Igreja, essa instituição que, na terra e por mandato de Cristo, é a dispensadora da Graça e do Poder do Todo Poderoso.

Por isso o terreno em que se disputa, define e redefine o poder régio é, sempre, o terreno de fronteira entre as duas esferas, mesmo que a disputa pareça tão menor como... andar ou não de besta muar ou pagar ou não a sisa do vinho.

Mencionámos há pouco que o percurso do ofício de rei neste século XV ia de uma monarquia pactuada para uma monarquia de preeminência. Isso é verdade na relação com todos os estamentos, em particular com o clero; como dissemos, o Direito Romano e os romanistas fazem o seu trabalho e, depois, tudo dependerá da vontade e da capacidade dos meios para efetivar a governança.

Mas a busca da preeminência tem ainda outro fundamento para além do direito romano: o da (já mencionada) acentuação da origem divina do poder real, pondo em surdina a mediação papal e eclesial.

É certo que nunca houve uma formulação escrita dessa independência. No caso dos reis ungidos e sagrados, como os de França e Inglaterra, isso faz-se de uma forma muito sutil.[35] Nem poderia ser de outra forma, pois a exclusão da Igreja da vida cotidiana, se formulada teoricamente, estaria bem perto de outras "independências" heréticas (lembramos os Irmãos do Livre Espírito). Posição jamais aceite, por exemplo, por D. Duarte, para citar um monarca "quase" regalista mas muito cauteloso nestas matérias.[36]

O fato é quer a forma como D. João ascende ao trono e o modo como esse percurso é narrado pelo Dr. João das Regras nas cortes de Coimbra, entram nessa lógica de escolha divina direta. D. João II é um homem amigo de Deus e, sobretudo, é vencedor de batalhas: por isso não há dúvida de que é o escolhido.[37] Toda a construção messiânica de Fernão Lopes aponta para isso, pelo menos como forma de legitimar certos cerceamentos das "liberdades eclesiásticas". Um difícil equilíbrio, para que o rei não proceda como tirano ou cobiçoso dos bens da Igreja,[38] e para que aceite a sua autoridade no plano doutrinal e sacramental.

Mais ainda: os reis da dinastia de Avis aceitavam o papa como *dominus mundi*, sendo a única fonte de legitimação da "expansão atlântica" e magrebina. Mas, em paralelo, prescindiram da coroação, exatamente pelos pressupostos de submissão à clerezia que acarretava.[39]

Como corolário desta ligação direta com Deus está a concepção da autonomia do temporal, ou vice-versa. A formulação teórica que a suporta é de São Tomás de Aquino, e as consequências da doutrina já não o são novidade no século XV.[40] Por outro lado, sabemos que passagem para o concreto político da relação entre natureza, temporal e poder régio é feita pelos franciscanos e pelos dominicanos, presentes e influentes em Portugal desde a sua fundação.

Esta concepção de autonomia do temporal vive em várias frentes, as quais, obviamente, não poderão ser aqui estudadas.[41] Por economia de tempo, mencionaremos algumas situações que não são habitualmente trazidas para o tema em causa.

Ao concílio de Constança chegaram as propostas de Wiclef herdadas, retomadas e aplicadas por João Huss. As doutrinas de ambos são consideradas heréticas e Huss condenado à morte,[42] o que não impediu de produzirem discípulos e seguidores que puseram o império a ferro e fogo. Muito simplificadamente, podemos dizer que entre outras propostas dos hussitas estava a recusa de obediência a um príncipe pecador e a da função libertadora da Graça, segundo a qual os súbditos em Graça não poderiam estar sujeitos ao poderio do príncipe.

As obras de Wiclef e Huss eram conhecidas em Portugal. Mais: as consequências dessas posições fazem parte da experiência de vida do infante D. Pedro, que teria lutado contra os hussitas ao lado de Segismundo. D. Pedro apercebe-se da gravidade de relacionar os conceitos de virtude e de poder, em qualquer das suas vertentes. E escreve um longo parágrafo no qual demonstra que o poder vale por si mesmo, quer o rei seja ou não virtuoso, quer os súditos sejam santos ou pecadores, pois já no paraíso havia senhorio político[43]. Embora não excluindo a bênção divina, o fato de o poder valer por si permite-lhe uma autonomia de juízos e de procedimentos.

D. Duarte recusa absoluta coincidência entre os seus critérios de atuação e os dos clérigos, nomeadamente do que diz respeito ao governo do reino, pois muitos deles, embora com boa intenção, nada mais visam senão favorecer os interesses do seu *status*.[44] E mais: na sequência desta afirmação, e embora assuma o respeito devido aos clérigos, declara que muitos maus clérigos viveriam em "desenfreado atrevimento" se os reis não os vigiassem. Ou seja, arroga-se claramente do direito e do dever de vigiar os clérigos: os maus, para que vivam segundo as leis da Igreja; e, por certo, que todos serão muito melhores se estiverem sobre a sua jurisdição e não sob a de outro qualquer rei.[45]

A tendência visível com D. Duarte é que o rei atue como "braço secular" da Igreja, como seu braço armado e executório de princípios gerais já definidos, mas com total liberdade no concreto da atuação: do como e do quando, e sobre quem. Definidas que estão as obrigações dos clérigos, assim como dos fiéis cristãos, o rei irá atuar muito para além do que lhe é, na verdade permitido. Haja em vista o zelo de D. Afonso V em mandar querer prender todos os fiéis que não se confessassem na Quaresma...[46]

Por isso mesmo e apesar de, na centúria que aqui estudamos, se ter colocado junto da cúria romana a possibilidade de unção do rei de Portugal, tal nunca se realizou, como acima dissemos, por se conhecerem quais as suas implicações no ofício de rei tal como ele era concebido e realizado em Portugal.[47] E não é despiciendo o fato de, por detrás da recusa de D. Duarte, estarem os conselhos dos doutores Diogo Afonso Mangancha e do já referido Vasco Fernandes de Lucena.[48]

Para finalizar, uma chamada de atenção para o comportamento dos reis de Portugal, neste período, no que diz respeito à luta contra o Islão. Se repararmos bem temos aí alguns fatores que importam para a nossa linha de raciocínio:

Ponto incontestável era a obrigação de todos os cristãos, mormente dos reis de Portugal, no combate contra o Islão.[49] Assunto extremamente sensível, com regras sujeitas à aprovação papal e sustentadas por privilégios espirituais, que colocavam essas campanhas na categoria de "guerra santa", quando não da "Cruzada".

Ora o que se vê em Portugal é uma política própria neste domínio que, embora não excluindo obviamente a bênção papal, se pautava por muita independência em relação a certas objeções ou determinados planos papais.

Ceuta é, para os contemporâneos, a continuação da reconquista numa fronteira mais alargada que era a do avanço do Turco pelo Mediterrâneo. Não importa aqui desenvolver este assunto, mas somente lembrar que a decisão pela conquista é de ordem geoestratégica.

É sabido que uma das obrigações de ofício do rei medieval é a defesa da fé e da Igreja. Por óbvias razões geopolíticas, Portugal vai-se constituindo enquanto reino reconhecido na cena internacional à medida em que a luta contra o islão dá frutos no plano territorial. A "defesa da fé e da Igreja" é, pois, concretizada em Portugal (como noutros reinos ibéricos) na luta contra o infiel. Chegados ao início do século XIV, não excluímos a existência de dúvidas e debates, dos quais nos chegam alguns ecos. Porém, nas vésperas de Ceuta a obrigação de luta contra o islão fica definitivamente inserida às obrigações de ofício do rei de Portugal. A fonte cristã é, como se sabe, a *Crónica da Tomada de Ceuta*, de Zurara. Escrita em 1450, é certo, mas a pormenorizada narrativa permite seguir a consciencialização dessa obrigação, que, aliás, era a de todos os cristãos.

Conseguidas as necessários privilégios papais, de ordem espiritual e outra, organiza-se a expedição e, o que é mais importante, mantém-se a posição conquistada. Apesar de os fastos superarem os proveitos no plano econômico e mesmo geoestratégico.

A notícia da conquista foi dada ao mundo no concílio de Constança, na sessão de 5 de Junho de 1416.[50] E se, como foi dito, a vitória "deve trazer grande alegria e júbilo a toda a Igreja", o rei de Portugal é o seu protagonista. O prestígio vai ser explorado nas relações com o clero, nomeadamente na utilização de bens de algumas dioceses para a sustentação da praça de Ceuta e seu bispado.

Portugal tem, pois, na época, uma política própria em relação ao islão: afastava-se tanto da problemática de Granada, que deixava a Castela, como da que decorria da situação do mediterrâneo ocidental. No que toca a esta última área, teria sido por essa razão que, nos começos de 1435, o infante D. Fernando recusou capitanear uma armada de iniciativa papal para auxílio à ilha de Rodes.[51]

A orientação portuguesa é particularmente visível quando estudamos os anos que antecedem a expedição a Tânger.[52] Não interessa aqui acompanhar o intrincadíssimo processo no qual foi trazido à colação pelos canonistas o fato de D. Duarte não poder mover a guerra contra o infiel por não ser sagrado nem ungido, e por constar que estava excomungado por ações contra as liberdades da Igreja. Ora D. Duarte considera suficiente o aval papal à guerra contra o infiel em geral[53] e parte para a expedição convencido, não só da justiça e da santidade da guerra, mas de sua oportunidade e proveito, em particular para Portugal. O monarca considerava a ação militar em terras do islão como inserida na sua obrigação da tão isidoriana noção de braço secular. Di-lo expressamente.[54] Mas, tal como acontecia nas questões internas do reino, também na luta contra o infiel impõe as estratégias que lhe parecem mais adequadas, ignorando uma eventual acusação de excomunhão e também outros planos que, nessa cúria papal e nesse concílio divididos, considerava ser proveito de Castela.

Para finalizar esta linha de pensamento, situemo-nos em Agosto de 1453. Constantinopla é tomada por Maomé II. Calixto III toma a iniciativa de uma Grande Cruzada contra o Turco. Tendo em conta a experiência de Portugal, reserva-nos um papel relevante, e envia ao reino uma embaixada que chega em Fevereiro de 1455. D. Afonso V empenha-se no projeto a ponto de proferir público voto de tomar parte na cruzada contra o Turco.

Mas, após uma ativa participação portuguesa, o monarca recua, quer por ter tomado conhecimento da dificuldade de entendimento dos outros reinos, quer por temer pela segurança de Ceuta. Logo em 1456 fracciona a prometida armada, enviando metade para proteger Ceuta. As restantes velas nunca vieram a integrar-se na esquadra papal. Porém e é isso que importa, o que na verdade existiu foi um direcionamento para posições que Portugal considerava mais importante. O infante D. Henrique declara que a guerra contra o islão era estrita obrigação dos reis cristãos, devendo ser feita "em qualquer parte honde entendesse fazer fruyto".[55] E esse local foi, de novo, uma praça do Magreb: de Alcácer-Ceguer foi conquistada em 1458.

Depois de tudo o que ficou dito não será demais lembrar que a autonomia do poder régio em relação à Igreja, assim como a crescente preeminência do poder do monarca – tendências que marcam o século XV português – não significam afastamento da doutrina ortodoxa ou alheamento da proteção dos "bons" clérigos e suas empresas,[56] como não significam arbitrariedade ou amoralidade nas relações de poder. Mesmo D. João II:[57] não é ele o *Pelicano* e não era a cuja divisa "Pola Lei e pola Grei"? E, com ou sem hipocrisia, o fato é que este monarca sempre justificou as suas ações com a Justiça, fundamento e fim do poder.

Notas

1 ULLMANN, Walter. *Principios de gobierno y politica en la Edad Media*. Madrid: Revista de Occidente, 1971, p. 16.

2 ULLMANN, Walter. (*idem, ibidem*), citando "um distinto historiador" seu contemporâneo, que não identifica.

3 *Ordenações Afonsinas*, 5 vols. Lisboa: Fundação Calouste Gulbenkian, 1984, livro I (Prólogo).

4 KRYNEN, Jacques. *L'Empire du Roy. Idées et Croyences Politiques en France, XIIIe-XVe siècle*. Paris: 1993, p. 5.

5 Citemos dois exemplos: a obra fundamental de Gil de Roma, *De regimine principum*, que existia na biblioteca de D. Duarte e que o infante D. Pedro teria traduzido (vd. Sebastião Tavares de Pinho, "D. Pedro e a "escola" de tradutores da corte de Avis", *Biblos*, vol. LXIX (1993), p. 227-50, p. 129-53, p. 144) e o Tratado de Vasco Fernandes de Lucena (vd. *infra*, nº 11).

6 SORIA, José Manuel Nieto. *Fundamentos Ideológicos del Poder Real en Castilla (siglos XIII-XVI)*. Madrid: Eudema, 1988, p. 35s. O autor valoriza a análise do sistema de representações do soberano como meio para o conhecimento do poder real.

7 Parafraseando o Doutor Vasco Fernandes de Lucena no seu Prólogo ao Tratado que escreveu sobre as virtudes que pertencem aos reis, hoje desconhecido. Vd. *Livro dos Oficios de Marco Tullio Ciceram o qual tonou em lingoagem o Ifante D. Pedro Duque de Coimbra*. Ed. Joseph M. Piel. Coimbra: Por Ordem da Universidade, 1948, p. XLVII-XLVIII.

8 SOUSA, Armindo de. *As Cortes Medievais Portuguesas (1385-1490)*, 2 Vols. Porto: INIC, 1990, vol. I, p. 308; Fernão Lopes. *Cronica del Rei D. Joham I...*, Parte Segunda. Ed. William J. Entwistle. Lisboa: Imprensa Nacional, 1977, cap. 153; Humberto Baquero

Moreno. "Contestação e oposição da nobreza portuguesa ao poder político nos fins da Idade Média", *Ler História*, nº 13, Lisboa, 1988, p. 3-14.

9 *Ordenações Afonsinas*, livro V, título LXXI ("Que nos arroidos nom chamem outro apellido, se nom o d'el Rey").

10 Lei de 1434, recebe o nome nas *Ordenações Manuelinas*, onde pela primeira vez publicada. *Ordenações Manuelinas*. Lisboa: Fundação Calouste Gulbenkian, 1984, livro II, título XVII ("Da maneira que se há de teer na socessam das Terras e Bens da Coroa do Reyno").

11 A defesa é proclamada em Évora a 12 de Janeiro de 1450. Essa "oração", para a qual o Doutor Vasco Fernandes de Lucena escreveu um Prólogo, foi publicada na já citada edição do *Livro dos Oficios de Marco Tullio Ciceram...*, p. LII-LXXVI.

12 Vd. Humberto Baquero Moreno, A Batalha de Alfarrobeira. Antecedentes e significado histórico, Coimbra, Por Ordem da Universidade, 1979-1980, *passim*.

13 Manuela Mendonça. *D. João II*, 2ª ed. Lisboa: Editorial Estampa, 1995, p. 202s; Margarida Garcez Ventura. "Apontamentos para um sistema de representações do Príncipe Perfeito". *O Tempo Histórico de D. João II nos 500 anos do seu nascimento*, Actas do Colóquio. Lisboa: Academia Portuguesa da História, 2005, p. 101-15.

14 *Livro dos Oficios de Marco Tullio Ciceram...*, p. XLVII-XLVIII.

15 O estudo das formas de tratamento como fonte para a evolução do conteúdo do poder régio foi-nos há muito sugerido pelo saudoso Professor Jorge Borges de Macedo. Manuela Mendonça e nós temos entre mãos esse estudo.

16 ALBUQUERQUE, Martim de. *O Poder Político no Renascimento Português*. Sep. de *Estudos Políticos e Sociais*, vols. IV e V, Lisboa, 1968, p. 278; Vd, o conceito de reis como "monopolistas do poder" em Ruy de Albuquerque e Martim de Albuquerque. *História do Direito Português (1140-1415)*, I vol, 10ª ed., 1ª Parte. Lisboa: 1999, p. 511.

17 KRYEN, Jacques. *L'émpire du roi. Idées et croyances politiques en France (XIIIe-XVe siècle)*. Paris: Ed. Gallimard, 1993, p. 342.

18 Lembramos a referência em *Os Lusíadas*, II, 84; Cfr. Margarida Garcez Ventura, Camões e João de Barros, teóricos do poder político, Sep. das Actas da IV Reunião Internacional de Camonistas, Ponta Delgada, 1984.

19 Cf., entre outros estudos de José Manuel Nieto Soria. *Iglesia y Genesis del Estado Moderno en Castilla (1369-1480)*. Madrid: Editorial Complutense, 1993.

20 *Livro dos Conselhos de El-Rei D. Duarte* (*Livro da Cartuxa*). Edição Diplomática. Lisboa: Editorial Estampa, 1982, [13.], p. 82-6.

21 O prelado parece partilhar da teoria de que o poder político teria sido consequência do pecado original. O poder coercivo (incluindo o poder das armas) seria o remédio para o mal.

22 *Ordenações Afonsinas*, livro I, título I ("Dos ereges").
23 *Livro dos Conselhos* [4.], "Carta que o Jfante dom pedro emujou a el rey de Brujas", p. 35.
24 St° Isidoro de Sevilha. *Etimologias,* vol. I (IX, 3). Madrid: Biblioteca de Autores Cristianos, 1982, p. 764; Marcello Caetano. *História do Direito Português (1140-1495),* vol I. Lisboa: Verbo, 1981, p. 207.
25 ALBUQUERQUE, Martim de. *O Regimento Quatrocentista da Casa da Suplicação*, Sep. do vol. XVII dos *Arquivos do Centro Cultural Português*. Paris: 1982, p. 27 e 40.
26 *Ordenações Afonsinas*, livro II, título XXIV ("Dos Direitos Reaaes, que aos Reys perteence d' aver em seus Regnos per Direito Cõmuû").
27 *Livro dos Conselhos* [11.]. "Carta do Ifante dom pedro que mandou a el rey quando em boa ora foy aleuantado por nosso rey"; vd. a mesma carta foi inserida por Rui de Pina na sua Crónica de D. Duarte. Vd. *Crónicas de Rui de Pina*, "Chronica do Senhor Rey D. Duarte", Introdução e revisão de M. L. de Almeida. Porto: Lello & Irmão, 1977, cap. IV, p. 495.
28 *Livro de Montaria feito por El-Rei D. João I de Portugal*. Introdução, leitura e notas de Manuela Mendonça. Ericeira: Mar de Letras, 2000, livro primeiro, cap. V, p. 34 e cap. VII, p. 38-9.
29 Vd. p. ex, *Livro dos Conselhos* [2.]. "Ordenança dos tempos em que auja de despachar, e como".
30 Vd. *supra* n° 26.
31 Sobre este último ponto vd. Margarida Garcez Ventura, "A 'guerra justa': tradição, doutrina e prática nos inícios da modernidade. O caso português", *HOMO VIATOR – Estudos em Homenagem a Fernando Cristóvão*. Lisboa: Edições Colibri, 2004, p. 565-86 e "Viver em comunidade na Idade Média: notas sobre segurança e criminalidade", *Atas do V Curso de Verão da Ericeira*. Ericeira: Mar de Letras, 2004, p. 47-56.
32 Os textos das concórdias entre o rei e o clero encontram-se no Livro. II das *Ordenações Afonsinas*. Os "artigos" de D. Dinis nos títulos 1 2, 3 e 4; de D. Pedro, no título 5; de D. João I, nos títulos 6 e 7. De citar ainda as Leis Jacobinas (redigidas pelo Doutor Diogo [Iacobus] Martins e publicitadas em dez. 1419 e as Actas do Sínodo de D. Fernando da Guerra, arcebispo de Braga (dez. 1436), publicadas por nós em *Poder régio e liberdades eclesiásticas (1385–1450)*, vol. II, docs. 1 e 4. Dissertação de doutoramento em História da Idade Média apresentada à Faculdade de Letras da Universidade de Lisboa, 2 vols., ex. policopiado, Lisboa, 1993.
33 Da autoria do Doutor Diogo (*Iacobvus*) Martins, conhecemo-las em códices vaticanos e no treslado pedido pelo concelho de Lisboa (Arquivo da Câmara Municipal de Lisboa, *Cortes*, Livro I, n°s 19 e 20, fls. 93-98v).

34 Para o inventário destas polêmicas bastará consultar o Índice do nosso estudo *Igreja e poder no século XV em Portugal. Dinastia de Avis e Liberdades Eclesiásticas (1385-1450)*. Lisboa: Edições Colibri, 1997.

35 Como demonstrou Marc Bloch em *Les Rois Thaumaturges*, nova edição. Paris: Gallimard, 1983.

36 Haja em vista, por exemplo, o que escreveu no *Leal Conselheiro* (Atualização ortográfica, introdução e notas de João Morais Barbosa, Lisboa, Imprensa Nacional – Casa da Moeda, 1982), cap, XXXVI ("Sobre departidas cousas que devemos crer").

37 Cf. Margarida Garcez Ventura. *O Messias de Lisboa – Um Estudo de Mitologia Política (1383-1415)*. Prefácio de Martim de Albuquerque. Lisboa: Edições Cosmos, 1992.

38 *Livro dos Conselhos* [4.], "Carta que o Jfante dom pedro emujou a el rey de Brujas", p. 31.

39 Vd. Margarida Garcez Ventura, *Igreja e poder no século XV...*, p. 81-2 .

40 ULLMANN, Walter. *Principios de Gobierno y Pollitica en la Edad Media*. Madrid: Revista de Occidente, 1971, p. 241-2.

41 Vd. unicamente uma chamada de atenção em Margarida Garcez Ventura, "Entre Deus e César: para a definição do estatuto dos judeus em Portugal nos finais da Idade Média", *Caderno de Estudos Sefarditas*, nº 5, 2005 [2006], p. 63-73.

42 Vd. *Conciliorum œcumenicorum decreta*, Ed. Altera, Basileia, 1962, p. 187 e 407 para Wyclef e Huss, respectivamente; Margarida Garcez Ventura. *Heresias e dissidências. Regalismo e anti-regalismo no século XV*, Sep. de *Lusitania Sacra*, 2ª série, 10, (1998) e Sep. do *Boletim do Instituto Histórico da Ilha Terceira*, vol. LIII, 1995 [1999].

43 Vd. João Abel da Fonseca. "O Pensamento político do infante D. Pedro", *Actas do Congresso Comemorativo do 6º Centenário do Infante D. Pedro*, *Biblos*, vol. LXIX (1993), p. 227-50.

44 *Leal Conselheiro*, cap. XXXVI, p. 182-3.

45 D. Duarte referia-se ao rei de Castela na polêmica sobre os bispados de fronteira. Vd. Margarida Garcez Ventura, "A guerra contra os infiéis comprometida: breve comentário a um memorando de D. Duarte", in *Atas do 2º Congresso Luso-Espanhol sobre Descobrimentos e Expansão Colonial*, Revista *Mare Liberum*, nº 10, Dez de 1995, p. 55-9.

46 Vd. o estudo de caso que apresentamos em "Poder régio e poder eclesiástico: cooperação e confronto", *Atas da VI Semana de Estudos Medievais. I Encontro Luso-Brasileiro de História Medieval*. Brasília: Universidade de Brasília, 2007, p. 79-96; cfr. Ordenações Afonsinas, livro I, título XXIII ("Dos Corregedores, e cousas, que a seus Officios perteencem"), § 42 e 43.

47 Vd. Margarida Garcez Ventura, *Igreja e poder..*, p. 86.

48 Para um primeiro conhecimento destes dois juristas, Vd. Judite Antonieta Gonçalves Freitas. *A Burocracia do "Eloquente" (1433-1439). Os textos, as normas, as gentes.* Cascais: Patrimonia Historica, 1996, respectivamente p. 169-72 e 213-6.

49 Gomes Eannes de Zurara (*Crónica da Tomada de Ceuta por El Rei D. João I*, cap. IV. Publicada por Francisco Maria Esteves Pereira. Lisboa: Academia das Ciências, 1915, p. 15) regista deste modo os indícios da opinião contrária: "E posto que alguns neiçeos e couardos digam que a guerra dos mouros mam he o mayor seruiço que a Deos pode feito per seus fiees christaãios, erram gravemente"; vd. *infra* n° 52.

50 Segundo o testemunho de Jacques de Ciresio (vd. Aires Augusto Nascimento. *Livro de Arautos.* Lisboa: Dissertação para Doutoramento em Linguística Latina apresentada à Faculdade de Letras da Universidade de Lisboa, 1977, p. 327s) António Martins, secretário de D. João I, teria lido um texto de que retiramos a seguinte passagem: "Com ela [armada], por vontade do Altíssimo, atracou ao porto de Ceuta e conquistou auspiciosamente a cidade. O nome do infiel Maomé foi apagado e retirado e Cristo é hoje aí honrado e adorado. A vitória deve trazer grande alegria e júbilo a toda a Igreja e a todo o povo cristão porque, pela tomada da cidade, poderosa por terra e por mar, porto e chave de toda a África, o Altíssimo abriu caminho ao povo cristão para que a partir daí prossigam na salvação das suas almas, realizando venturosas operações contra os sarracenos".

51 MAURÍCIO, Domingos. "O Infante Santo Cardial", vol. XIX. Brotéria, julho de 1934; FONTES, João Luís Inglês. In: *Percursos e Memória: Do Infante D. Fernando ao Infante Santo.* Cascais: Patrimonia, 2000, p. 77-8.

52 Vd. por todos, ainda Domingos Maurício Gomes dos Santos. *D. Duarte e as responsabilidades de Tânger (1433-1438).* Lisboa: 1960; Luís Miguel Duarte, D. Duarte, [Lisboa], Círculo de Leitores, 2005, p. 222-3; Margarida Garcez Ventura, "Portugal e Castela na reconquista cristã e na partilha do mundo: legitimidades, debates, cedências (1249-1494)", a pub. nas *Actas do X Congreso de la Sociedad Española de las Ciencias y de las Técnicas.* Encuentro Internacional Europeo-Americano (setembro de 2008).

53 *Leal Conselheiro*, cap. XVII.

54 *Idem, ibidem:* "[....] Porque assim como cada um dia contra os desobedientes aos mandados da Santa Igreja somos chamados em ajuda de braço segral, e, desde que os fazemos obedecer, a ela pertence determinar o que deles se faça, dessa guisa com muito maior razão para restituir as terras em que o nome de Nosso Senhor Jesus Cristo foi louvado, que por os infiéis por temporal poderio são forçosamente ocupadas [....]".

55 *Monumenta Henricina*, dir. António Joaquim Dias Dinis, 16 vols. Coimbra, *Ed. Comemorativa do Centenário do Infante D. Henrique*, 1960-1969, vol XIII, doc. 69; Saul António Gomes, *D. Afonso V*. Lisboa: Círculo de Leitores, 2006, p. 179.

56 Cf. Margarida Garcez Ventura, "Os bons clérigos recebem boas mercês": apontamento para o estudo das doações régias à Ordem de São Domingos nos inícios da Dinastia de Avis, Sep. de Problematizar a História. Estudos de História Moderna em Homenagem a Maria do Rosário Themudo Barata, Lisboa, Centro de História/ Caleidoscópio, 2007.

57 É interessante constatar o debate sobre as relações (ou não relações.) entre D. João II e Maquiavel. Vd., por todas, a última obra de Martim de Albuquerque. *Maquiavel e Portugal (estudos de História das Ideias Políticas)*. Lisboa: Aletheia Editores, 2007, p. 181-2.

A noção de bem comum e a legitimação do poder (Portugal – século XV)

Débora Galvão de Santana
(Mestranda – UFF/Scriptorium)

Apresentar-se-ão, nesta comunicação, as primeiras questões que estão sendo levantadas no desenvolvimento da dissertação de mestrado cuja problemática central é a noção de bem comum tal qual aparece no *Livro da Virtuosa Benfeitoria* de D. Pedro e no *Leal Conselheiro*, de D. Duarte. Considerando o caráter polissêmico desta noção, pretende-se demonstrar os sentidos que lhes são atribuídos pelos autores identificando as principais influências. Donde a ideia de bem comum foi retomada, assim como as circunstâncias e intencionalidades relacionadas ao conteúdo que aqueles príncipes de Avis ligaram à noção de Bem Comum. Em suma, buscamos o sentido do "bem" como planejado para os súditos da dinastia de Avis, no século XV.

D. Duarte e D. Pedro compunham a Ínclita geração, como eram chamados os filhos de D. João I. D. Duarte sucedeu D. João tendo governado Portugal entre 1433 e 1438, quando faleceu deixando o príncipe herdeira com seis anos de idade. D. Pedro, então, assumiu a regência em 1439 e entregou o poder ao rei D. Afonso V em 1446. D. Duarte era conhecido como "rei filósofo" e criou uma biblioteca no Paço. Foi autor do *Livro da Ensinaça de*

Bem Cavalgar toda Sela, do *Livro dos Conselhos* e do *Leal Conselheiro*. Assim como o *Livro da Virtuosa Benfeitoria*, de D. Pedro, tais obras compõem o conjunto denominado Prosa Moralística de Avis. As principais análises dedicadas a estas obras foram realizadas por estudiosos de Literatura e Filosofia, como Mário Martins, Rodrigues Lapa e Joseph Piel, entre outros. Entende-se que a carência de análises feitas por historiadores sobre estas fontes[1] é uma das causas para a predominância de uma visão restrita sobre os governos de D. Duarte e de D. Pedro assim como sobre o caráter da produção literária de ambos que, para além dos temas de moral religiosa, está permeada por elementos da concepção de poder e sociedade destes dois membros da dinastia de Avis. Pretende-se contribuir atentando para o horizonte de possibilidades oferecido por estas fontes apresentando um estudo inserido no campo da história das ideias políticas.

Julga-se que as ideias políticas veiculadas em uma época possuem relação intrínseca e necessária com a dinâmica social coeva. As teorizações político-ideológicas explicam-se por sua função de atendimento a uma demanda de compreensão, justificação e construção de situações políticas concretas e são restritas a um universo de possíveis que pode ser aferido pela observação da linguagem disponível.[2]

Por isso a noção de bem comum será abordada em sua relação com o contexto político de formação do Estado em Portugal que trouxe a necessidade de compreensão das mudanças que estavam ocorrendo, de justificação para a nova distribuição de forças e a definição do posicionamento a ser adotado a partir do novo estado de coisas, isto é, a elaboração de um projeto político. Por isso, adota-se a perspectiva de que a noção de bem comum tem lugar exatamente nos momentos de indefinição, de busca por estabelecimento de novos espaços, de modo que faz parte da construção teórica do Estado e cumpre função concreta na legitimação das ações régias para além de seus domínios tradicionais tanto quanto na definição das novas responsabilidades que os governantes pretendem assumir perante os súditos. Ambos os processos são caracterizados no século XV pela incompletude, pela alternância de avanço e de retrocesso, de modo que está presente a necessidade de justificação e convencimento.

Assim, entende-se que a noção de bem comum foi recuperada na prosa de Avis como ideologia política de modo que, como mostra Max Weber, a dominação que se pretende construir adquira legitimação, ou seja, gere a crença de que é fruto do consentimento em nome dos benefícios dela consequentes.[3]

Ao longo da história é possível mapear diversos momentos em que a ideia de bem comum foi retomada e imbuída de novos significados. São momentos de mudança em que se busca *redefinir o bem* em função das novas circunstâncias e dos interesses dos novos portadores do discurso. Por isso, a retórica do bem comum costuma voltar aos discursos nos momentos de redefinição das relações entre a autoridade e a comunidade e, consequentemente, implica reconhecer a existência de uma comunidade de interesses – que tende a estar relacionada a uma determinada identidade construída – sob uma mesma autoridade, ou seja, uma determinada forma de compreender a sociedade, como um compartilhamento – que tem sido preservada no tempo.

Esta concepção foi formalmente enunciada por Aristóteles. Nos momentos em que a noção de bem comum é recuperada, retoma-se Aristóteles – origem do vocabulário e os sentidos elementares desta noção – e acrescentam-se os demais sentidos políticos defendidos na ocasião, o que faz do bem comum uma noção bastante polissêmica. Com D. Duarte e D. Pedro não foi diferente. Logo, é preciso seguir com um breve esclarecimento sobre as ideias fundadoras de Aristóteles a respeito do bem comum.

Para compreender o que seria o bem comum é procura-se demonstrar o que seria a *ideia de bem*. Aristóteles mostra que todas as ações são voltadas para um bem, no sentido de que o bem é a realização da perfeição do ser. Esta realização, por sua vez, é o fim pelo qual os seres agem, logo, o fim dos seres identifica-se ao alcance do bem e significa a passagem da potência ao ato.

Neste sentido, o bem comum seria o estado de perfeição em uma comunidade, isto é, aquele que é almejado e buscado solidariamente pelos indivíduos que formam um grupo.

> Es el bien de todos y cada uno, sin excluir a nadie y a la vez es la *finalidad* de la sociedad en cuanto tal, como constituyendo una unidad de orden, al unir los esfuerzos de todos los paticulares en una aspiración común.[4]

Em função da concepção gregária da natureza humana proposta, para Aristóteles, a organização do homem em comunidades faz parte do exercício de sua essência. Na pólis, o tipo perfeito de comunidade, os homens tornam-se capazes de satisfazerem necessidades que não satisfariam sozinhos. Quando cada um cumpre na sociedade a função que por natureza lhe é mais adequada (*areté*) realiza-se uma troca harmoniosa. Essa é a participação que cada elemento pode oferecer em prol do bem comum. O governante, um sábio formado em um modelo especial de educação, por sua vez, deve agir procurando garantir, através das leis, que os interesses pessoais não sejam sobrepostos ao bem comum.

> Se, de fato, idêntico é o bem para o indivíduo e para a cidade, parece mais importante e mais perfeito escolher e defender o bem da cidade; é certo que o bem é desejável mesmo quando diz respeito só a uma pessoa, porém é mais belo e mais divino quando se refere a um povo e às cidades.[5]

A perfeição é uma busca. Os homens organizados na *civitas* tentam alcançar a suficiência de bens morais, intelectuais e materiais.

Ao declarar ser o homem um animal político, Aristóteles abre a perspectiva de que a política explica-se pela natureza humana. Na Idade Média esta ideia não atingiu toda sua significância por ser incompatível com um princípio cristão fundamental, ou seja, a crença na procedência divina de todo o poder.

No caso medieval o acesso às ideias aristotélicas dava-se basicamente através da leitura cristianizada de suas obras empreendida por Santo Tomás de Aquino. As principais diferenças entre os dois autores no que se refere à noção de bem comum são quanto a sabedoria do rei, que, para o Angélico, é muito mais fruto da graça de Deus para com o eleito do que de uma educação específica e ao fato de que a comunidade política é a mais perfeita apenas no nível temporal (pois o autor inclui outras esferas de comunidade, como a dos cristãos). É importante ressaltar que para Aquino o bem comum realiza-se pela existência de "todos los recursos necesarios para vivir uma vida humana completa"[6] e os bens devem ser distribuídos de acordo com o lugar que cada um ocupa no corpo político.

Assim, Aristóteles e Tomas de Aquino constituem as referências fundamentais donde D. Duarte e D. Pedro recolheram o vocabulário e o sentido do bem comum.

No *Leal Conselheiro* a abordagem do conflito entre razão e vontade, que ocupa os primeiros capítulos da obra, é seguida pelo conflito cristão entre pecados e virtudes sendo que a maior atenção é dedicada às virtudes cardinais e não às teologais. Disso pode-se depreender que apesar da importância dada à temática dos pecados – que afastariam os cristãos da salvação eterna, D. Duarte demonstra preocupar-se menos com questões transcendentais e mais com os efeitos do comportamento virtuoso para a vida na terra ou, mais especificamente, para o bem da comunidade política formada pelos portugueses.

D. Duarte entende que cumpre uma obrigação enquanto rei ao escrever recomendando e aconselhando sobre a guarda das virtudes. Isso significa que D. Duarte atribui ao ofício real a sabedoria que faz dele um conselheiro. Desse modo, apesar de apresentar a importância de cada uma das virtudes, desejando exaltar a figura do governante, D. Duarte dedica alguns capítulos a abordagem da virtude prudência. Como veremos, é ela responsável por fazer os reis conhecerem o bem comum. Na obra de D. Duarte a prudência está relacionada à legitimação da autoridade real. Seus conselhos sobre o cultivo das virtudes refletem seu objetivo de incentivar o compromisso com o bem comum em todos do reino. Por isso, as virtudes são necessárias a todos, mas sobretudo aos senhores, "por que tal oficio que o senhor nos outorgou he mayor e de muy grande merecimento [...]" (*Leal Conselheiro*, p. 209).

A intenção de D. Duarte é apresentar o governante como o único capaz de, por sua sabedoria, guiar o povo na busca pelo bem comum. A construção desta ideia através da virtude da prudência dá-se a partir de sua definição:

> Segundo se prova pelas defi-ições da prudência, prudência he h̃ua sabedoria e sciencia per a qual o homem conhece ordenar e em devyda fym encaminhar as cousas que há de fazer (*Leal Conselheiro*, p. 215).

D. Duarte defende ainda que o príncipe é o mais sábio da sociedade:

> Antre todos nom he algu‑u a que mais perteeça saber e mais e melhor cousas que ao príncipe, por que sua doutrina deve aproveitar a todos os seus sujeictos (D. Duarte. *LC*, p. 215).

Para que se realize o bem comum é necessária a virtude do governante, mas também a virtude dos súditos, para a qual o rei deve trabalhar apontando o objetivo coletivo e evitando, assim, que os súditos sigam apenas os próprios interesses.

É neste mesmo sentido que se direcionam as ideias de D. Pedro no *Livro da Virtuosa Benfeitoria,* que para sinalizar a necessidade de comunhão de interesses e interação harmoniosa em prol do bem a comunidade, descreve as relações de uma sociedade perfeita como uma cadeia de benfeitorias na qual o rei, no topo da hierarquia, é o maior benfeitor. Temos assim, mais uma vez, a legitimação da autoridade do rei relacionada à atenção, aos interesses coletivos e às ações que induzam todos os membros da comunidade a agirem em prol dos mesmos interesses, participando da cadeia de benfeitorias.

Para D. Pedro a sabedoria do rei também é um elemento fundamental para a persecução do bem comum. Nestas palavras D. Pedro narra o surgimento da autoridade do rei e a sujeição voluntária ao povo:

> [...] creçendo a multidooem das gentes, trabalharom os que per entendimento sentiam melhoria sobre os outros de os reger, dandolhe enssinança perque melhor mantiuessem sua uiuenda. E algu‑us defendendo de seus auerssaryos per força o poboo com que sse auintarom mereçerom de ser rreçebidos por prinçipaaes daquelles a que faziam proueyto. E usando desto prolongadamente per tall guisa se assenhorarom dos sobiectos que filharom delles ispeçial encarrego perque ueo a seer dereyto neçessario de os senhores os gouernarem em Iustiça e os defenderem de seus Imygos atees morrer por elles. E por este cuydado que elles teem, outorgoulhes o po-

boo obediente sobiecçom, fazendo uassalagem perque he obligado a lhe manteer lealdade (*Livro da Virtuosa Benfeitoria*, p. 594).

No trecho acima temos a enunciação de alguns dos benefícios que o rei proporciona à comunidade: ensinamentos, exercício da justiça e da defesa. Ressalta a importância da autoridade régia para a coletividade apresentando a desordem de que sofre uma comunidade sem rei:

> Em uertude do gouernador, uiuem os milhares da comunydade, os quaaes seendo desemparados e desacordos da sua cabeça, som feytos prea e rroubo dos seus Imygos. [...]. E seendo quebrantada e partida em partes desuauradas esta natural liança, ligeiramente pereçerom per desacordo, os que per sua unyom erom temidos, porque em o corpo da comunydade stonçe faz fim o poderyo, quando a obediência se acaba (*Livro da Virtuosa Benfeitoria*, p. 595).

Procura-se, assim, demonstrar a grande compatibilidade do conteúdo ideológico da noção de bem comum e os objetivos políticos da dinastia de Avis no século XV. O bem só pode ser buscado em comunidade e sob a autoridade de um sábio governante. A vida na comunidade política proporciona a perfeição da natureza humana, mas é preciso que haja uma ordenação social na qual a distribuição de funções possa tornar possível o atendimento das necessidades coletivas. Desse modo, legitima-se a autoridade do governante, a manutenção da hierarquia social e a ideia de que o povo português, compartilhando o mesmo território e súdito da mesma autoridade, constitui uma comunidade política que se move por interesses coletivos.

Notas

1. Uma exceção é a dissertação defendida em 1997 por Miriam Abreu na Universidade Federal Fluminense, onde a autora aborda a concepção de sociedade veiculada no *Livro da Virtuosa Benfeitoria*.
2. Os agentes sociais precisam "recortar seus projetos a fim da adequá-los à linguagem normativa de que dispõem". SKINNER, Quentin, 1975, p. 12.
3. URDANOZ, Fr. Teófilo, 1956, p. 756.
4. REALE, Giovanni, 1994, p. 405.
5. URDANOZ, *op. cit.*, p. 760.

Fontes primárias

Leal Conselheiro o qual fez dom Eduarte Rey de Portugal e do Algarve e senhor de Cepta. Edição crítica e organizada por Joseph Piel. Lisboa: livraria Bertrand, 1942.

"O Livro da Virtuosa Bemfeitoria do Infante D. Pedro". In: *Obras dos Príncipes de Avis*. ALMEIDA, Manuel Lopes. Porto: Lello & Irmãos Editores, 1981.

Bibliografia básica

ABREU, Miriam Cabral Nocchi. *O Livro da Virtuosa Benfeitoria: Um espelho das boas obras do Rei – A concepção de realeza e sociedade na obra de D. Pedro (1392-1449)*. Dissertação de mestrado em História Medieval pela Universidade Federal Fluminense. Niterói, 1997.

BURNS, J. H. *Histoire de la Penséé Politique Médievale*. Paris: Presses Universitaires de France, 1993.

FINNIS, John. *Aquinas – Moral, Political, and Legal Theory*. Nova York: Oxford University Press, 1998.

MATTOSO, José & SOUZA, Armindo de (org.). *História de Portugal: A Monarquia Feudal (1094-1480)*, vol. 2. Lisboa: Ed. Estampa, 1993.

REALE, Giovanni. *História da Filosofia Antiga*. São Paulo: Loyola, 1994.

SKINNER, Quentin. *As fundações do pensamento político moderno*. São Paulo: Companhia das Letras, 1975.

URDANOZ, Fr. Teófilo. Apêndice "El Bien Comum Segun Santo Tomas". In: AQUINO, São Tomas de. *Suma Teológica*. Madrid: Biblioteca de Autores Cristianos, 1956.

WEBER, Max. *Economia e Sociedade – Fundamentos para uma sociologia compreensiva*. Brasília: Editora Universidade de Brasília; São Paulo: Imprensa Oficial do Estado de São Paulo, 1999.

A coroa e o poder real:
a sagração da monarquia no Brasil e em Portugal

Maria Eurydice de Barros Ribeiro
(Universidade de Brasília)

No decorrer de 2008, ocorreram várias comemorações em torno da vinda da família real para o Brasil. Este acontecimento, como é sabido, lançou as bases da emancipação brasileira. Em trabalho anterior, publicado em 1995,[1] ocupei-me de como o retorno de D. João VI para Lisboa, devido aos eventos do Porto, assegurou a continuidade da dinastia de Bragança no poder, graças à ascensão ao trono brasileiro do herdeiro legítimo do monarca. No entanto, curiosamente, as cerimônias que marcaram a ascensão ao trono do jovem príncipe incorporaram elementos estranhos à monarquia lusitana, retomando os ritos de sagração e coroação de Carlos Magno, e, paradoxalmente, valendo--se do cerimonial da sagração de Napoleão Bonaparte, o mesmo, que, como é notório, provocou a vinda da corte para o Brasil.

A independência monárquica, singular no contexto americano, conduziu à exacerbação do modelo português. Tratava-se de fundar a legitimidade da nação em face das outras nações do mundo, ou seja, de ocupar um lugar dentre os países independentes. Em síntese, não existindo a nação, o Estado promovia a sua criação, não só concentrando-a na figura do monarca, mas, também, representando-a simbolicamente por meio de cerimônias.[2]

Com a vinda da corte para o Brasil, a colônia passou a integrar o Reino Unido de Portugal e Algarves, submetendo-se à jurisdição do Estado português e incorporando a nação portuguesa. Quando os laços foram cortados e o Brasil conquistou a emancipação política, herdava da antiga metrópole um importante legado: "Constituiu-se em Estado independente, conservando os serviços administrativos instaurados desde 1808. Um Estado monárquico que devia conter os excessos de uma nação frágil. Acreditando-se ameaçada pelas ideias republicanas que colocavam em perigo a integridade territorial, a elite política promotora da independência viu na monarquia o caminho certo para assegurar a união e conter os ímpetos locais".[3]

O meu propósito nesta comunicação é me deter em um dos aspectos mais importante das cerimônias realizadas no Brasil: a ruptura com a tradição da monarquia portuguesa, que não coroava nem sagrava os seus reis. Considerando o cerimonial dos dois lados do Atlântico, buscarei entender os conceitos que a coroa assumiu no império brasileiro.

Nas referências feitas à coroa nas fontes portuguesas, esta "não parece corresponder a um instrumento concreto".[4] Procedia-se a atos de levantamento e de juramento do novo rei, excluindo-se a sagração e a coroação da cerimônia real. A coroa, em Portugal, parece corresponder à perpetuidade da "cabeça do reino" e ao conceito *rex qui nunquam moritur*, "um rei que nunca morre",[5] interagindo este conceito com três fatores: a perpetuidade da dinastia, o caráter corporativo da coroa e a imortalidade da dignidade real.[6] Parece-me que as circunstâncias históricas no Brasil pré-independente criaram as condições necessárias para que estes três aspectos fossem relembrados. Um clássico da historiografia brasileira, descrevendo D. João VI, afirma que o monarca era "astuto e calado;" "fino e dissimulado" tendo herdado de sua casa, "uma preocupação obsessiva, permanente, fixa: a conservação da coroa na sua cabeça e na de seus sucessores".[7]

São celebres as palavras do mesmo rei, que, ao embarcar de volta para Portugal, pediu ao filho que colocasse a coroa em sua cabeça, antes que algum aventureiro o fizesse. A preocupação *obsessiva, permanente, fixa pela conservação da coroa*, segundo Raymundo Faoro, e, que, de fato, D. João VI expressou ao retornar para Portugal, dizia respeito a uma coroa concreta? Entregou-a ao seu filho e herdeiro? Sabemos que não. A coroa à qual se refere o soberano não é outra que o território brasileiro, parte do reino português. Tratava-se de garantir a perpetuidade da dinastia, ameaçada pelos acontecimentos que obrigavam o rei a retornar a Portugal, e assegurar a imortalidade da dignidade real.

No ocidente europeu, um corpo de juristas buscou desde cedo definir a coroa. Partindo da ideia de que o corpo político é constituído por um conjunto (cabeça e membros), à cabeça foi atribuída maior importância por ser considerada a parte que comanda as ações do corpo. Logo, o corpo sem cabeça não teria função. Tal teoria, entretanto, mostrou-se, na prática, difícil de ser aplicada ao reino, uma vez que a cabeça podia morrer e os períodos de interregnos, independentes da sua duração, representavam um risco para a monarquia, donde a necessidade de conceber juridicamente a continuidade do rei. Convém, todavia, lembrar que é difícil determinar até que ponto as práticas e os costumes serviram-se das doutrinas políticas.[8] Parte da Europa atribuiu importância jurídica à consagração do rei pela Igreja, embora no final da Idade Média o valor constitucional ou jurídico deste ato ritual tenha diminuído. Desde o século XIII, a França e a Inglaterra reconheceram que a sucessão ao trono cabia ao primogênito. A partir daí, a legitimidade real foi dinástica, independente da aprovação ou consagração da Igreja.[9]

Quatro séculos mais tarde os ingleses começaram a desenvolver uma nova ideia: a de que os reis são ungidos pelo Senhor e não pelo óleo que o bispo utilizava. A unção devia-se ao poder divino dos monarcas e o óleo corresponderia a uma cerimônia que não teria que ser necessariamente realizada, não implicando na diminuição do poder real. Aparentemente, se poderia atribuir tal mudança ao espírito reformador dominante na época. Mas, desde o século XII e XIII, assistiu-se à desvalorização jurídica da coroação eclesiástica e a vitória dinástica. A perda de importância da unção real desde o final da Idade Média poderia ser atribuída a Inocêncio III, quando este enfatizou (o que os seus antecessores haviam tentado) que a unção na cabeça seria reservada apenas aos bispos, como representantes de Cristo, negando-a aos príncipes, que seriam ungidos nos braços e ombros. Porém, apesar do peso do poder exercido por Inocêncio III, o decreto não teve alcance fora de Roma. Na França as cerimônias reais alcançaram o apogeu bem depois desta época.[10]

Na primeira metade do século XVII em Portugal (1641), Antonio de Freitas Africano distinguiu dois tipos de direitos ou de regalias próprias à majestade do soberano. Em primeiro lugar, aquelas que seriam comuns a todos os príncipes, independentes das nações, costumes e religião, e que se compunham de cinco classes: fazer leis, investir magistrados, cunhar moeda, lançar tributos e estabelecer a paz ou publicar a guerra.[11]

> As segundas são as cerimônias particulares, de que usam vários Reinos, em veneração do seu Príncipe, umas tão diferentes de outras, como são as dos Reis Orientais: chamam-se regalias, porque são sinais exteriores demonstrativos da majestade: são acidentais, porque sem diminuir a soberania, nem aumentar o poder supremo, se variam mais, ou menos, ao passo que se diferenciam as nações.[12]

Com relação às insígnias reais (que fazem parte das cerimônias) não é a coroa, mas, o cetro, que assumiu importância no reino português estando sempre presente, simbolizando a administração da justiça terrena. Não fazem parte das cerimônias reais realizadas nem a coroação, nem a sagração, o que permite compreender a pouca importância atribuída à coroa. Não existe nas fontes portuguesas referência à unção pelos óleos sagrados (rito da sagração), nem a reposição solene das insígnias, que atribuem ao rei uma dimensão sagrada, próxima da sacerdotal (rito da coroação).[13]

Todavia, Fernando Alvia de Castro, em 1630, ao contestar os panfletos franceses que afirmavam que os reis da Espanha não eram ungidos, nem possuíam poder taumatúrgico, afirmou, em discurso polêmico, que "no passado, os reis de Espanha coroavam-se e ungiam-se, o que constituía costume quase geral em todos eles".[14] A resposta veemente de Fernando Alvia de Castro demonstra que havia certa tensão relativa aos monarcas que não eram ungidos.

Apesar da recomendação do Papa, o autor não afirma que os reis em Portugal tenha se submetido à cerimônia:

> [...] em Portugal o papa Martinho V no ano de 1430 deu um breve ao rei D. João I e ao Príncipe D. Duarte seu filho, para que eles e os seus sucessores fossem coroados e ungidos; depois o Pontífice Eugênio IV em 1436 confirmou-o a D. Duarte.[15]

Os panfletos franceses em questão diziam respeito a reivindicação pela Casa da Áustria do privilégio milagroso de que gozavam os reis franceses, a taumaturgia. Embora citando inúmeros exemplos de reis coroados e ungidos nos reinos ibéricos, Alvia de Castro afirma que "os Católicos Reis da Espanha, filhos da Santa Igreja e Vigários de Cristo para servi-la [...] com tão grandes vantagens e finezas que têm vantagem sobre todos os Príncipes do mundo". Concluindo, acrescenta: "os Reis de Espanha não se coroam, nem se ungem, como o fariam se quisessem".[16] Fica claro que para os monarcas ibéricos, reis por direito divino, as cerimônias de coroação e sagração resultavam em uma opção: "se quisessem".

Como, então, explicar que no Brasil a coroação e a sagração foram retomadas? No Brasil, o Estado antecedeu a Nação e as cerimônias se destinaram a tornar visível uma nação que não existia. Daí a necessidade de um grandioso espetáculo, que, indo além da aclamação, exibiria para os súditos e para o mundo que a nação brasileira desligava-se de Portugal, mas um Príncipe legítimo, herdeiro da coroa portuguesa, era consagrado e recebia solenemente, a coroa brasileira.[17]

No entanto, sabe-se que a legitimidade dinástica garantia a dignidade real independentemente da unção e coroação; desde o século XIII e na Península Ibérica, ela não parece ter se tornado essencial. Nesse caso, as cerimônias brasileiras, a despeito dos seus fins, poderiam ser vistas como um retrocesso?

Convém, inicialmente, considerar que: primeiro, o fato de excluir a coroação e a unção não significa que as cerimônias reais não mantivessem em Portugal qualquer ligação com o sagrado. Ao contrário, a cerimônia de levantamento e juramento do rei é repleta de elementos simbólicos que remetem ao sagrado. Segundo, a legitimidade do príncipe imprimiu ao movimento de emancipação uma singularidade na qual o aspecto dinástico ganhou uma importância particular.

Alguns acontecimentos merecem atenção: antes da emancipação brasileira, o movimento que a antecedeu e que entraria para a história como "o Fico", ganhou um tom defensivo em favor da dinastia. A documentação da época é enfática a este respeito:

> Sim, Augusto Senhor, é no Brasil que Vossa Alteza Real deve fixar a sua residência: nessa parte da monarquia portuguesa é que Vossa Alteza pode sustentar ilesos os sagrados direitos da Coroa em que um dia há de suceder; é no Brasil que a real dinastia da Casa de Bragança achará um assento indestrutível.[18]

Em "Manifesto do povo do Rio de Janeiro" dirigido ao Senado e à Câmara, os suplicantes estavam persuadidos que "o reino do Brasil deveria se conservar sempre governado pelo primogênito ou sucessor do trono português".[19]

Uma Representação em nome da Província do Rio Grande do Sul dirigida a S. A. R., o Príncipe Regente, afirmava que,

> [...] O Brasil mostra a todas as potências da Europa os príncipes nascidos em seus braços, e adiantando as vistas de sua política não duvida dizer altamente que os verá nos tronos do antigo hemisfério; porque pelas virtudes de seus augustos pais, pelo sangue de seus avós, são destinados a cingir o diadema e talvez a Europa só espere pela época do complemento de sua idade para lhes oferecer a púrpura e as insígnias da realeza.[20]

Ao retomar cerimônias que não existiam na tradição portuguesa, buscou-se na coroação e sagração apelar para o direito dinástico. Afinal, o primeiro imperador do Brasil era um Bragança. A Coroa que em Portugal era invisível, representando o reino e até então, todo o Império Português, para além do aspecto geográfico e territorial do *regnum*, servia, agora, para enfatizar o aspecto político, embutido no valor afetivo, ou seja, a pátria.[21] No Brasil, tornava-se visível, incorporando a cabeça da nação.[22]

Os estudos sobre a realeza europeia falam de duas coroas, uma material e visível e a outra invisível e colocada por Deus. Indicam nesse sentido uma *longa duração*, remetendo ao círculo em forma de diadema, capaz de representar a dignidade eletiva do imperador romano, válido, também, para representar a dignidade hereditária do rei. A distinção entre as duas coroas nas monarquias operou-se de acordo com o direito observado no reino. Nas monarquias sagradas a coroa material passou a exigir a investidura pelas mãos. Isto é, havia um círculo ou um diadema de ouro, material, visível, com o qual o príncipe era investido no seu coroamento.

Independente da investidura, a perpetuidade, inerente a Coroa, tornou-a superior ao *rex* físico, assim como era superior, também, ao *regnum* geográfico. O seu poder residia na continuidade da dinastia e eternidade do corpo político. Desde o século XIV, a Coroa tornou-se o símbolo da soberania. Seguidamente, concebida em ouro e pedras preciosas, descreve o governo, designando a majestade do príncipe.[23]

O exame das fontes utilizadas para o cerimonial da sagração e coroação do imperador do Brasil permite, na análise da sua *longa duração*, detectar as continuidades, mas, também, as rupturas com os costumes e a tradição portuguesa, permitindo compreender a importância que foi atribuída à dinastia.

O Arquivo Nacional do Rio de Janeiro conserva o original da Sagração e Coroação do Imperador Pedro I, documento que se baseou no Pontifical Romano, codificado pela Igreja no final do século XVI.[24] As cerimônias que ficaram a cargo de Jean Baptista Debret foram inspiradas também, na cerimônia de Sagração e coroação do imperador Napoleão Bonaparte.[25]

O primeiro apelo, à ordem dinástica, foi a data escolhida para a sagração e coroação: primeiro de dezembro. A escolha não podia ser mais feliz: "O dia primeiro de dezembro – assinalado essencialmente pela morte do traidor Miguel de Vasconcelos e pela procissão em que o braço de Cristo se teria despregado da cruz arcebispal fato considerado milagroso e manifestação favorável da Providência – é considerado dia em que *foi levantado por Rei, o Duque de Bragança, Dom João, quarto do nome entre os portugueses*".[26] Em 15 de dezembro do mesmo ano, junto à varanda do Terreiro do Paço, ocorreu a cerimônia oficial do levantamento e do Juramento, seguindo-se a entrada do rei, marcada pelo acolhimento no pálio, entrega das chaves da cidade e ida à Sé. Os dois atos foram nomeados no reino de Portugal, de aclamação. A historiografia portuguesa destaca que as cortes eram convocadas por meio de uma cerimônia específica só depois do cerimonial, em que o rei se afirmava como rei várias vezes.[27] Lembrava-se assim, "o que teria se passado com Afonso Henriques que primeiro foi aclamado no campo de Ourique, pela gente militar que seguia seu exercito, depois jurado nas Cortes de Lamego, que por sua vez estabeleceram a impossibilidade da sucessão do Reino se devolver a um príncipe estrangeiro".[28]

Logo, primeiro de dezembro lembrava ao mesmo tempo as origens reais do imperador, remetendo aos seus antepassados, e o momento em que Portugal se desligou da Espanha, após 60 anos. A data ganhava, assim, um duplo aspecto semântico: a continuidade da dinastia de Bragança no trono do Brasil e o desligamento da antiga colônia de Portugal. Antes de ser coroado e sagrado, D. Pedro I foi aclamado, cerimônia na qual foram incorporados vários elementos ligados à tradição portuguesa, caracterizando assim não só continuidade do costume português, mas insistindo também na continuidade dinástica, invocada, igualmente, nas cerimônias de sagração e coroação. Desta forma, as cerimônias se complementavam, como momentos de um mesmo processo: a aclamação fez do imperador um soberano constitucional; a sagração submetida ao Pontifical Romano projetava-o no círculo fechado dos soberanos europeus, dos quais o Brasil iria necessitar do reconhecimento. Internamente, atendiam as correntes políticas, liberal e absolutista.[29]

D. Pedro I foi assim o primeiro príncipe português a ser sagrado retomando a tradição bíblica dos príncipes ungidos como Salomão. A análise das cerimônias, que repete vários passos da cerimônia de Carlos Magno, permite reconhecer quatro categorias de símbolos: os personagens e os lugares que ocupam; as palavras e os gestos; o local e as insígnias; as cores, estipulados, de acordo com o cerimonial.[30] Cabe aqui apenas a análise das insígnias, em particular da coroa.

As insígnias imperiais foram entregues pelo bispo ao príncipe, após a sagração. D. Pedro foi ungido nos ombros e nos braços, em seguida recebeu primeiro, a espada, com a qual foi cingido (pelo bispo) de forma semelhante a Carlos Magno, em seguida a coroa e o cetro. Os estudos relativos à significação desses símbolos afirmam que tanto a coroa, como o cetro, são complementos que situam o rei em relação ao seu meio, identificando o personagem real.

> A coroa do primeiro imperador do Brasil, de ouro maciço e ramos fechados possui uma forma elíptica e uma grande proporção. Em sua base, alternam-se florões e escudos com as armas do Brasil. Uma esfera celeste cortada e sobreposta por uma cruz de quatro faces encontra-se no ponto de reunião desses ramos. A esfera celeste, antigo emblema da colônia brasileira, é investida de uma dignidade eminente, representando, desta vez o Império brasileiro. Símbolo da totalidade, o globo é também uma afirmação da soberania universal, o que não significa soberania sobre o mundo inteiro, mas, sobre o reino.[31]

A coroa foi recebida, após a sagração, juntamente com o cetro. Em Portugal o cetro ocupa um papel dominante sobre todas as insígnias. Tendo rompido com a tradição portuguesa, acrescentado a cerimônia de sagração e coroação, a coroa adquiriu, naturalmente, maior importância no Brasil, sem que o cetro se tornasse secundário. É justamente reconhecendo a sua importância para os reis portugueses que o cetro não só é entregue junto com a coroa, como vem impregnado da representatividade dinástica. Enquanto no reino luso, "o cetro faz alusão ao cetro de cristal, com origem no despojo deixado por D. João de Castela na batalha de Aljubarrota";[32] no Brasil, a haste de seis pés de altura por dezoito de diâmetro, em ouro maciço, termina com um dragão sentado sobre um pedestal retangular. Sendo o dragão o animal heráldico ligado à Casa de Bragança, o apelo dinástico é evidente.

Finalmente, as cores imperiais – o verde e o amarelo – não passam de uma ruptura aparente. Debret afirma que a escolha do verde-americano resulta de sua denominação que o liga ao novo mundo. Entretanto, considerando que

Debret é um antigo discípulo de David, e que a cor verde era uma das cores favoritas de Napoleão, o verde faz também alusão ao império.[33] O verde admirado por Bonaparte é certamente o verde do louro da vitória, afinal, o seu diadema foi concebido em louros de ouro.

Porém, ainda que o cerimonial brasileiro tenha se aproximado do cerimonial do imperador dos franceses e que se possa interrogar sobre a importância do verde-imperial, é possível afirmar que "as cores brasileiras não remetem diretamente às cores dinásticas, mas, indiretamente, através de seu animal heráldico, o dragão, frequentemente colorido de verde"[34]. Com efeito, do alto do cetro, ele participa majestosamente da sagração e coroação do príncipe português, tornado imperador, nas terras do além-mar. Cetro e coroa no Brasil tornam-se um só, expressando, ao mesmo tempo, o passado da dinastia de Bragança e o futuro que estaria por vir.

Notas

1   Maria Eurydice de Barros Ribeiro. *Os símbolos do poder. Cerimônias e imagens do Estado monárquico no Brasil.* Brasília: Edunb, 1995.
2   *Idem*, p. 72.
3   *Ibidem*, p. 71.
4   CURTO, Diogo Ramada; BETTENCOURT, Francisco. *A memória da Nação.* Lisboa: Sá da Costa, 1989.*
5   KANTOROWICZ, Ernst. *Les deux corps du roi.* Paris: Gallimard, 1957, p. 230.
6   *Idem.*
7   FAORO, Raymundo. *Os donos do poder.* Porto Alegre: Globo, 1976.
8   E. Kantorowicz, *op. cit*, p. 230.
9   *Idem*, p. 231.
10 *Ibidem*, p. 232.
11 *Apud*, Diogo Ramada e Francisco Bettencourt. *op. cit.*
12 *Idem.*
13 *Ibidem.*

* Consultou-se os originais do texto, *As cerimônias reais do absolutismo*, que nos foi fornecido em 1989, diretamente pelo seu autor, Diogo Ramada Curto quando o livro, *A memória da Nação*, encontrava-se no prelo.

14 Castro, Fernando Alvia de. *Pedaços primeiros de um discurso largo em las cosas de Alemania, Espana, Francia... Lisboa*, 1630, p. 59-61, apud: Ramada e Bettencourt, *op. cit.*
15 *Idem.*
16 *Ibidem.*
17 Consultar Maria Eurydice Ribeiro, *op. cit.*
18 *Cartas do príncipe real e mais peças dirigidas a S.M. o senhor D. João VI pelo príncipe real o Senhor D. Pedro de Alcântara.* Lisboa: Imprensa Nacional, 1822, p. 33.
19 *Idem*, p. 22
20 *Ibidem*, p. 32.
21 E. Kantorowicz, *op. cit.* p. 246
22 *Idem.*
23 *Ibidem*, p. 247.
24 *A coroação de D. Pedro I, documentos da coroação e sagração.* Introdução de Guilherme Schubert. Rio de janeiro: Arquivo Nacional, 1973.
25 *Procès – verbal de la cérémonie du sacre et du couronnement de LL MM l'empereur Napoléon et l'impératrice Joséphine.* Paris: Imprimerie Imperial, 1805.
26 Azevedo, Marinho de. *El Príncipe encubierto*, f.20. *Apud* Curto e Bettencourt, *op. cit.*
27 *Idem*, f. 34v, *Apud* Curto e Bettencourt. *Op.cit.*
28 *Ibidem.*
29 Maria Eurydice Ribeiro, *op. cit*, p. 73-5
30 Para uma análise mais completa sobre as cerimônias, ver Maria Eurydice Ribeiro, Segunda Parte, capítulo III, in *Os símbolos do poder*, p. 67-92.
31 Maria Eurydice Ribeiro, *op. cit.* 86.
32 Diogo Ramada Curto e Francisco Bettencourt, *op. cit.*
33 Maria Eurydice Ribeiro, *op.cit.* p. 87.
34 *Idem*, p. 88.

O desafio do Atlântico:
Portugal e Castela no Concílio de Basileia

Julieta Araújo e Esteves
(Universidade de Lisboa)

O Poder Real sofreu transformações ao longo da Idade Média, no gradual evoluir para uma centralização na figura do rei. Este processo moroso assumiu diferentes estratégias, entre as quais o fortalecimento do papel do monarca nas cortes estrangeiras. Durante a dinastia de Avis houve uma ocasião propícia para tal, aproveitada pelos monarcas portugueses, D. João I e depois o seu filho D. Duarte, para ganharem prestígio e legitimar a sua política ultramarina, o Concílio de Basileia.

Desde cedo que Portugal descobriu no mar o seu caminho: lançado na faina da pesca e do comércio à distância dirigido para o norte da Europa, foi obtido com isso privilégios e concessões especiais. Posteriormente, o seu rival próximo, Castela, ao fechar-lhe o caminho da expansão territorial, recusando a ajuda oferecida por Portugal na Reconquista, reservava para si o possível alargamento obtido pela queda dos reinos Árabes ainda existentes na Península Ibérica.

D. João I olhou além-mar e fez de Ceuta, em 1415,[1] o primeiro passo da expansão marítima portuguesa, que se antevia fácil e lucrativa, mas que acabou por revelar-se em desacordo com as expectativas. Nesse mesmo ano e no ano seguinte, o infante D. Henrique ordena e financia expedições às Canárias.[2] Para alargar o domínio do norte de África, as ilhas Canárias e as costas fronteiras além-mar Mediterrâneo, iriam, em princípio, obstar ao poderio de Castela. A mudança do eixo comercial do Mediterrâneo para o Atlântico leva a que Portugal passe de uma posição geográfica periférica a uma posição central, para o comércio entre o norte da Europa (Flandres) e o resto do mundo conhecido. Assim, a disputa pelas Canárias apresenta-se-nos não só uma questão de domínio do mar, mas também política e económica.[3]

Já em séculos anteriores, havendo referências desde D. Afonso IV,[4] Portugal tinha tentado obter para si o direito de conquista das ilhas Canárias, mas Castela pretendia o mesmo. Ora, no tempo dilatado da Idade Média, a Igreja, para além das questões espirituais, desempenhava também um papel de mediadora nas pendências em que se viam envolvidos os monarcas cristãos. Os poderes temporal e espiritual estavam interligados e tinham fronteiras muito ténues, do que resultava a ingerência constante em campos recíprocos.[5] Assim se compreende o papel do Papa como mediador de disputas terrenas.

Foi o Papa Martinho V, defensor de reuniões periódicas sob a forma de sínodos gerais, que mandou convocar o Concílio Geral para Basileia mas faleceu antes deste ter início. Os concílios funcionavam para a criação e definição da ortodoxia religiosa, mas também eram aproveitados para a resolução de problemas políticos concretos de diversos reinos europeus, assim *"Councils were from a early date a regular part of the machinery of the Church"*.[6]

Este Papa reformador, Martinho V, queria resolver definitivamente vários assuntos, entre eles a questão do Grande Cisma, ou seja, as divisões que tinham ocorrido no seio do cristianismo. Uma primeira foi o Cisma do século XI, que separou a igreja do Ocidente, Católica Romana, da do Oriente, Ortodoxa, ou seja, o Papa do Patriarca de Constantinopla. Agora, num segundo momento, surge outro Cisma, no Ocidente, nos finais do século XIV, período durante o qual a Igreja Católica se tornou bicéfala,[7] tendo dois Papas, um em Roma e outro em Avinhão. Quanto a esta questão, Martinho V tinha preparado o caminho para a paz, dando ao antipapa Clemente VIII o bispado de Maiorca, em 1429.

Outro assunto principal a ser debatido era a questão das Heresias. Neste caso, a questão dos Hussitas, seguidores de João Huss, sacerdote e Professor na Universidade de Praga. Era natural da Boêmia, onde teve bastante aceitação, pelo que, em finais do século XIV, iniciou um movimento religioso baseado nas ideias de Wicilffe. Os seu seguidores ficaram conhecidos como os Hussitas. A Igreja Católica não perdoou as suas interpretações e ele foi excomungado no Concilio de Constança, onde se tentou justificar. Foi condenado a ser queimado vivo em 1415. Os seus seguidores, revoltados com a sua morte, viram nele um mártir.

No denominado Concílio do Basileia, porque foi iniciado em Basileia, no ano de 1431 e permaneceu durante bastante tempo nesta cidade, decorreu, seguidamente, em várias outras, como Ferrara e Florença, em diferentes anos, tendo sido debatidos temas de ordem espiritual muito profunda, mas foi aproveitado o ensejo para também se tratar de alguns assuntos materiais. Encabeçado pelo Papa Eugênio IV, não foi, contudo, uma reunião pacífica. Tendo até sido posta em causa a autoridade do Papa, pelo que este dissolveu o concílio, que ignorou a ordem e decretou que não podia ser anulado pelo Papa sem o seu consentimento, convocando o Papa e os cardeais uma segunda vez. O Sumo Pontífice não compareceu, mas aceitou a nova reunião, e destes muitos debates e conflitos resultou a longa duração deste concílio. Portugal procurou navegar nestes mares turbulentos da política conciliar,

> independentemente do que D. Duarte pensasse sobre o momento da Igreja Universal, do regime do respectivo governo e da conveniência de profundas reformas [...] ele estava empenhado em obter, junto do Papa, um conjunto de diplomas decisivos.[8]

No concílio, o Papa Eugênio teria de dirimir o conflito levado à suprema instância por Castela, através do seu representante, Afonso de Santa Maria, contra os alegados direitos que Portugal reclamava sobre as Ilhas Canárias.

As "Alegações" apresentam e refutam os direitos de Portugal às Canárias. Além de exposição detalhada das circunstâncias históricas favoráveis a Castela, reclamava o direito de posse sobre a antiga Tingitânia, identificada como Tânger e a área do Norte de África, uma vez que "fora" possessão dos reis godos, sendo que os reis de Castela eram seus "legítimos descendentes".

As discussões diplomáticas tinham, portanto, começado, mas sem afetar a paz estabelecida entre Castela e Portugal em 1431, a denominada Paz Perpétua, conseguida por D. João I de Portugal após anos de negociações, o que demonstra o grande interesse de ambos os reinos em não prejudicar o apaziguamento recentemente alcançado, cuidado esse bem explícito nas recomendações ao embaixador, Luís da Paz constantes nas "Alegações" de Afonso de Santa Maria. Apesar da bula conseguida por Portugal sobre as Canárias não retirar direitos adquiridos, levantou problemas na sua interpretação, e mesmo disputas no Concílio de Basileia.[9]

Recordemos as circunstâncias em que D. Afonso de Santa Maria é enviado para Basileia, em 1434. Nesse ano estava o rei de Castela em Medina, quando ocorreu a morte de D. Afonso Carrillo, Cardial de Santo Estácio, filho de Gomez Carrillo (que fora aio do rei D. João) e que era um importante homem da Igreja e sábio letrado, mantendo na corte papal uns três ou quatro cardeais. O falecimento ocorrera na cidade de Basileia, no concílio geral reunido "contra Heugenio, Papa, sobre la rreformação de la Iglesia".[10] O monarca castelhano, D. João II de Castela e o príncipe D. Henrique reagiram à notícia pondo luto pela sua morte, o mesmo fizeram todos os grandes senhores. Logo que teve conhecimento desta infausta notícia, o rei suplicou ao Papa que provesse no bispado de Sigüença a Afonso Carrillo, protonotário do Papa e sobrinho do dito cardeal, e que com ele estava em Basileia na ocasião da sua morte. "*E el papa le proueyó deste obispado, e de los beneficios quel cardenal tenía en Castilla, que podía todo rrentar veynte mill florines. E luego acordó el rey de enviar al conçilio vna solepne enbaxada*".[11] Assim, foram como embaixadores Álvaro de Osorno, bispo de Cuenca, João de Silva, alferes do rei (que regressou dois anos depois)[12] e o deão de Santiago, D. Afonso de Santa Maria, filho do bispo de Burgos. Acompanhava-nos ainda dois frades pregadores, mestres de Teologia e o doutor Luís Álvares de Paz. Como vemos, os representantes de Castela no Concílio são doutos em Teologia e Direito, habilitados, portanto, a defender melhor a posição de Castela. É assim patente a importância dos Letrados, dos doutores, principalmente em Direito Romano, favorável à centralização régia.

D. João II de Castela, para reforçar a sua posição, retirou um dos seu embaixadores no Concílio de Basileia, o doutor Luís Alvarez de Paz, e enviou-o para tratar diretamente com o Papa, em Bolonha. Aquele foi substituído por Gonçalo de Santa Maria, Bispo de Placência e por Gutierre de Sandoval. Tais acontecimentos fizeram salientar o papel do Bispo de Burgos, Afonso de Santa Maria que, enquanto jurista e embaixador, tinha que escrever a exposição a defender os direitos de Castela que seriam apresentados ao Papa pelo seu companheiro.[13]

A escolha deste homem como autor das alegações fora criteriosa e ele mesmo refere os motivos que a suscitaram. Refere nas "Alegações":

> O sereníssimo príncipe Rei de Castela e de Leão, Nosso Senhor, no dia antecedente mandou por suas cartas a nós, seus embaixadores que, porquanto alguns de nós, por seu mandado falamos noutro tempo com D. João, Rei que ao tempo era de Portugal, e com D. Duarte, Rei que actualmente governa, acerca da conquista das Ilhas Canárias, e estávamos informados do seu direito, escrevêssemos a Luís Álvares da Paz, doutor em leis, seu embaixador na Cúria Romana, a informá-lo do que nos parecesse conveniente e oportuno para a conservação e defesa do seu direito, a fim de que, informado de tudo o que toca a este negócio, o pudesse alegar em nome de el-Rei perante o Santíssimo Papa Nosso Senhor, e obter a revogação de uma bula que, segundo se dizia, fora concedida ao Senhor Rei de Portugal sobre esta conquista.

Salienta que embora a ordem do Rei, no geral, se dirigisse a todos, era para ele no particular, porque no ano de 1424 fora seu embaixador junto ao Rei de Portugal, D. João. Fora uma das embaixadas que estivera a negociar o Tratado de Paz de 1431.

Durante a sua estada por Portugal assistira à partida de uma armada para as Ilhas Canárias, pelo que recebera instruções de Castela para falar com o Rei D. João e com seu filho, D. Duarte, que agora era Rei, e ainda com alguns outros, que supomos terá sido com o Infante D. Henrique, o grande mentor da expansão Atlântica, sobre o direito desta conquista, a qual afirmava pertencer a Castela e a mais ninguém.[14] Assim era um embaixador experiente e conhecedor da Corte portuguesa, que participara nas negociações com Portugal para a Paz perpétua, o Deão Afonso de Cartagena,[15] à qual pertencia o escrivão da Câmara Juan de Zamora.[16]

Esta mesma expedição é referida por Gomes Eanes de Zurara, que registou que o infante D. Henrique já organizara armadas para as Canárias antes de 1424 e que, nesse mesmo ano, o infante preparou nova expedição de conquista, sob o comando de D. Fernando de Castro.[17]

Ora, a luta entre Portugal e Castela pela posse das Ilhas Afortunadas já vinha de longa data, pois das Canárias facilmente se alcançava Marrocos e a Guiné, costas também frequentadas pelos navios castelhanos e cuja importância subjacente ao conflito foi crescendo de dimensão. As riquezas do Atlântico, desde as terras aos bancos de pesca, desde as populações às produções do solo e do subsolo, despertavam a cobiça daqueles que procuravam no alargamento territorial apenas os ganhos materiais e o controle das rotas comerciais. É até muito possível que o conhecimento geográfico das ilhas fosse muito antigo, como refere João Vidago: "Ora os fatores Geográficos a considerar estribam-se muito simplesmente na altitude, bastante elevada, de algumas das ilhas de que se compõe o arquipélago das Canárias, o que pela proximidade das ilhas entre si e para o continente africano, implica um campo visual, recíproco, de muitos quilômetros em redondo".[18]

Quanto às riquezas das ilhas e dos seus habitantes,[19] vejamos: a expressão que Isidoro emprega para referi-los, como sendo de "corpo hirsuto e áspero", e este é também o parecer dos navegadores que aí chegaram nos séculos XIV e XV, pois, segundo os testemunhos, a rudeza era grande, apresentando-se nus, como se fossem animais selvagens, ou vestidos de peles. Assim, a importância das Canárias não era pela riqueza das ilhas em si ou das suas populações, mas sim como zona estratégica para a navegação e comércio.

Analisemos as "alegações" preparadas por Afonso de Santa Maria contra as razões apresentadas pelo rei de Portugal. Escolhemos este documento porque revela a posição quer de Portugal, quer de Castela.

Está dividido em cinco partes, aludindo na primeira à expedição portuguesa realizada em 1425 (aliás, 1424), capitaneada por D. Fernando de Castro, e à tentativa do Infante D. Henrique para alcançar do Rei de Castela a cessão dos seus direitos às ditas Ilhas etc. Salientemos que D. Henrique é determinado no seu propósito e nunca desiste das suas pretensões sobre as Ilhas Afortunadas.

Na segunda parte, dirime as "Alegações" que poderiam fazer-se por parte dos portugueses em defesa dos seus direitos (o direito de ocupação, em razão de ainda não terem as Ilhas sido ocupadas por qualquer príncipe cristão; o direito de vizinhança, por estarem mais próximas da costa de Portugal; a conversão dos seus habitantes à fé cristã, fim com que os portugueses intentavam a sua conquista).

Na terceira, trata da defesa dos direitos do Rei de Castela ao domínio temporal e espiritual das referidas Ilhas (alega, para fundamento destes direitos, cinco espécies de provas: pelas crônicas, pela autoridade dos escritores antigos, pelas subscrições das actas dos concílios, pelos livros censuais e pela opinião do povo; considera sucessivamente cada uma delas, abonando-se com muitas citações de textos doutrinais e legais, de Santo Isidoro, Aristóteles, Bártolo, Baldo ldo, Cícero, textos do direito canónico, do Velho e do Novo Testamento).

Na quarta, faz a impugnação das razões que podem alegar-se em contrário. E na quinta ou conclusão do que ficou alegado, indica o autor as diretrizes das negociações ao embaixador castelhano junto do Papa, o Dr. Luís Álvares de Paz, e as exigências que deve ir apresentando, sucessivamente mais restritas, até se pedir apenas a "revogação da bula que concedera ao Rei de Portugal a conquista das Canárias e que as coisas fiquem repostas no estado anterior a esta concessão".[20] Mas relembremos Afonso de Santa Maria:

> Eu, invocando sempre com humilde prece o auxílio divino, e tomando por base os factos que então se passaram, segundo me acodem à lembrança, e outros que de razão se podem deduzir e se apresentam ao meu espírito, escrevi, na forma que se segue, o que nesta parte me pareceu conveniente, para que o dito Luís, assim por estas razões como por outras que ele discorra, possa cabalmente defender o direito de el-Rei [...]:

"I". parte – O facto é o seguinte: As Ilhas Canárias são sete. Estão situadas no mar Oceano chamado Atlântico, e dispostas em fila perto do litoral, daquela parte da África a que hoje em dia se dá geralmente o nome de Belamarin".[21]

Refere, que as ilhas podem ser consideradas como ilhas mas também parte da Tingitânia, ou seja do continente africano, da mesma forma que as ilhas da Sicília são parte integrante da Itália [...] E segundo este raciocino como as ilhas pertencem a África, que pertence à conquista de Espanha, segue-se que também as mesmas ilhas são pertença de Espanha.

Estes argumentos resultam de uma construção histórica de séculos anteriores e como refere Carlos Nogueira:

> A ideia que a Espanha formava uma real unidade, unidade conquistada pelos godos e sancionada pela *Ordo* eclesiástica, com o prestígio especial dos vários Concílios de Toledo, portanto, uma legítima unidade que fora usurpada pelo muçulmano invasor, vai ser lentamente elaborada e testada até construir, no final do século XIII, uma realidade incontestável, que garantia aos cristãos, em especial, aos castelhanos, o direito sagrado e historicamente legítimo de possuir e usufruir da Península e no limite, dela expulsar estrangeiros e infiéis.[22]

Assim, Castela, como legítima descendente dos reis Godos, tinha a Conquista dos territórios que se consideravam terem-lhes pertencido.

Segue-se a narração dos acontecimentos principais: a ilha de Lançarote, fora ocupada no tempo de D. Henrique III de Castela para servir de base para a ocupação das outras. Mas o Rei D. Henrique concedeu Lançarote e Forte Boaventura a João de Bettencourt e, mais tarde, este sistema de concessão foi reutilizado, por este Rei D. Henrique, para outros ocuparem as restantes ilhas.

Pormenorizava que não era concedido a ninguém o domínio absoluto sobre qualquer uma delas, pois foram concedidas de forma a ficar sempre salvo o direito de soberania, o de julgamento em última instância e as outras prerrogativas régias que, segundo o direito comum e as leis do reino, devem excetuar-se. Se dessa vez não foram ocupadas as sobreditas ilhas de forma permanente, não fora porque para isso faltasse o poder de direito, mas, sim, porque a execução do fato não era então oportuna. Refere também a preocupação do rei de Castela com a difusão da fé católica entre os nativos. Mas que o rei de Portugal mandara Fernando de Castro para as outras ilhas, especialmente para a Grande Canária, ainda que respeitando as de Lançarote e de Forte Boaventura, que estavam ocupadas em nome do rei de Castela. Alegava ainda que o Rei de Portugal não tinha conseguido ocupá-las permanentemente e que as tinha deixado, mas, no entanto, o Rei de Portugal apresentara um pedido ao Papa, para que lhe concedesse a conquista das ilhas; e que essa concessão fora feita. Também Zurara refere-se a estes acontecimentos, salientando o envolvimento português, a população e as ilhas.[23]

Depois de desenvolver amplamente as premissas de que partira, Afonso de Santa Maria ou de Cartagena, tirava a sua conclusão:

> A conquista da região ultramarina da África que outrora se chamou a Tingitânia e hoje tem o nome de Belamarin, e a das ilhas adjacentes, que antigamente tiveram outros nomes, e agora, ainda que tenha cada uma seu nome particular, costumam designar-se conjuntamente pelo nome geral de ilhas Canárias, pertence ao sereníssimo príncipe, Rei de Castela e de Leão, e ninguém mais a pode com direito empreender sem sua expressa licença e benigno consentimento.[24]

As razões expostas finalizam na parte de aconselhamento, a quinta parte, dirigida ao embaixador, onde expõe o que há a fazer e a forma como deve fazê-lo,[25] fixando as linhas de força mais marcantes, negando completamente os direitos portugueses, levando à anulação da concessão feita a Portugal.[26] O Papa deveria deixar o assunto elucidado de forma a não surgirem dúvidas ou mal-entendidos. Assim, o Sumo Pontífice recua em qualquer concessão feita a Portugal referente às ilhas Canárias.

A vasta experiência de D. Afonso de Santa Maria nota-se, principalmente, nestes conselhos finais, dirigidos ao embaixador, para que estivesse preparado e conhecesse os argumentos a aplicar. Salienta que tudo deve ser feito com cuidado e prudência, moderando sempre as palavras, mas de forma a que se faça a melhor defesa da causa e da sua concretização. Realça que se deve dizer de forma tão inócua que ninguém fique ofendido nem desprestigiado.

As alegações e protestos foram atendidos e o rei D. Duarte censurado pelo Pontífice, que expediu outra bula em que considerava sem fundamento a aspiração do monarca português. Esta pretensão da casa real castelhana a alegados direitos sobre o Norte de África deve ter impelido o infante D. Henrique a apresentar ao rei, seu irmão, a oportunidade de realizar a conquista de Tânger, antecipando-se a Castela. Compreende-se, portanto, a pressa e o sigilo que eram recomendados neste assunto. A bula admoestando D. Duarte era de 31 de Julho de 1436, mas logo foi expedida outra, de 8 de Setembro, a favor do mesmo soberano, autorizando a guerra aos infiéis de África. Assim se explicaria "que D. Henrique e o soberano não fossem pela entrega de Ceuta. Seria deixar o campo livre às ambições de Castela para os lados de Marrocos".[27] Sintetizando:

> o braço de força com Castela, no concílio de Basileia, saldou-se por ganhos e perdas; durante o próprio concílio, de resto, a posição do papa alterou-se por mais do que uma vez. Portugal obtinha um documento favorável do Sumo Pontífice; reagia duramente à embaixada castelhana e logo o papa dava o escrito por não escrito e redigia outro documento a invalidar as nossas pretensões.[28]

As questões diplomáticas não pareciam influenciar negativamente as relações entre Castela e Portugal, o que revela a mestria dos embaixadores de ambos os lados. Assim, em 1437, quando do desastre de Tânger, D. Duarte agradeceu a Castela o apoio dado aos fugitivos do confronto. No entanto, a infeliz expedição a Tânger arredara a política de conquista do norte de África, pelo que havia agora maior interesse no estabelecimento de rotas marítimas para o comércio.

Acrescentaremos que a política diplomática portuguesa era igualmente excepcional, assim se conseguira a primeira Bula e assim se contra-argumentou às pretensões de Castela, o que aqui não iremos expor. Entre os embaixadores portugueses destacamos D. Luís do Amaral, bispo de Viseu, "a good friend to his friends and of calm conversation. [...] He served on three most distinguished missions of the council [...]"[29] entre outros, como o conde de Ourém, sobrinho do rei e filho do conde de Barcelos; D. Luis do Amaral, bispo de Viseu; o agostinho frei João, o doutor Vasco Fernandes de Lucena, que mais tarde foi cronista-mor do reino; e o doutor Diogo Afonso Mangancha.[30]

Do que resulta que o Concílio serviu para a apresentação das argumentações de ambos os reinos, mas não conseguiu resolver definitivamente a questão.

Enquanto Castela ultimava a conquista do reino de Granada, os eventos dessa importante campanha devem ter sido encargo suficiente, pelo que a presença de Portugal em Ceuta, dividindo as forças inimigas, ou, pelo menos, evitando a sua união, seria até um acontecimento favorável, facilitando a expulsão dos muçulmanos da Península.

Mas acabada essa empresa pela conquista do reino de Granada, em 1492, ao mesmo tempo que Colombo abria largas possibilidades à atividade marítima espanhola, a ação política daquele reino inicia uma nova frente de guerra, tendo como objetivo o território fronteiro à Península.

As fases que levam, finalmente, à celebração das Pazes de Alcáçovas, em Setembro de 1479, foram diversas e conturbadas, mas finalmente puseram fim à guerra com Castela e ao litígio sobre aquelas ilhas.[31] Pelos tratados, Portugal reconhecia a Castela o direito de conquista e posse dessas ilha. Por sua vez, Castela reconhecia a Portugal a posse dos Açores, Madeira e Cabo Verde; o tráfico da Guiné, com proibição aos naturais de Castela de irem ali tratar (comerciar) sem prévia licença dos reis de Portugal; e, por fim, a conquista do reino de Fez.[32] Fechava-se assim definitivamente a Questão das Canárias.

Notas

1   COELHO, Maria Helena da Cruz. *D. João I*. Lisboa: Círculo de Leitores, 2005, p. 186.
2   SOUSA, João Silva de. *Intervenções do Infante D. Henrique na política interna e externa do País de 1415 a 1460*. Viseu: Avis, 1994.

3   Fonseca, Luís Adão da. *O Tratado de Windsor*. Lisboa: Imprensa Nacional – Casa da Moeda, 1986, p. 24. *Idem, O Tratado de Tordesilhas*. p.14.
4   Em 1341, D. Afonso IV de Portugal organizou uma expedição às Canárias. *Descobrimentos Portugueses. Documentos para a sua História*, vol. I (1147-1460), org. João Martins da Silva Marques. Lisboa: Instituto de Alta Cultura, 1944. p. 77.
5   Ver: Margarida Garcez Ventura. *Igreja e Poder no século XV. Dinastia de Avis e Liberdades Eclesiásticas (1385-1433)*. Lisboa: Colibri.
6   *De Gestis Concilii Basiliensis Commentariorvm*. Oxford: 1967, p. 9.
7   O antipapa Clemente VII estabelecera-se em Avinhão, sendo reconhecido por França, Nápoles e mais tarde, também por Castela, Navarra, Aragão, Lorena e Escócia. O imperador da Alemanha, o rei da Inglaterra e o conde de Flandres seguiam o Papa Urbano. De Itália, vinha ao primeiro o apoio da autoridade moral de Santa Catarina de Siena. Fortunato de Almeida, *História da Igreja em Portugal*, vol.I, p. 376-7.
8   Duarte, Luis Miguel. *D. Duarte*. Lisboa: Círculo de Leitores, 2005, p. 194.
9   Fernandes, Suarez. *Relaciones entre Portugal y Castilla en la epoca del Infante Don Enrique*. Madrid: 1960, p. 51.
10 Barrientos, Lope. *Refundición de la Crónica del Halconero*. Madrid: Espasa-Calpe, 1946. p. 149-50.
11 *Idem, ibidem*, p. 150.
12 *Idem, ibidem*, p. 206. Em seguida, Rei de Castela partiu para Yllescas, e ali recebeu Juan da Silva, seu alferes, que havia regressado do concílio de Basileia, onde fora como embaixador.
13 Suarez Fernandez*, op.cit*, p. 52.
14 "*Alegações de D.Afonso de Cartagena, Bispo de Burgos contra os Direitos dos Portugueses às Ilhas Canárias*, tradução portuguesa de José Saraiva. Lisboa: Instituto para a Alta Cultura, 1944, p. 1-26.
15 Alonso de Cartagena terá influenciado D. Duarte em alguns aspectos literários, nomeadamente quanto às possíveis traduções de Cassiano. Ver: João Dionísio*, D. Duarte, Leitor de Cassiano,* Dissertação de Doutoramento em Literatura Portuguesa, Lisboa, Faculdade de Letras da Universidade de Lisboa, 2000, p. 47.
16 "Cronicas del Rey D. Joaõ de Gloriosa Memoria, o I deste nome, e dos Reyes de Portugal o X, e as dos Reys D. Duarte, e D. Affonso o V". In: *Crónicas dos Reis de Portugal* reformadas por Duarte Nunes de Leão, p. 714.
17 Sabemos que nela participou Vasco Afonso, de Aldeia Nova das Donas e que já participara na tomada de Ceuta. Ver referência em *Descobrimentos Portugueses*, supl. vol. I, p. 20.

18 João Vidago, *Do Conhecimentos dos Antigos acerca das ilhas Canárias e do Redescobrimento Henriquino*, sep., *STVDIA*, n° 41-42, janeiro/dezembro de 1979. Lisboa: Centro de Estudos Históricos Ultramarinos, 1979, p.193.

19 SILVA, José Manuel Azevedo e. "Introdução". In: TORRIANI, Leonardo. *Descrição e História do reino das Ilhas Canárias*. Lisboa: Cosmos, 1999, p. XIII. No século XVI, Torriani esteve encarregado de organizar a defesa das ilhas, ao serviço do rei de Castela.

20 In: *Descobrimentos Portugueses. Documentos para a sua História*, p. 291-320.

21 "Alegações feitas pelo Reverendo Padre D. Afonso de Cartagena, Bispo de Burgos, no Concílio de Basileia, sobre a conquista das Canárias, contra os Portugueses", *ibidem*, vol. I, p. 330.

22 Carlos Roberto Nogueira, "A Reconquista Ibérica: a construção de uma ideologia", sep. *Historia Instituciones Documentos*, 28. Sevilha: Universidade de Sevilha, 2001, p. 280.

23 ZURARA, Gomes Eanes de. *Crónica de Guiné*. Porto: Livraria Civilização, 1973, p. 334.

24 *Ibidem*, p. 340.

25 "Do que fica dito acima pode o referido embaixador tomar avisamento para se opôr, pleitear e conseguir que Nosso Senhor o Papa não conceda a conquista destas ilhas, ou de qualquer delas, a mais ninguém, "Alegações [...]contra os Portugueses". *Ibidem*, vol.I, p. 321-44.

26 "Alegações de D. Afonso de Cartagena". *Ibidem*, vol.I , p. 344-5.

27 Damião Peres, *op.cit.*, vol. III, p. 408.

28 DUARTE, Luis Miguel. *D. Duarte*. Lisboa: Circulo de Leitores, 2005, p. 195.

29 *De Gestis Concilii Basiliensis Commentariorvm*. Oxford: University Press, 1967, p. 217.

30 Sobre a presença portuguesa em Basileia ver: Julieta Araújo, "Portugal e Castela: Ritmos de uma paz vigilante". Lisboa: Colibri, (no prelo). Damião Peres, "A geração nova". In: *História de Portugal*, vol. III. Barcelos: Portucalense Editora, 1929, p. 41.

31 MENDONÇA, Manuela. *D. João II; um Precurso Humano e Político nas Origens da Modernidade em Portugal*. Lisboa: Imprensa Universitaria, Editorial Estampa, 1991, p. 147.

32 Visconde de Santarém, *Quadro Elementar* [...] vol. II, p. 368-78

Sociedade

Nossa Senhora de Guadalupe: peregrinação e política régia portuguesa no século XV

Bruno Soares Miranda
(Mestrando – USP/Gempo)

Durante a Idade Média, as maiores peregrinações eram São Tiago de Compostela, Roma e Jerusalém. Porém, havia outras de menor projeção e dentre estas, a nível ibérico, começa a destacar-se Nossa Senhora de Guadalupe,[1] cuja imagem encontra-se em um Mosteiro na região da Estremadura Castelhana.

A proposta deste trabalho é analisar a peregrinação portuguesa ao Mosteiro castelhano no século XV e sua relação política dentro da Península Ibérica. Para isto pretendemos analisar o perfil do peregrino e as concessões dadas por D. Afonso V ao mosteiro.

Podemos definir peregrinação como um movimento coletivo no qual os indivíduos se inserem e participam de um fluxo impessoal e atemporal, diluindo assim a personalidade na coletividade.[2] Além disto, devemos considerar que peregrinar significa viajar ou andar por terras distantes, ou seja, o peregrino se fazia estrangeiro em uma terra estranha para contemplar sua fé.

Para Iria Gonçalves,[3] este conjunto de locais de culto, espalhados pela Europa, levava a constantes deslocações de fiéis que permitiu a transferência de valores e a escrita de itinerários. A mobilidade se explica devido ao culto religioso, uma vez que as peregrinações tinham como objetivo cumprir votos, penitências ou eram realizadas apenas por devoção. Além disso, havia os aspectos econômicos, tais como as dificuldades que levavam muitos a procurarem locais de residência e trabalho conforme as terras se iam esgotando, o que também contribuía para esta movimentação de pessoas. Não havia motivações materiais que incentivassem a sedentarização enquanto o espírito do cristianismo impelia as romarias.

Porém, Isabel M. R. Mendes afirma que, "se até ao século XIV era normal o contínuo deambular dum local para outro, a partir de então a situação cotidiana começa a ser a sedentarização".[4] Isto explica o crescimento do número de peregrinos portugueses a Guadalupe no século XV, pois chegar à Estremadura Castelhana era mais fácil que chegar a Compostela, principalmente aos moradores de Lisboa.

Isto igualmente pode ser verificado ao observarmos as rotas utilizadas pelos peregrinos. A rota era, em muito, aproveitada pelos caminhos que os gados do Mosteiro se deslocavam. Assim, existiam duas grandes rotas para se chegar a Guadalupe. A primeira partia de Lisboa, passava por Aldeia-Galega, Montemor-o-Novo, Évora, Estremoz, Elvas, Badajoz, Talaveruela e, antes de chegar a Guadalupe, passava por Mérida. A segunda rota partia de Seia e prosseguia por Manteigas, Cardosa, Castelo Branco, Idanha-a-Nova, Coria, Placencia e Trujillo e, enfim, chegava-se em Guadalupe. Apesar da distância menor, o acesso não era fácil, pois o Santuário está localizado numa região de íngremes montanhas.

Além da questão espacial, devemos observar que no século XV a figura maternal de Maria começa a se destacar além da figura de São Tiago Apóstolo. Portugueses que peregrinavam por santuários além das fronteiras lusas, narrativas com a vida e milagres da Virgem, além da expansão de novas devoções – Nossa Senhora de Guadalupe, por exemplo – incrementaram a "onda de devoção mariana"[5] entre os portugueses.

No Archivo del Monastério de Guadalupe, encontramos os registros da presença de portugueses no Santuário estremenho. Diferentemente de outros centros de peregrinação de maior popularidade, como, por exemplo, Santiago de Compostela, a presença de peregrinos no Santuário era registrado e indicava, dentre outras coisas, o nome e a proveniência do peregrino, o motivo, a forma e a data da peregrinação. Com estes dados podemos fazer algumas análises.

Partiam para Guadalupe peregrinos de todos os estratos sociais. Além disto, podemos verificar que a imagem de Nossa Senhora de Guadalupe estava fortemente relacionada à saúde e à fuga de cativeiros. Em relação à saúde, as doenças das mais variadas espécies fazem movimentar grande número de peregrinos ao Santuário. Durante o século XV, Portugal conheceu vários surtos de peste[6] e após estes surtos cresciam o número de peregrinos em Guadalupe para agradecer o fim da peste.

Em relação à fuga de cativeiros, podemos exemplificar com três casos. Garcia de Roa e cinco companheiros embarcaram para Málaga, porém durante o caminho encontraram uma embarcação de mouros. Durante o confronto, houve seis mortes de cristãos e os sobreviventes foram levados a cativeiro para Tânger e depois Cartago. Na véspera da festa de Natividade de Nossa Senhora, Garcia rezou à Virgem de Guadalupe, que lhe apareceu vestida de branco. Após a aparição, conseguiram todos fugir num barco e de imediato dirigiram-se a Guadalupe no ano de 1442.[7]

Em 1466 é a vez de Diego Sotelo, natural de Évora que, além de fazer grandes oferendas à Virgem, levou os ferros com que tinha estado preso. No cativeiro, prometeu visitar o santuário se obtivesse a libertação. Além disso, afirma que depois de fazer o voto, acordou ao amanhecer em Guadalupe são e salvo.[8] E, por fim, temos o caso de João Fernandes que, em 1486, fornece detalhes sobre sua captura que fora vítima. E seu senhor, Estevão Nunes, foram assaltados por 13 mouros a cavalo, a cerca de uma légua de Tânger. Foi posteriormente vendido a um mouro que o levou para as montanhas de Farrobo a 12 léguas da praça portuguesa. O voto que fez incluía o ato de servir ao Mosteiro durante um ano, executando as tarefas que lhe mandassem.[9]

Porém, o peregrino mais ilustre foi D. Afonso V, que para lá se deslocou três vezes. A primeira foi em 1458 e infelizmente rara foi a documentação que se conservou. A segunda está relacionada à saúde. Foi realizada em 1463 e teve como objetivo o agradecimento de uma cura. O monarca estava enfermo de febre terciana e o estado era grave pois os súditos realizavam procissões para rogar a Deus pela vida de D. Afonso: *"Começarom por toda la cibdad a fazer muchas pcessiones a andar los honbres descalços e fazer otros señales de áspera penitencia rogando a Nuestro Señor Dios que ouvese misericordial Del señor rey*".[10]

A terceira e última peregrinação foi realizada em 1464 e teve fins políticos. O monarca, "*com alguns senhores e fidalgos escolhidos, secretamente se foi em romaria a Santa Maria de Guadalupe*".[11] O objetivo era se casar com D. Isabel, a futura rainha católica, à qual deveria se juntar na Puente del Arzobispo para seguir, com toda a comitiva, até ao Mosteiro para lá contrair o matrimônio. Porém, tal ato não ocorreu conforme planejado pois, "*a infanta D. Isabel de Castella, contra vontade d'El-Rei D. Anrique, e por meio do Arcebispo de Tolledo casou logo com D. Fernando, Príncipe de Aragão e de Cicília, que depois reinaram pacificamente em Castella*".[12]

Além de suas visitas, vários são os privilégios concedidos por D. Afonso V ao Mosteiro de Guadalupe, assim como medidas visando os interesses do santuário estremenho. Segundo Isabel M. R. Mendes, "os pedidos de esmolas com vistas à construção dos edifícios que fazem parte do conjunto arquitectonico e ao abastecimento dos hospitais são muito antigos".[13] Com isto, verificamos que a autorização da presença de procuradores no Reino pedindo esmolas e o combate a falsos procuradores é uma medida tomada pelo monarca.

Além disso, em 1452, D. Afonso V escreve uma carta endereçada ao almoxarife de Silves, João do Rego, para que este concedesse ao prior e frades do Mosteiro de Nossa Senhora de Guadalupe a tença anual de 4 mil reais brancos.[14] Em 1459, após o falecimento de sua esposa D. Isabel, D. Afonso V informa ao almoxarife de Sintra que das rendas e direitos que se recebiam para a rainha se desse esmola anual ao Santuário.[15] Verificamos igualmente que, em 1481, no final de seu reinado, o monarca isenta de pagamento de portagem, sal, pescado, azeite e outros produtos com destino ao Mosteiro de Nossa Senhora de Guadalupe.

Devemos observar que o Mosteiro de Nossa Senhora de Guadalupe encontra-se situado em um reino do qual Portugal manteve relações diplomáticas instáveis. Com isto, podemos indagar qual seria a intenção das concessões promovidas por D. Afonso Vol. Por que o estímulo dado aos portugueses para esta peregrinação? Ao estimular esta peregrinação ao Mosteiro, Portugal contava com um ponto de apoio dentro de Castela para sua autonomia na Península Ibérica?

Dentro das relações diplomáticas dos dois reinos, durante o reinado de D. Afonso V, o momento de maior instabilidade foi na sucessão de Castela. "A morte de Henrique IV, a 12 de dezembro de 1474, e a relutância da nobreza afecta a sua irmã D. Isabel de aceitar a realeza da princesa D. Joana, filha daquele monarca e de sua mulher D. Joana de Portugal, levaram D. Afonso V a intervir na sucessão daquele reino."[16]

O monarca português obteve apoio de parte da nobreza castelhana que eram desafetos à causa de D. Isabel, na ocasião já casada com D. Fernando de Aragão. D. Afonso V então, projetou casar com sua sobrinha e assim realizar a integração ibérica, associando a coroa de Castela com a de Portugal. Tal fato veio a ter como desfecho militar a Batalha de Toro.

Apesar de todas as concessões dadas por D. Afonso V ao Mosteiro de Nossa Senhora de Guadalupe, durante este conflito o Mosteiro esteve ao lado dos reis católicos apesar de, geograficamente, estar rodeado de partidários da causa portuguesa. O apoio do Mosteiro inclusive chegou a ser financeiro, pois forneceu ajuda econômica no valor 150 marcos a D. Isabel. Isabel M. R. Mendes lembra que "desde a Batalha de Toro, o santuário festejava anualmente o triunfo castelhano".[17]

Diante disto, podemos verificar que religiosidade e poder peregrinavam juntos ao Santuário de Nossa Senhora de Guadalupe. Um caminho onde não necessariamente concessões seriam sinais de apoio dentro das instáveis relações entre os dois reinos.

Notas

1 Segundo Mário Martins, "ao lado da Senhora do Pilar e Nossa Senhora de Serena, brilhava a Virgem de Guadalupe" in: MARTINS, Mário. "Peregrinações e Livros de Milagres na Nossa Idade Média". In: *Revista Portuguesa de História*. Coimbra. 1951.

2 SÁNCHEZ-ALBORNOZ, C. *Espana, un Enigma Histórico,* vol II. Barcelona: EDHASA. 1981, p. 79-81.

3 GONÇALVES, Iria. "Viajar na Idade Média: Através da Península em Meados do Século XIV". In: *Revista Arquipélago*, nº 2, janeiro de 1980, p. 119-21.
4 MENDES, Isabel M. R. *O Mosteiro de Guadalupe e Portugal*. Lisboa: Centro de história da Universidade de Lisboa, 1994, p. 41.
5 Expressão utilizada por Pe. Avelino de Jesus em seu artigo: "A Virgem Maria Padroeira de Portugal". In: *Lusitânia Sacra*, tomo II. Lisboa, 1957, p. 13-4.
6 Os anos de peste em Portugal no século XV concretamente foram: 1410, 1413-15, 1429, 1432, 1437-38, 1439, 1440, 1448, 1453-55, 1457, 1458, 1464-69, 1477, 1480-81, 1483-86, 1492 e 1496. Estes anos são encontrados em: BRAGA, Isabel M. R. Mendes Drumond. "Para a História do Medo Quinhentista: Peste e Religiosidade". In: *Revista de Ciências Históricas*, vol VIII. Porto: Universidade Portucalense Infante D. Henrique, 1993, p. 83.
7 *Archivo del Monastério de Guadalupe*. Códice 2. fol. 97.
8 *Archivo del Monastério de Guadalupe*. Códice 2. fol. 62v.
9 *Archivo del Monastério de Guadalupe*. Códice 4. fol. 128v.
10 *Archivo del Monastério de Guadalupe*. Códice 1. fol. 55v.
11 PINA, Rui de. *Chronica de El-Rey D. Afonso*, vol. III. Lisboa: Escriptório. Biblioteca de Clássicos Portugueses, 1902.
12 *Op cit.* p. 50-51
13 MENDES, Isabel M. R, *op. cit.* p. 35.
14 ANTT, *Chancelaria de D. Afonso V*, livro 36, fol 70v.
15 ANTT, *Chancelaria de D. Afonso V*, livro 36, fol 7.
16 SERRÃO, Joaquim Veríssimo. *História de Portugal*, vol. II. Lisboa: Editorial Verbo, p. 91.
17 MENDES, Isabel M. R, *op. cit.*, p. 35.

Bibliografia

BRAGA, Isabel M. R. Mendes Drumond. "Para a História do Medo Quinhentista: Peste e Religiosidade". In: *Revista de Ciências Históricas*, vol VIII. Porto: Universidade Portucalense Infante D. Henrique, 1993.

GONÇALVES, Iria. "Viajar na Idade Média: Através da Península em Meados do Século XIV". In: *Revista Arquipélago*, nº 2, janeiro de 1980.

JESUS, Pe. Avelino de. "A Virgem Maria Padroeira de Portugal". In: *Lusitânia Sacra*, tomo II. Lisboa: 1957.

Martins, Mário. "Peregrinações e Livros de Milagres na Nossa Idade Média". In: *Revista Portuguesa de História*. Coimbra. 1951.

Mendes, Isabel M. R. *O Mosteiro de Guadalupe e Portugal*. Lisboa: Centro de História da Universidade de Lisboa. 1994.

Pina, Rui de. *Chronica de El-Rey D. Afonso*, vol. III Lisboa: Escriptório. Biblioteca de Clássicos Portugueses. 1902.

Sánchez-Albornoz, C. *Espana, Un Enigma Histórico,* vol. II. Barcelona: EDHASA, 1981.

Serrão, Joaquim Veríssimo. *História de Portugal*, vol II. Lisboa: Editorial Verbo.

A ideia de cruzada nas crônicas de Zurara

Katiuscia Quirino Barbosa
(Mestranda – UFF/Scriptorium)

A cavalaria em Portugal

A proposta deste trabalho é estabelecer a ideia de cruzada durante a dinastia de Avis, a partir da produção cronística de Zurara. Nossa abordagem estruturar-se-á a partir da análise dos conceitos de *Guerra, Cavalaria e Cruzada*, atentando para as formas como estes conceitos são apropriados no reino de Portugal. Contemplaremos, ainda, algumas questões referentes à expansão portuguesa no norte da África, considerando o impacto da empresa no cenário político português e, nessa perspectiva, a importância da literatura como instrumento ideológico.

São interessantes as variações que o conceito de cavaleiro terá dentro do reino de Portugal, variações estas que estão intimamente ligadas com as noções de nobreza expressas em diferentes regiões do reino, bem como nas duas primeiras dinastias. De acordo com José Mattoso, os "cavaleiros" portugueses dos séculos XII e XIII constituíam a categoria inferior da nobreza. O autor conclui que a categoria dos cavaleiros agrega nobres e não nobres, não sendo, portanto, prerrogativa da nobreza. Em regiões fronteiriças como a Beira e a Estremadura observa-se maior fluidez social e os critérios de recrutamento de cavaleiros será, por conseguinte, muito distinto do norte do reino, como assinala José Mattoso:

> De facto em toda a Beira e Estremadura se verifica um situação em que os senhores necessitam de recrutar homens para as operações militares mais importantes, lhes confiam missões especiais, constituem séquitos de gente de sua confiança. Estes podem ser parentes de boa estirpe vindos do Norte, filhos de amigos do mesmo nível ou de vassalos nobres, mas também podem ser membros das milícias urbanas, cavaleiros-vilãos ou mesmo marginais sem eira nem beira, que se distinguiam pela ousadia no campo de batalha e na organização de algaras e fossados. A este respeito é tão importante acentuar o carácter de uma certa inferioridade que para os nobres consiste em ir combater ao serviço de alguém, como em verificar a indiferenciação do ofício das armas. Mas a distinção fundamental do nascimento não se apaga por isso e acabará por se tornar de novo fundamental até englobar todos os cavaleiros.[1]

No que concerne à guerra e, mais especificamente à cruzada, no período assinalado, Mattoso insiste que os significados irão variar de região para região. Assim, tratando ainda das regiões fronteiriças, onde a guerra é um elemento constante, o autor assinala que *"A guerra era uma atividade econômica fundamental, um aspecto de civilização material e social que não se tornava indispensável justificar ideologicamente. Para os seus praticantes era, sobretudo, impensável transformá-la em cruzada"*.[2] Assim, observamos que para os habitantes das referidas regiões o caráter cruzadístico da guerra não constituía elemento primordial para que ela se desencadeasse. Destarte, ainda que não haja um propósito cruzadístico na gênese do reino português, há, a partir da ascensão da casa de Avis, uma tentativa de atribuir o surgimento de Portugal a uma "guerra santa", o que decorre da necessidade de estabelecer um traço de continuidade entre as duas dinastias. Destacamos aqui o esforço avisino em "reformular" a imagem do primeiro rei de Portugal, D. Afonso Henriques. De acordo com Roberto Fabri Ferreira, a figura deste rei:

> sai de um plano predominantemente épico, para ocupar lugar na esfera do sagrado cristão. Num decisivo momento de formação e afirmação de uma identidade nacional, dentro de um espaço coletivo, nota-se um retorno, a partir do sagrado, ao mito de origem.[3]

Será durante a dinastia de Avis que aparecerá pela primeira vez a narrativa do *"Milagre de Ourique",* em que Afonso Henriques figura como um cavaleiro e cruzado que se lança na luta contra os infiéis e, antes da batalha de Ourique, o próprio Cristo lhe aparece, abençoando-o e propiciando a vitória sobre os mulçumanos. Observa-se claramente a intenção da Dinastia de Avis em construir uma memória que valorize o caráter guerreiro da monarquia portuguesa. Ainda quanto ao fundador de Portugal é notável a ênfase que os relatos quatrocentistas dão à guerra contra os mouros, atribuindo-lhe um sentido de "Cruzada".[4]

No que tange aos meios validadores do poder avisino, Froés assinala que essa dinastia irá se legitimar a partir da consolidação de um modelo messiânico,[5] em que o rei figura como salvador, não só do reino, mas também de toda a cristandade. Corroborando com Froés, Clinio Amaral afirma que a dinastia de Avis, na medida em que transformou o paço em *"um espaço de arbitragem dos conflitos políticos do reino"*[6] também *"forneceu um substrato ideológico, através de seus mecanismos de consolidação e de resolução dos conflitos políticos, por meio de uma releitura da tradição cristã, conferindo uma sacralidade à monarquia".*[7] Assim, D. João I foi identificado como o "messias de Lisboa" defensor de Portugal frente à ameaça castelhana e continuador da "guerra santa", desta vez, no Norte da África, atribuindo, doravante, um novo significado à ideia de cruzada.

Diretamente ligada ao movimento de expansão portuguesa, a literatura em prosa circulante no reino de Portugal possui importante papel legitimador dessa empresa e consequentemente das guerras empreendidas na África ao longo dos séculos XV e XVI, atuando como um poderoso instrumento político e ideológico. Torna-se evidente a intenção da monarquia em criar um campo literário que atue como propaganda política dos feitos dinásticos.[8] A produção cronística de Gomes Eanes de Zurara, segundo cronista-mor do reino, tem como característica principal a exaltação dos grandes feitos militares da Dinastia de Avis, consagrando o espírito de cruzada, as proezas cavaleirescas, as façanhas dos nobres na guerra contra o infiel no norte da África, delegando extremada importância à nobreza portuguesa.[9]

Considera-se a clara divisão política existente no interior da nobreza no momento em que Zurara escreve suas obras. Se de um lado a guerra era considerada um problema para o reino, como afirmavam os partidários do Infante D. Pedro, de outro ela configurava-se como essencial para a manutenção do mesmo. A situação agravou-se com a desastrosa campanha de Tânger em 1438, quando o Infante D. Fernando foi sequestrado pelos mouros e terminou morto nas masmorras de Fez em 1443. O resultado final das disputas internas que opunham os Infantes D. Henrique e D. Pedro foi a batalha de Alfarrobeira, ocorrida durante o reinado de D. Afonso V, na qual o Infante D. Pedro morre em combate.[10]

Assim, ainda que represente a vitória do grupo favorável à continuidade da guerra externa, Alfarrobeira teve reflexos negativos no reino português. Diante disso, a necessidade de garantir a coesão interna fomentou durante o reinado de Afonso V, a construção de um discurso partidário à expansão. Discurso este veiculado nos relatos cronísticos e será nesse contexto que Zurara irá publicar a *Crônica de Guiné*. Nesta obra é evidente o aspecto messiânico e missionário que o autor atribuirá à guerra na África. No que concerne à relação entre o discurso religioso e a propaganda política avisina, Clinio Amaral assinala que:

> O ponto mais importante dessa propaganda é o discurso religioso, o qual associa a expansão à ideia do *serviço prestado a Deus*, pelo Infante D. Henrique e o rei D. Afonso Vol. É um discurso que desqualifica os opositores da expansão, pois o argumento do cronista é de que criticar a empresa ultramarina equiparava-se a criticar o serviço prestado a Deus.[11]

Dessa forma, a luta contra o infiel converteu-se, a partir do "descobrimento" de novos povos, na salvação de almas pagãs. Como podemos observar na seguinte passagem da fonte:

> [...] Foram eles porém ao diante havendo conhecimento da terra, na qual achavam grandes astança, e des i como os tratavam com grande favor, Ca porque os as gentes não achavam endurentados na crença dos outros mouros, e viam que de boa vontade se vinham à lei de Cristo [...] ora vede que galardão deve ser o do Infante ante a presença do senhor Deus, por trazer assim a verdadeira salvação, não somente aquestes, mas outros muitos, que em esta história ao diante podeis achar![12]

São correntes na *Crônica de Guiné* os relatos acerca da conversão dos povos encontrados na África subsaariana. Nesse sentido, logo no início da obra Zurara enumera cinco razões para a empresa e dentre elas a conversão de novas almas para o cristianismo. Acerca destas razões, o autor aponta já na fase final da *Crônica* como o infante conseguiu cumprir tal objetivo:

> Cinco razões pus no começo deste livro por que o nosso magnânimo príncipe foi movido a mandar seus navios tantas vezes sobre o trabalho desta conquista; e porque das quatro me parece que vos tendo dado abastoso conhecimento nos capítulos onde falei da divisão daquelas partes do Oriente, fica-me para dizer da quinta razão pondo certo número às almas dos infiéis que daquelas terras vieram a esta, por virtude e engenho do nosso glorioso príncipe; as quase por conto achei que foram novecentas e vinte e sete, das quais como primeiro disse, a maior parte foram tornadas ao verdadeiro caminho da salvação.[13]

O discurso religioso não se faz presente somente na conversão de novas almas ao cristianismo, mas também é utilizado de maneira a justificar a guerra contra os mouros, entendida como uma guerra de expansão da Cristandade.

Ao longo da obra, Zurara irá relatar uma série de acontecimentos envolvendo o confronto direto entre cristãos e mouros, como na passagem abaixo:

> [...] amigos, disseram os capitães, nós não viemos a esta terra senão para pelejar; e pois principalmente a este fim viemos, não havemos que recear, ca muito maior honra nos será fazer nossa peleja de dia, que de noite, lançando os Mouros desta ilha forçosamente, que por astúcia nem engano, ainda que não matemos nem tomemos nenhum, que filhamos de noite um milheiro deles. E com o nome de Deus, disseram eles, saiamos todavia, e vamos em terra na ordenança que temos determinada. E assim com estas palavras começaram logo de sair, e tanto que foram todos postos na praia, puseram começaram logo de sair, e tanto que foram todos postos na praia, puseram suas azes em ordenança, onde Lançarote, por acordo de todos os outros capitães, tomou a bandeira da cruzada, que lhe dera o Infante Don Henrique; e já sabeis como os que morressem sob a dita bandeira eram absoltos de culpa e pena, segundo o outorgamento do Santo Padre, de já vistes o teor do mandado; a qual a bandeira foi entregue a Gil Eanes, cavaleiro da casa do Infante, e mo quer Lançarote dele conhecesse esforço e bondade, empero todavia deu-lhe juramento, e lhe tomou menagem, quer por medo nem perigo não deixasse adita bandeira, até sofrer morte; e esses outro lhe juraram, que por conseguinte, até derradeiro termo da vida trabalhassem por guardar e defender.[14]

Estabelece-se, portanto, uma relação de alteridade, na qual a identidade portuguesa constrói-se a partir da negação do outro. Dessa forma, como podemos perceber, a identidade portuguesa cristã é construída com base no sentimento de ódio religioso em relação ao muçulmano. Considerando a passagem acima é evidente que estamos tratando de uma releitura do discurso cruzadístico. Assim, a formulação da noção de um povo com vocação guerreira atendia às expectativas ideológicas do discurso avisino.

O conceito de *cruzado* passa pela noção de cavaleiro; nesse sentido, a empresa portuguesa na África, bem como a consolidação da ideologia cruzadística, não poderiam existir sem a atuação da cavalaria. O trabalho procurou demonstrar como a literatura portuguesa no período Avisino foi utilizada a fim de alcançar objetivos políticos. Isto posto, concluímos que a consolidação do ideal cruzadístico-messiânico, fomentado pela literatura, serviu não somente para legitimar a casa de Avis, mas também para promover a coesão interna e formação da identidade portuguesa.

Notas

1 Mattoso, José. *Ricos-Homens, Infanções e Cavaleiros. A Nobreza Medieval Portuguesa nos Séculos XI e XII*. Lisboa: Guimarães Editores, 1985, p. 126-7
2 *Ibidem*, p.53
3 Ferreira, Roberto Godofredo Fabri. *O Papel do Maravilhoso na Construção da Identidade Nacional Portuguesa: Análise do Mito Afonsino (Século XIII-XV)*. Dissertação apresentada ao programa de pós-graduação em História da Universidade Federal Fluminense. Niterói, Cópia reprografada, 1997, p. 136.
4 *Ibidem,* p.150.
5 Fróes, Vânia. *Era no tempo do rei*. Tese Titular apresentada ao departamento de História da Universidade Federal Fluminense. Niterói, cópia reprografada, 1995. p. 04.
6 Amaral, Clinio. *A construção de um Infante Santo em Portugal*. Dissertação apresentada ao programa de pós-graduação em História da Universidade Federal Fluminense. Niterói, cópia reprografada, 2004, p. 48.
7 *Ibidem*, p. 49
8 Adotamos aqui a concepção de propaganda política de Nieto-Soria que a define como: "o conjunto dos processos de comunicação pelos quais se difundem os valores, as normas e as crenças e que formam as ideologias políticas". Cf Nieto-Soria, José Manuel. *Fundamentos Ideológicos del poder real em Castilla (siglos XIII-XV)*, p. 42.
9 Serrão, Joaquim Veríssimo. *Cronistas do século XV posteriores a Fernão Lopes*. Lisboa: Instituto de língua e cultura portuguesa, 1989, p. 09.
10 Amaral, *op. cit.,* p. 75.
11 *Ibidem*, p. 88.
12 Zurara, Gomes Eanes. *Crônica do Descobrimento e Conquista da Guiné*, cap. XXVI. Lisboa: Publicações Europa América, 1989, p. 98-100.

13 *Ibidem*, cap. XCVI, p. 245.
14 *Ibidem*, cap. LV, p. 156.

Bibliografia

Fontes primárias

Zurara, Gomes Eanes. *Crônica do Descobrimento e Conquista da Guiné*. Lisboa: Publicações Europa América, 1989.

Fontes secundárias

Amaral, Clinio. *A construção de um Infante Santo em Portugal*. Dissertação apresentada ao programa de pós-graduação em História da Universidade Federal Fluminense. Niterói, cópia reprografada, 2004.

Ferreira, Roberto Godofredo Fabri. *O Papel do Maravilhoso na Construção da Identidade Nacional Portuguesa: Análise do Mito Afonsino (Século XIII–XV)*. Dissertação apresentada ao programa de pós-graduação em História da Universidade Federal Fluminense. Niterói, cópia reprografada, 1997.

Fróes, Vânia. *Era no tempo do rei*. Tese Titular apresentada ao departamento de História da Universidade Federal Fluminense. Niterói, cópia reprografada, 1995.

Mattoso, José. *Ricos-Homens, Infanções e Cavaleiros. A Nobreza Medieval Portuguesa nos Séculos XI e XII*. Lisboa: Guimarães Editores, 1985.

Nieto-Soria, José Manuel. *Fundamentos Ideológicos del poder real em Castilla (siglos XIII-XV)*. Madrid: Eudema, 1988.

Serrão, Joaquim Veríssimo. *Cronistas do século XV posteriores a Fernão Lopes*. Lisboa: Instituto de língua e cultura portuguesa, 1989.

A relação entre o culto ao Infante Santo e o projeto político de Avis na segunda metade do século XV

Clinio de Oliveira Amaral
(Doutorando – UFF/Scriptorium)

A história da expansão portuguesa, no século XV, foi marcada pela derrota portuguesa em Tânger, em 1437. Apesar de muito ter sido escrito sobre o episódio em questão, existem diversas explicações para a decisão de D. Duarte em tentar tomar essa cidade.[1] No que pesem as polêmicas, a maior parte da historiografia concorda que esse episódio foi responsável pelo surgimento de um dos elementos marcantes da propaganda[2] da monarquia de Avis, durante a segunda metade do século XV. Trata-se do cativeiro do Infante Santo, que, depois da capitulação portuguesa,[3] ficou como cativo em Tânger, sendo, posteriormente, transferido para Fez, onde morreu de disenteria, em 5 de junho de 1443. Devido à sua morte, ele foi promovido à condição de "mártir nacional".

D. Fernando era um dos filhos de D. João I com D. Filipa de Lencastre. Ele nasceu em 29 de setembro de 1402 em Santarém. Da ínclita geração, ele foi e continua sendo menos estudado. Além disso, tradicionalmente, D. Fernando foi apontado pela historiografia como sendo um infante com pouca inserção política. No entanto, a partir da década de 90 do século XX, outras questões foram trazidas sobre a personagem.

Ao analisar a bibliografia relativa ao Infante Santo, notou-se que ele foi estudado, na maioria das vezes, através dos episódios da derrota em Tânger. Isso deixou em segundo plano o questionamento sobre a inserção política do infante nas cortes de D. João I e D. Duarte. Dessa constatação, nasceu a necessidade de se construir o percurso biográfico do infante para, em seguida, também rediscuti-lo, porque, até então, apenas Calado[4] havia produzido uma investigação satisfatória sobre a relação do Infante Santo com o seu biógrafo, Frei João Álvares.

Esse foi o caminho trilhado pela pesquisa de Fontes[5] que demonstrou a maneira pela qual a santidade da personagem ligava-se à percepção da morte e do seu sofrimento como provas do martírio sofrido em nome da fé. Além disso, sustentou que o texto do *Trautado*, escrito por Álvares,[6] deveria ser visto como uma hagiografia. No entanto, escreveu:

> [...] esses aspectos (do sofrimento e do martírio) virão a marcar o evoluir gradual do seu culto e favorecer os aproveitamentos posteriores da sua biografia em benefício da dinastia de Avis e da prossecução duma política de conquistas no Norte da África. Porém, o desenvolvimento destes últimos aspectos e o próprio contexto onde se valorizarão os modelos veiculados no *Trautado*, remetendo para um século de mutações, em que os progressos em direcção à modernidade se articulam com inesperados regressos a valores e modelos arcaizantes, faz parte dum caminho apenas encetado e a percorrer em novas peregrinações.[7]

Como o próprio autor afirmou, não foi possível, de forma satisfatória, a compreensão dos mecanismos da difusão de sua santidade. Apesar disso, destacou um condicionante da produção da imagem do infante. Não se pode negligenciar o fato de que a sua hagiografia foi escrita por um membro da Ordem de Avis e da casa de D. Henrique com a colaboração de D. Afonso Vol. Isso a coloca no campo dos vitoriosos de Alfarrobeira.

Além da importância dada ao cativeiro como determinante no reconhecimento do seu martírio, Frei Álvares deixou indícios de outros aspectos de sua vida. Uma das pistas seguidas por esse autor, a sua casa senhorial, conduziu a uma revisão da ideia consagrada de que D. Fernando fosse um inexpressivo infante, destituído de bens. Fontes cotejou as informações lacônicas deixadas por Álvares com outras fontes e mapeou o patrimônio da personagem.[8]

Através dos indícios apontados por Fontes, optou-se por discutir como a santidade desse infante foi utilizada pela monarquia de Avis. Para tanto, percebeu-se que houve, a partir do governo de D. Afonso V, uma busca, no campo das representações políticas, por legitimidade da sua ação expansionista na África. Ao se analisar o contexto político em que o culto do Infante Santo se desenvolveu, notou-se a direta ação da monarquia em sua promoção e que as principais representações da santidade do Infante Santo sobrepunham-se ao projeto expansionista. Para compreender como ocorreu tal sobreposição, torna-se importante discutir como, a partir da hagiografia escrita por Álvares, estabeleceu-se um padrão para representar a santidade desse infante. Aliás, tal padrão está presente em outras hagiografias[9] escritas sobre D. Fernando.

O conhecimento das linhas gerais da santidade de D. Fernando através de suas virtudes, da sua espiritualidade e do seu martírio conduz à reflexão sobre os significados históricos dessa representação. As virtudes encontradas em todas as hagiografias são: a virgindade, a sabedoria, a honestidade, o seu amor incondicional ao próximo e a paciência. No conjunto, para qual tipo de santidade elas conduzem?

Os hagiógrafos insistem nas características morais desse santo. No caso da virgindade e do seu conhecimento intelectual, houve uma construção segundo a qual ele como um nobre tomou para si não só as funções administrativas do seu senhorio, mas foi representado como um senhor espiritual. Assim, delineou-se uma função de resguardar do pecado todos à sua volta. Ao seu ofício nobre foi sobreposta a uma função espiritual. Era como se a sua condição de nobre estivesse diretamente ligada à luta contra o pecado dos seus vassalos. Além disso, ele foi representado como se tivesse que "prestar contas" diante Deus não só das suas ações, mas das de todos aqueles sobre os quais tinha ascendência.

Durante as narrativas cujos propósitos eram demonstrar as virtudes do Infante Santo, pôde-se notar como a sua honestidade e humildade foram importantes para estabelecer a forma pela qual ele se relacionava com a realeza e com a clerezia. Nelas, evidenciou-se que ele, por nenhum motivo, desrespeitava as hierarquias. Ele teria aceitado o mestrado da Ordem de Avis apenas para não desobedecer ao rei. Esse tipo de insistência designa um cuidado dos hagiógrafos em representá-lo como um homem conhecedor das hierarquias sociais, sobretudo daquelas ligadas à obediência ao rei e à Igreja.

As frequentes alusões à paciência do Infante Santo podem ser compreendidas como a retomada de um lugar comum da santidade. Trata-se de uma clara menção aos primeiros mártires da história cristã. Eles, mesmo durante os piores suplícios, agradeciam aos carrascos. Afinal, eles eram os "instrumentos da salvação", porque os algozes ofereciam as melhores condições para se testemunhar a verdadeira fé. Somente os pacientes, como D. Fernando e os mártires da era das perseguições, compreendiam como o inimigo da fé era importante para a salvação.

A demasiada insistência das hagiografias sobre a paciência do Infante Santo está relacionada à intertextualidade subjacente a essa característica. De forma sutil, os hagiógrafos citavam as epístolas de Paulo aos Romanos, especificamente o tema do capítulo 5, que conforme foi apresentado foi considerado um dos textos bíblicos base para a elaboração do conceito de martírio.

> Tendo sido, pois, justificados pela fé, estamos em paz com Deus por nosso Senhor Jesus Cristo, por quem tivemos acesso, pela fé, a esta graça, na qual estamos firmes e nos gloriamos na esperança da glória de Deus. E não é só. *Nós nos gloriamos também nas tribulações, sabendo que a tribulação produz a perseverança, a perseverança uma virtude comprovada, a virtude comprovada a esperança. E a esperança não decepciona, porque o amor de Deus foi derramado em nossos corações pelo Espírito Santo que nos foi dado.* Foi, com efeito, quando ainda éramos fracos que Cristo, no tempo marcado, morreu pelos ímpios.[10]

A insistência sobre a perseverança do Infante Santo perante as tribulações indica, mais uma vez, que os seus hagiógrafos, ao reconstituir a sua paixão, reconstituíam as principais referências às origem do conceito de mártir na história do cristianismo. A certeza de que Cristo sofreu nas mãos dos ímpios para salvar a humanidade conduz os cristãos a dar testemunhos de fé durante as tribulações. Essa é exatamente uma das ideias força das hagiografias de D. Fernando. Há de considerar a passagem bíblica com base na crença de que, durante a era das perseguições, Cristo sofria junto com os mártires as tribulações. Portanto, D. Fernando, durante o seu tormento, teria sido acompanhado por Cristo.

O grande número de narrativas para descrever o caráter paciente do Infante Santo está relacionado ainda à intenção de realçar a sua condição nobre relacionando-a à ideia de que ele se autoincumbiu a função de dar exemplos virtuosos. A sua condição de nobre obrigava-o a agir exemplarmente, bem como a sua consciência de verdadeiro cristão. Portanto, ele seria a pessoa que melhor suportaria qualquer tipo de adversidade; afinal, Cristo o auxiliaria. Assim, todos aqueles que estivessem em uma situação social inferior à sua seriam constrangidas a segui-lo e a dar um verdadeiro testemunho de fé, tal como os mártires o fizeram. Na realidade, a análise da representação do Infante Santo, conduz à conclusão de que, para aumentar o capital simbólico da dinastia de Avis, Álvares o representou como um santo dinástico.

As declarações de Álvares desde o prólogo de sua hagiografia evidenciam que D. Fernando era um santo de *beata stirps*. Afinal, o hagiógrafo afirma ter sido testemunha ocular das suas grandes virtudes.

> Porende eu, que fuy dos chamados e escolhidos pera o convite postumeiro, onde em lugar de pam se comeu amargura e o bever com lagremas foy mesturado, de que se escrepve que, como ho Senhor muito mase os seus, na fim os amou muito mais e, feita a çeea e eu avondado de tam tristes manjares, sobre o regaço do Senhor me acostey, *onde me muytos sagrados forom revelados, polo que nom som ousado d'encobir tanta claridade e lume de merecimento que em nosos dias o piadoso Deus fez eslcareçer do linhajem reall dos portugueses.*[11]

Os segredos aos quais alude o autor dizem respeito ao Infante Santo ter conhecimento prévio sobre a sua morte na África e ao fato de que ele teria sido visitado em sonho pela Virgem Maria, São João Evangelista e São Miguel. Álvares, desde o início de sua hagiografia, estabelece uma relação entre a santidade do Infante Santo e as virtudes de sua família. Inclusive, ele chegou a textualmente escrever essa ideia. Para o autor, como os parentes de D. Fernando eram virtuosos e isso era comprovado de forma pública e notória, o príncipe as havia herdado dos seus progenitores;[12] tal representação está presente nos outros hagiógrafos.

O autor desconhecido do sumário sublinhou como a sua mãe ter-lhe-ia acrescentado suas virtudes porque ela era proveniente de casa de Lencastre,[13] portanto, havia recebido uma herança de virtudes advinda dos Plantagenetas ingleses. Assim, vincula-se, por meio da mãe, D. Fernando a uma importante casa dinástica, a qual já fora agraciada com a santidade de um dos seus membros. Para Cardoso, D. Filipa Lencastre teria feito da educação espiritual desse príncipe um espelho para o reino e uma forma de agradar a Deus.[14]

O fato de que o Infante Santo fizesse parte de determinadas atividades do mundo da corte apenas para agradar ao rei e não desobedecer às hierarquias da nobreza também foi bastante explorado por todas as suas hagiografias. Segundo essa imagem, ele jamais desrespeitava os protocolos da corte, muito embora preferisse a reclusão de sua casa porque ela oferecia condições para uma melhor contemplação religiosa. D. Fernando evitava usar roupas suntuosas e só usava-as para honrar o seu rei e seguir os decoros da vida de corte.[15]

O príncipe preferia manter-se distante dos assuntos seculares, por considerá-los inapropriados aos "alistados na milícia Divina".[16] Na verdade, segundo essa narrativa, D. Fernando fez uma alusão direta à segunda Epístola de Paulo a Timóteo. Outra vez, a referência bíblica retirada da hagiografia apresenta uma intertextualidade que menciona o problema da prisão. Embora não se saiba ao certo quando Paulo foi preso pela segunda vez, acredita-se que ele tenha escrito a epístola encarcerado em Roma, onde aguardava a sua execução. De um modo geral, pode-se dizer que a epístola é um apelo de Paulo para que Timóteo cumpra o seu papel evangelizador.

Para enaltecer ainda mais a nobreza do príncipe, Álvares reproduz determinadas declarações que D. Fernando fez durante o seu cativeiro. A visão que o príncipe fazia de si mesmo é bastante diferente daquela escrita por seus hagiógrafos. D. Fernando via-se como indigno perante as virtudes dos seus familiares. Segundo o Infante Santo, ele gostaria de ter sido, pelo menos, "semelhante aos de menos estado",[17] ou seja, ser semelhante em virtudes ao membro mais ignóbil de sua família. Para D. Fernando, se ele não fosse tão indigno, teria morrido durante os combates em Tânger, porque todos os nobres que lá perderam as suas vidas transformaram-se em santos mártires.

Como D. Fernando considerava-se inferior em virtude em relação à sua família, teria usado o tempo de seu encarceramento para poder aproveitar os sofrimentos e, assim, tornar-se digno de sua estirpe. Dentro desse raciocínio, podem ser analisadas as narrativas nas quais o príncipe solicitava aos seus algozes para que poupassem os demais cristãos dos sofrimentos e transferi-los para ele.

> [...] passou por ali um amigo íntimo de Lazareque, chamado Lahezencalzal. O Infante pediu-lhe uma audiência, e assim lhe falou: "Antes de tudo gostaria que Vossa Excelência soubesse que não foi pela força das armas ou por fraude, mas *por livre e espontânea vontade* que eu e meus companheiros nos entregamos em vossas mãos, como condição de que Ceuta voltasse a vossas mãos e, para que cada povo, com sua lei, ficasse livre e eu também. *Por isso me parece que não deveríeis tratar tão cruelmente a estes meus companheiros que são inocentes. Dizei, portanto, ao vosso Senhor que me castigue a mim só*, e os poupe. Se ele, porém, não quiser, que pelo menos me conceda a graça de jamais me separar deles, sempre ser tratado como eles.[18]

A passagem acima indica uma ideia importantíssima presente em todas as hagiografias. Depreende-se que ele se responsabilizava pela sorte dos cristãos presos. Por isso, colocava-se na condição de protegê-los. Provavelmente, essa ideia mantivesse relação com uma outra representação muito forte produzida pelos monarcas de Avis, segundo a qual a monarquia tinha o ofício de zelar por seus súditos.

As interpolações realizadas por Ramos à edição da hagiografia de Álvares no século XVI são reveladoras de como a associação entre a santidade do príncipe e as virtudes de sua família de fato ficaram atreladas ao culto do Infante Santo.

> Isto assi acabado el Rey dom Afonso fez fazer as exequias & hóras muy inteiramente ao Iffante dom Fernãdo seu tio. E comprindo todas as cousas, que á sua alma pertenciam, como era obrigado, mandou sua ossada pera o moesteiro da Batalha da ordem de Sam // Domingos que elRey dom Ioam primeiro de boa memoria pay deste sancto Iffante fundou, & dotou aos frades Prégadores, em memoira & reconhecimento de graças a Deos & á virgem nossa Senhora, polla victoira que neste lugar e terra he deram famossisima, onde jaz com os Iffantes seus filhos & outros Principes & Reis. A ossada do sancto Iffante foi leuada com muita honra, pompa, & solennidade: Onde oje em dia jaz. Que seg-udo suas obras, cremos que alcançou em ceo a bemauenturança, & na terra tam famosa & sancta memoria.[19]

Novamente, retoma-se o mosteiro da Batalha como o lugar central desse culto devido à sua associação às vitórias de D. João I que, segundo se apregoava pela prosa de Avis, teriam sido obtidas por meio da intercessão da Virgem Maria. Aliás, foi a mesma Virgem que anunciou ao Infante Santo a sua morte. Através da forma como a santidade de D. Fernando foi construída, notou-se que as suas virtudes heroicas mantinham relações com as virtudes que eram tributadas a essa casa dinástica.

Notas

1 Para maiores informações sobre as polêmicas que envolveram esse episódio. Cf. SANTOS, Domingos Maurício dos. *D. Duarte e as responsabilidades de Tânger (1433-1438)*. Lisboa: Comissão Executiva do V Centenário da Morte do Infante D. Henrique, 1960. DUARTE, Luís Miguel. *Reis de Portugal. D. Duarte réquiem por um rei triste*. Lisboa: Temas & Debates, 2007.

2 Compreende-se o conceito de propaganda conforme o proposto por Soria. Cf. NIETO SORIA, José Manuel. *Fundamentos ideológicos del poder real en Castilla (XIII-XVI)*. Madrid, Eudema, 1988. *Idem. Ceremonias de la realeza. Propaganda y legitimación en la Castilla Trastámara*. Madrid: Nerea, 1993.

3 Em relação à capitulação Cf. ALBUQUERQUE, Luís de; DOMINGUES, Francisco Contente. *Dicionário de história dos descobrimentos portugueses*. Lisboa: Círculo de Leitores, 1994, 2 vols. Especificamente, a página 413 do volume I.

4 CALADO, Adelino de Almeida. *Subsídios para a bibliografia do Infante Santo*. Separata de: Arquivo de Bibliografia Portuguesa. Coimbra: [s.e.], Ano III, – nsº. 13-14, p. 5-27, [s.m.]. 1958; *Idem*. Frei João Álvares. *Estudo textual e literário-cultural*. Coimbra: Editora da Universidade de Coimbra, 1964.

5 FONTES, João Luís Inglês. *Percursos e memória: Do Infante D. Fernando ao Infante Santo*. Cascais: Patrimonia, 2000.

6 ÁLVARES, Frei João. "Trautado da vida e feitos do muito vertuoso S.or. Infante D. Fernando." In: CALADO, Adelino de Almeida. *Frei João Álvares. Obras*, vol. I. Edição crítica. Coimbra: Universidade de Coimbra, 1960.

7 FONTES, João Luís Inglês. *Percursos e... op. cit.*, p. 13.

8 Para maiores informações sobre a importância do patrimônio desse infante. Cf. *idem. A Casa senhorial do Infante D. Fernando. Media Aetas. Morar tipologia, funções e quotidianos da habitação medieval*. Separata de: Media Aetas. Lisboa: nº 3 e 4, p. 103-39, [s.m.]. 2000/2001.

9 Consideram-se como hagiografias do Infante Santo os seguintes textos: Daniel van, PAPENBROECK. AA.SS. Junii. Tomo I. Antuérpia: Tipografia de Henrique Thieulier, 1695, p. 563. Secção dos Reservados, Biblioteca Pública Municipal do Porto, cota, F – 12 – 1.; Ms. Vat. 3634. In: SÃO BOAVENTURA, Frei Fortunato de (tradução). *Summario da vida, acçoens e gloriosa morte do senhor D. Fernando – chamado o Infante Santo*. Coimbra: Universidade de Coimbra, 1958. A fotocópia do manuscrito

original encontra-se na Secção dos Reservados, Biblioteca Geral da Universidade de Coimbra, cota, fot. 69. A tradução não reproduziu o fólio 1 no qual há uma representação iconográfica do infante santo. ÁLVARES, Frei João. *Trautado da... op. cit.*; CARDOSO, George. *Agiologio Lvsitano dos sanctos, e varoens ilvstres em virtude do reino de Portvgal, e svas conqvistas,* tomo III. Lisboa: Officina de António Craesbeeck de Mello, 1666. Secção de Obras Raras, Biblioteca Pública Municipal do Porto, cota, E-11-30. ÁLVARES, Frei João. *Chronica dos feitos, vida e morte do Iffante [sic] sancto Dom Fernando que morreo em Feez.* In: RAMOS, Jerónimo de. *Reuista & reformada agora de nouo/ pelo padre frey Hieronymo de Ramos da Ordem dos Preegadores.* Lisboa: António Ribeiro, 1577. Biblioteca Nacional de Lisboa, cota, F. 6727 microfilme.

10 Rm 5; 1-7. Destaque.
11 ÁLVARES, Frei João. *Trautado da... op. cit.*, cap. II, p. 4. Destaque.
12 Cf. *Ibidem*, cap. II, p. 6.
13 Ms. Vat. 3634. In: SÃO BOAVENTURA, Frei Fortunato de (tradução). *Summario da... op. cit.*, p. 9-10.
14 Cf. CARDOSO, George. *Agiologio Lvsitano... op. cit.*, p. 544.
15 Cf. AA.SS...*op. cit.*, p. 564. Tradução livre.
16 Ms. Vat. 3634. In: SÃO BOAVENTURA, Frei Fortunato de (tradução). *Summario da... op. cit.*, p. 17.
17 ÁLVARES, Frei João. *Trautado da... op. cit.*, cap. XXXI, p. 68.
18 AA.SS...*op. cit.* , p. 574-575. Tradução livre. Destaque.
19 RAMOS, Jerónimo de. *Reuista &... op. cit.*, fol. 142.

Assistencialismo e imaginário régio à época joanina (Portugal – século XV)

Priscila Aquino Silva
(Doutoranda UFF/Scriptorium)

Fala-se de uma época de transformações profundas. São mudanças trazidas pelos ventos do fortalecimento do poder régio que, no seio do século XV, toma contornos decisivos. Pelas firmes mãos de D. João II (1481 a 1495), Portugal vive um período de paz com Castela, de financiamento e incentivo à expansão marítima, de retirada dos privilégios e prerrogativas senhoriais da nobreza de terras. Mas o que nos interessa de perto nessa grande viragem rumo à modernidade é a esfera assistencial. Aquela que trata dos pequenos atores sociais, dos pobres e miseráveis, dos vagabundos e marginais. Pobreza fortemente identificada com a vida de Cristo e depositária da salvação. E é no domínio da assistência que rei e rainha, D. Leonor, têm um papel crucial na consolidação de um novo modelo assistencial, em que o Estado começa a centralizar as ações de amparo aos desvalidos, a justiça e a própria espiritualidade. Nesse contexto de rupturas, a imagem heráldica escolhida pelo casal régio não poderia ser mais reveladora: o pelicano.

Animal que no imaginário medieval bica o próprio peito para alimentar e salvar seus filhotes famintos, a imagem do pelicano remete a uma metáfora de uso político profundo: a do Cristo redentor crucificado, no momento capital da salvação dos fiéis. Tomando para si o sentido de justiça de forma explícita, a empresa é rodeada pela divisa, com a seguinte inscrição: *"Por tua ley, e por tua grey"*.[1] Presente na sagrada escritura, a imagem do pelicano possui respaldo na autoridade bíblica como alegoria da solidão e do eremita: "Tornei-me como o pelicano no ermo (Salmos 101, 7)".[2] Dessa imagem singular transbordam inúmeros sentidos: proteção, paternalismo, força, messianismo, justiça, salvação, solidão. A densidade da dimensão simbólica da figura do pelicano não é impune. Sua riqueza está enraizada na mitologia cristã, possui íntima afinidade com o discurso messiânico de sacralização das "origens", marcadamente presente na Dinastia de Avis, e com os ideais governativos da Idade Média: o rei justo e juiz, protetor e cristão.

Contudo, a questão que se coloca é a relação entre a escolha de tal imagem e o pioneirismo da política assistencialista consolidada pelo casal régio. Por que, afinal, o poder régio passa a se ocupar de uma esfera que durante toda a Idade Média foi descentralizada, caracterizada por iniciativas individuais de pessoas que agem como "o pecador que busca a redenção",[3] e dirigida em suas diversas formas por religiosos? Tema complexo e polivalente, não se pode falar em assistência sem questionar a quem ela se propunha socorrer. Quem seriam, então, esses personagens que precisavam da proteção do ninho do pelicano? Que necessitavam da justiça régia? Ou seja, é preciso inevitavelmente falar sobre eles: os pobres e marginalizados na sociedade portuguesa medieval.

Conceito relativo e repleto de variações, a pobreza precisa ser definida em sentido lato: para Mollat o pobre é aquele que, de forma permanente ou temporária, se encontra diante uma situação de fraqueza, de dependência e de humilhação caracterizada pela privação dos meios, variáveis segundo sua época e sociedade, de potência e consideração social: dinheiro, relações de influência, poder, ciência, qualificação técnica, honra de nascença, vigor físico, capacidade intelectual, liberdade e dignidade pessoal.[4] Nas ordenações e cortes portuguesas a noção de pobreza é acompanhada de perto pela noção de justiça social, e, consequentemente, pelo ideal de rei justo.[5] Proteger os fracos, agir com justiça e equidade, manter a paz são virtudes que acompanham o bom rei.

Na esfera mental o pobre ocupa um lugar especial. A Bíblia, texto básico para compreender o período medieval, não se furta de fazer um elogio da pobreza: "Felizes os pobres porque deles será o reino dos céus" (Mt.,5-3). "Mais fácil será passar um camelo pelo buraco de uma agulha do que um rico entrar no reino dos céus" (Lc., 18-25).[6] Mas apenas nos séculos XI e XII, através das ideias dos Padres da Igreja e da atividade monástica oriental, a pobreza começa a ser vista como um valor espiritual. Cresce a convicção de que os pobres, réplicas do Cristo sofredor – que nasceu e viveu na pobreza – partilhariam com ele a sua função salvadora. Nesse contexto se desenvolvem as Ordens Mendicantes, inspirada por sentimentos de paixão e caridade, fonte segura para obter a salvação. O papel dos mendicantes é proclamar o valor humano do pobre e sua sacralização pelo modelo de Cristo. Ao fim do século XII a expressão *Pobres de Cristo*, usada para designar preferencialmente religiosos, é alargada para designar os miseráveis, agora considerados como vigários de Cristo.[7]

A partir do século XII a caridade se reveste de novas fórmulas e se assiste a um fato novo no Ocidente: a predileção mística pela pobreza[8]. Maria José Pimenta Ferro explica que o pobre se torna escatologicamente necessário. A esmola se apresenta como instrumento que permite a remissão dos pecados e a presença dos pobres se inscreve na sociedade cristã no plano da salvação, meta almejada por todo cristão. Nesse sentido, o dever da caridade se inscreve numa "economia da salvação". Esmolas e orações eram usadas como moedas de troca simbólica, a sobrevivência de uns, pela salvação eterna de outros tantos.

E a pobreza tem um lugar privilegiado: o coração da cidade. Lugar de produção e de trocas, eivado por novos valores mercantis, por novos atores sociais – como o intelectual, o mercador e o marginal – a cidade é um lugar em formação, policêntrico e multifacetado, permeado de espaços não construídos e de enclaves rurais. A cidade é espaço de antagonismos sociais. Gueremek[9] nota que na virada do século XV para o século XVI as cidades não souberam criar para os recém-chegados estruturas de adaptação capazes de enquadrar o afluxo maciço de gente sem qualificação profissional e não familiarizada com o modo de vida urbano. Vários fatores colaboraram para isso: mudanças nos modos de produção urbana e a migração maciça decorrente da explosão demográfica e do processo de pauperização no campo tornaram inoperante o sistema tradicional de assimilação dos marginais que chegavam às cidades. Maria José Pimenta Ferro também destaca que desde o século XIII ficava óbvia uma mudança no rosto dos pobres em Portugal. A pobreza deixava de ser conhecida e circunscrita, para tomar o rosto do mendigo desconhecido nas cidades. Vauzhez salienta que existe uma evolução na própria noção de "próximo" que precisa ter estendida a mão caridosa: não são mais apenas viúvas e órfãos, como também as vítimas de injustiças e todos que vivem à margem da sociedade – leprosos, prostitutas, doentes, errantes etc.[10]

Contudo, não bastava dar. Era preciso também fazer prevalecer a justiça nas relações sociais. Essa é uma importante faceta da relação do poder régio com os pobres na Idade Média: fazer justiça e controlar as violências. A inferioridade dos pobres diante dos por frente aos julgamentos é um escândalo cotidiano. Hospitais e gafarias são as principais instituições de assistência da Idade Média, mas também albergarias, mercearias e a ação das Confrarias são importantes em Portugal. Contagiosa, a lepra gera a necessidade de vigilância e controle, que passam pela segregação social do doente para preservar a saúde pública. Por isso, as leprosarias deixam nítidas as relações entre as instituições de assistência e os poderes públicos.[11]

Cresce a mobilidade populacional do campo para o meio urbano. A recessão demográfica do século XIV na Europa trazia consigo elementos como a peste, as fomes, a evasão dos campos, a proletarização das cidades, a multiplicação dos mendigos e o aumento da criminalidade.[12] E em Portugal não seria diferente. Oliveira Marques estima que havia tanta gente em Portugal em 1347 como no começo do século XV, cerca de 1.500.000 indivíduos, menos de 17 habitantes/km².[13] A recuperação populacional dessa crise só se nota no Reino a partir de 1460. E em 1472 o fenômeno de crescimento populacional é notório, quase um disparo. Tanto que nas Cortes de Coimbra-Évora, os deputados do povo dirigem-se a D. Afonso V dando louvores a Deus pela gente que crescia.[14] O numeramento feito em 1527 revela a alta densidade populacional da cidade de Lisboa: de 50.000 a 60.000 habitantes

É nesse momento, de crescimento populacional, que o projeto assistencial em Portugal começa a ser remodelado tendo como agentes D. João II e D. Leonor. A primeira intervenção do *Príncipe Perfeito* em assuntos de assistência data de 1479 quando, ainda príncipe, pede ao Papa Sisto IV autorização para reunir num só vários hospitais.[15] Já como rei, renova o pedido ao Papa Inocêncio VIII, em 1488. Deste modo conseguiu reunir em apenas um, o Hospital de Jesus Cristo, o mais importante de Santarém, 11 hospitais. Em 1492 assistiu pessoalmente ao início das obras do Hospital de Todos os Santos no qual reuniu 43 hospitais, quase todos os hospitais de Lisboa. Já em 1488 concede a pedido da Rainha D. Leonor privilégios múltiplos e importantes às pessoas que quisessem habitar o sítio, até então desamparado, onde se fundou em 1485 a vila das Caldas.

Independentemente da ação e estímulos dados em vida, D. João II deixa em seu testamento indícios fundamentais para compreensão da remodelação da assistência no final do século XV e começo do XVI. Lá, ao seu testamenteiro, o franciscano Frei João da Póvoa, o rei marca a importância da ação assistencial: *"Porque tenho muita devoção nas obras de caridade que são muito aceitas a Nosso Senhor e proveitosas para as almas dos que as fazem e edificam e consolam os próximos"*[16] e continua com a ordem de doação de 20 justos a cada 41 órfãs para ajuda em seus casamentos, e a retirada de 41 cativos portugueses desamparados doando outros 20 justos a cada um. No testamento o rei reconhece que sua *"tenção é mandar fazer pelo amor de Deus um hospital em Lisboa da advogação de Todos os Santos"*[17]. Também aí se concretiza o caráter de troca simbólica que as ações assistenciais possuíam durante o período: no Hospital de Todos os Santos os capelões precisavam rezar duas missas de sufrágio, uma pela alma de D. João II e outra pela de D. Leonor.[18]

É preciso notar que misericórdia, devoção e piedade eram atributos magnânimos dos monarcas, mas também campos menos formais de exercício do poder, e, por isso mesmo, território de exercício de poder das rainhas[19]. A centralização hospitalar empreendida por D. João II tinha como objetivo a uniformização da assistência. É nesse contexto de reforma das instituições assistenciais que se pode compreender a criação de uma importante instituição graças à ação da rainha D. Leonor: a confraria da Misericórdia de Lisboa, em 1498, que rapidamente estimulou outras ao longo do Reino. Os pobres, os doentes e os presos eram os principais beneficiados pela ação das Misericórdias. Visivelmente comprometida com investimentos nos domínios da saúde e da assistência, a iniciativa da rainha não pode ser vista como isolada. As Misericórdias acabam por se transformar em um poderoso movimento informado pela caridade cristã, que assumiu, na prática, a maior parte da atividade assistencial.[20]

Nesse sentido, a pesquisa procura enveredar na busca das ações efetivas de D. João II e D. Leonor que possibilitaram a criação de uma imagem protetora e paternalista contida na forte figura do pelicano. Manuela Mendonça nos dá uma pista quando faz a tipologia dos documentos da chancelaria régia. A historiadora nota que as cartas de perdão, por exemplo, são documentos que servem de sinal e testemunho da bondade e da grandiosidade régia concretizada no perdão. Um rei que emite muitos documentos deste tipo é considerado piedoso e bondoso. Nesse sentido, as CCCLXXIX cartas de perdão publicadas por Laranjo Coelho[21] emitidas no reinado de D. João II confirmam a hipótese de um rei preocupado com a realização de ações que efetivamente permitem a construção de uma imagem de proteção e paternalismo, e são, segundo Manuela Mendonça, sinal e testemunho da bondade régia.

Presente na construção narrativa de D. João II e de D. Leonor, a caridade cristã manifesta no ato de dar esmolas ajuda a edificar uma imagem de proteção, justiça, bondade e socorro aos pobres que identifica rei e rainha à figura do Pelicano. A figura do pelicano é extremamente reveladora quando se percebe os seus eixos de sentido: ideias como proteção, salvação, messianismo e justiça. Minha tese de doutorado pretende mergulhar nesse desafio: lançar mão da radical mudança na política assistencialista formulada à época joanina para verificar as ações régias que conferem legitimidade simbólica ao pelicano enquanto figura representativa do rei e da rainha.

Notas

1 PINA, Rui de. *Crônica de El-Rey D. João II*. Coimbra: Atlântica, 1950, p. 64
2 FOLIETO, Hugo de. GONÇALVES, Maria Isabel Rebelo (tradução). *Livro das Aves*. Lisboa: Edições Colibri, 1932, p. 101.
3 CARVALHO, Sérgio Luís. *Cidades Medievais Portuguesas. Uma introdução ao seu estudo*. Lisboa: Livros Horizonte, 1989, p. 71.
4 MOLLAT, Michel. *Les Pauvres au Moyen Âge*. Bruxelles: Éditions Complexe, 2006, p. 14

5   Tavares, Maria José Pimenta Ferro. *Pobreza e Morte em Portugal na Idade Média*. Lisboa: Editorial Presença, 1989
6   *Idem, ibidem*, p. 63.
7   Mollat, Michel, *op. cit.*, p. 149.
8   Vauchez, André. *A espiritualidade da Idade Média Ocidental. Séc. VIII-XIII*. Lisboa: Editorial Estampa. 1995, p. 127.
9   Gemeremek, Bronislaw. *A piedade e a Forca. História da Miséria e da Caridade na Europa*. Lisboa: Terramar, 1986.
10 Vauchez, André, *op. cit.*, p. 129.
11 Marques, José. *A assistência no Norte de Portugal nos finais da Idade Média*. Universidade do Porto: Faculdade de Letras, 1989.
12 Sousa, Armindo. *Condicionamentos Básicos*. In: Mattoso, José. (dir.) *História de Portugal. A monarquia Feudal*. Lisboa: Editorial Estampa, 1997, p. 283
13 Oliveira, Marques, *apud. Idem, ibidem*, p. 278
14 Sousa, Armindo, *idem, ibidem*, p. 287
15 Correia, Fernando da Silva. *Estudos sobre a História da Assistência. Origens e Formação das Misericórdias Portuguesas*. Lisboa: Instituto para Alta Cultura, 1944.
16 Sousa, D. Antônio Caetano. *Provas da História Genealógica da Casa Real Portuguesa*, tomo II. Lisboa: Academia Real, p. 167
17 *Idem, ibidem*.
18 Correia, Fernando da Silva, *op.cit.*, p. 535.
19 Lourenço, Maria Paula. "D. Leonor de Lencastre (1471-1525): Imagem e poderes da Rainha-Mãe". In: *O tempo histórico de D. João II nos 550 anos do seu nascimento*. Lisboa, 2005.
20 Marques, José, *op. cit.*, p. 79.
21 Segundo: Mendonça, Manuela. *D. João II – Um percurso humano e político da modernidade em Portugal*. Imprensa Universitária. Lisboa, Editorial Estampa, Ltda. 1991, p. 299.

Bibliografia

Carvalho, Sérgio Luís. *Cidades Medievais Portuguesas. Uma introdução ao seu estudo*. Lisboa: Livros Horizonte, 1989

Correia, Fernando da Silva. *Estudos sobre a História da Assistência. Origens e Formação das Misericórdias Portuguesas*. Lisboa: Instituto para Alta Cultura, 1944.

FOLIETO, Hugo de; GONÇALVES, Maria Isabel Rebelo (tradução) *Livro das Aves*. Lisboa: Edições Colibri, 1932.

GEMEREMEK, Bronislaw. *A piedade e a Forca. História da Miséria e da Caridade na Europa*. Lisboa: Terramar, 1986.

LOURENÇO, Maria Paula. "D. Leonor de Lencastre (1471-1525): Imagem e poderes da Rainha-Mãe". In: *O tempo histórico de D. João II nos 550 anos do seu nascimento*. Lisboa: 2005.

MARQUES, José. *A assistência no Norte de Portugal nos finais da Idade Média*. Universidade do Porto: Faculdade de Letras, 1989.

MENDONÇA, Manuela. *D. João II – Um percurso humano e político da modernidade em Portugal*. Imprensa Universitária. Lisboa: Editorial Estampa, Ltda.

MOLLAT, Michel. *Les Pauvres au Moyen Âge*. Bruxelas: Éditions Complexe, 2006.

SOUSA, Armindo. *Condicionamentos Básicos*. In: MATTOSO, José. (dir.) *História de Portugal. A monarquia Feudal*. Lisboa: Editorial Estampa, 1997.

SOUSA, D. Antônio Caetano. *Provas da História Genealógica da Casa Real Portuguesa*, tomo II. Lisboa: Academia Real. MCMLV.

TAVARES, Maria José Pimenta Ferro. *Pobreza e Morte em Portugal na Idade Média*. Lisboa: Editorial Presença, 1989.

VAUCHEZ, André. *A espiritualidade da Idade Média Ocidental. Séculos VIII-XIII*. Lisboa: Editorial Estampa, 1995.

Ócio e poder: um estudo sobre a literatura técnica da Dinastia de Avis (Portugal – XIV/XV)

Jonathan Mendes Gomes
(Mestrando – UFF/Scriptorium)

Sabe-se da polêmica que gira em torno de se considerar a Revolução de 1383, que dá inicio à Dinastia de Avis, como um processo revolucionário, em vista de não ter rompido com as antigas estruturas da sociedade portuguesa. No entanto, partilho da ideia de José Mattoso a respeito do mesmo processo ter trazido consigo uma série de mudanças consideráveis que nos permitem caracterizá-lo dessa forma. Principalmente no que diz respeito à nobreza, profundamente afetada por mutações tanto em sua composição quanto em sua mentalidade.[1] D. João I subiu ao trono após a resolução da crise dinástica que se iniciou com a morte de D. Fernando. Sua ascensão representou a vitória das novas estruturas, vinculadas às cidades, ao comércio e à corte, que ganhavam espaço em detrimento das antigas estruturas feudais. Isto explica o fato de ter alcançado o apoio das mais importantes cidades do Reino, e da nobreza de segunda, aspirando ascender socialmente.[2]

Entretanto, muitos foram os que questionaram a legitimidade da decisão das cortes, o que tornou este período inicial marcado por relações ainda instáveis.[3] Esta conjuntura justificou a necessidade da nova dinastia buscar formas de se legitimar aos olhos de seus súditos e dos estrangeiros deveriam. Junto com a propaganda dinástica, e num claro processo de centralização do poder régio, também carecia a nova dinastia de mecanismos que impusessem a autoridade monárquica sobre os concelhos, o clero e a nobreza.

A efervescência política deste período fundamentou uma reordenação da sociedade em todos os seus âmbitos, e é dentro deste quadro que Paulo Accorsi destaca a importância de um instrumento ideológico que fosse responsável por reestruturar a visão da sociedade, de modo que os sentimentos e comportamentos pudessem ganhar novos significados.[4] O processo de centralização monárquica e a consequente monopolização dos poderes vinha acompanhado não apenas da estruturação de uma identidade portuguesa. Trouxe também consigo a constituição de uma corte capaz de difundir novos modelos de sociabilidade, e controlar os afetos e condutas tanto dessa nova nobreza que ascendia, quanto da velha nobreza, que se via forçada a se adaptar ao contexto. Essa corte tinha o soberano como figura central, fato que legitimava a autoridade deste por se constituir como exemplo dos ensinamentos morais a serem seguidos, e também como mediador dos conflitos existentes nesta nova sociedade mais heterogênea e segmentada.

Definidos por muitos autores como a Ínclita Geração, a Dinastia de Avis foi marcada por representantes preocupados não apenas com avanços territoriais e guerras. A promoção da cultura era extremamente valorizada por reis como D. João I, D. Duarte e D. Pedro, que manifestavam um gosto especial pela reflexão e pela justificação de seus atos.[5]

Por ter a corte como foco de divulgação, o ambiente literário cultivado pelos monarcas não escapou a seu moralismo. Mattoso caracterizou os reis da Dinastia de Avis como devotados a ensinar, e estavam frequentemente emitindo juízo moral a respeito de tudo que liam e que presenciavam em seu cotidiano. E não se contentavam apenas em ler os famosos textos bíblicos ou os tratados herdados da antiguidade, puseram-se também a escrever: tratados, conselhos, cartas e livros.[6] E no vigor deste ato, valorizaram a prosa como instrumento mais apropriado que a lírica para ensinamentos sobre moral e virtude, necessários a uma sociedade que se transformava e que precisava constantemente do enquadramento de suas condutas. Assim vemos surgir um conjunto de textos chamados de *Prosa Moralística* da Dinastia de Avis, que engloba livros como o *Leal Conselheiro*, a *Virtuosa Benfeitoria*, o *Livro dos Ofícios*, entre outros.

Esta literatura uniu-se ao gosto pela experiência, a observação empírica da natureza, o uso dos sentidos físicos, como o faziam os caçadores que se entregavam diariamente na atividade da montaria,[7] dentre os quais se incluem os príncipes de Avis. E assim surgiu a *Literatura Técnica* da Dinastia de Avis.

Assim, é envolvido nesse quadro que situo a *Arte de Bem Cavalgar Toda Sela*, escrita por D. Duarte, um tratado técnico de uma atividade ao mesmo tempo lúdica e militar bastante apreciada pelos cavaleiros da época. O universo dos jogos, como a caça, os torneios e a falcoaria, já estava bem enraizado na cultura cavaleiresca, como necessário à preparação do cavaleiro para a guerra, além de canalizador da violência em tempos de paz.[8] Assim como D. Duarte reclama também em seu livro das "manhas" que no seu tempo haviam decaído do uso dos nobres e que era necessário fortalecê-las.[9] No entanto, as práticas destes jogos parecem ter ido bem mais além do que os objetivos puramente bélicos do período feudal anterior. Os príncipes de Avis cada vez mais se preocupam com os problemas morais seja da caça e das demais atividades físicas, as quais tentavam equilibrar com as letras.[10]

As transformações que esta sociedade produziu em sua própria visão de mundo afetou também estas atividades da nobreza dando-lhes uma forte dimensão espiritual e moralística. Esta veio a afetar o próprio ideal cavaleiresco, que passou a ser relido segundo os interesses da realeza, a fim de espiritualizar as experiências físicas da nobreza através de um código de disciplina moral.[11] D. João I se mostrava como grande teorizador a respeito da relação entre corpo são e mente sã, teoria resgatada da antiguidade, e que levava em consideração quando na educação dos jovens na corte alerta para a união que deve existir entre a arte corporal e a espiritual.[12] E seu filho D. Duarte o seguiu. É possível ver nas obras destes homens uma série de passagens e capítulos que trazem implicitamente códigos de postura e comportamento, além de virtudes que devem ser cultivadas nesta sociedade próxima ao rei que é a corte.

De fato é visível entre as linhas do tratado sua intenção pedagógica. D. Duarte, príncipe letrado, preocupava-se realmente com algo mais do que combates e política, ele entendia que sua corte deveria ser bem ensinada:

Mas esto faço por ensynar os que tanto nom souberem, e trazer em renembrança aos que mais sabem as cousas que lhes bem parecerem, e nas fallecidas enmendando no que screvo a outros podeerem avysar.[13]

Cabe lembrar que na sociedade do ocidente medieval cabia aos nobres que compunham a corte a função militar. Eram chamados de *bellatore*. Ou seja, os valores correntes desta corte envolvem uma apologia à guerra, fonte de recompensas e promoções para muitos jovens cavaleiros. E

...bem se pode entender a grande vantagem que tee os boos cavalgadores nos feitos de guerra ... pois He hua das melhores que os guerreyros devem aver.[14]

Não se deve concluir que a preocupação pedagógica e militar negligenciasse a visão de D. Duarte a respeito do caráter lúdico da arte de cavalgar, até porque em seu tratado lazer e educação são coisas que não parecem estar dissociadas. O bom lazer é o lazer proveitoso:

...por o grande proveito e folgança que dellas muytas vezes percalçom e filham os que dellas sabem husar...[15]

Esta nobreza cortesã praticava todos os jogos, e neles exibia seu poder e riqueza, fazendo deles material de sua distinção quanto ao resto da sociedade, a ponto de muitas vezes usarem de repressão com o intuito de proibir certos jogos, exclusivos de seu grupo. A própria segunda parte do tratado de D. Duarte se dedica exclusivamente ao poder, tanto do corpo quanto da fazenda, ou seja, riquezas necessárias para comprar e governar as bestas. As seguintes passagens revelam este caráter:

Mas aquel que destas três [poder, vontade e saber] for desamparado, nom espere por bem cavalgar, justar, dançar, nem por outra

> manha que assy como cavalleiro ou scudeiro muyto possa valer; bem poderá seer que vallerá como homem servyçal de mester ou jogra'"[16]

> Por que veróm os outros, que som para ello tam pouco a vista perteencentes como elles [nobres], averem assaz boa soltura naquela manha...[17]

> ...e outra que mostra o poder do corpo de da fazenda, que a mayor parte de todos [nobres] tee em abastança...[18]

A consciência da necessidade de civilizar os homens que mais de perto o rodeavam justifica a preocupação de D. Duarte em unir a tradição moralística e o gosto pelas atividades físicas, criando uma rica literatura técnica que não só ensina a arte das atividades preferidas como a caça e a montaria, como elucidam sobre o exercício do governo e sobre a arte de ser são tanto em corpo quanto em mente (alma sem vícios). Isso explica o extremo valor de uma obra deste porte. A importância que o autor dá às virtudes e posturas vão se mostrando ao longo de toda a obra:

> ... de fazer todallas cousas virtuosamente e lealmente a deos e aos homees, e teerem boa e razoada fortalleza do corpo e do coraçom, per que averám poder de cometer, contradizer e soportar todas as cousas fortes e contrarias, e sseerem sabedores per boas speriencias e natural entender das cousas que perteecem a sseus estados e ofícios ... e filham os que dellas sabem husar, resguardando geytos e tempos segundo compre pêra bem fazerem[19]

> ... hua virtude que chamam grandeza de coraçom, e diz que faz ao homem teerse em conta pêra obrar toda cousa ... Requeresse a quem ouver esta virtude que el se tenha em boa styma pêra fazer grandes e boos feitos segundo a pessoa for...[20]

Na *Arte de Bem Cavalgar Toda Sela*, por exemplo, vê-se capítulos exaltando a capacidade de ser forte ou de ser sem receio, de ser solto e *assessegado*, e muitas outras virtudes listadas por D. Duarte como indispensáveis aos nobres.

O fato é que o Paço constituiu-se no local onde o exercício do poder régio realizou uma produção de sentido voltado para o controle não só moral, mas também político desta nobreza que se formava a seu redor. E a corte se consolidou como ambiente de recepção e circulação dos discursos de domesticação da nobreza, ou seja, do próprio ato civilizatório. Parte deste controle era voltado para o policiamento da violência, tão característico desta sociedade nos períodos anteriores, e isso se fez em grande parte com o controle de seu tempo, do ócio a que estava submetida, em contraste ao controle exercido no terceiro estado através do trabalho. Desta forma, e como já analisou Huizinga em *O declínio da Idade Média*, os jogos, que já se ocupavam antes desta Dinastia na transposição das tensões pessoais, se tornaram um instrumento valioso para a educação dos cortesãos, e se transformaram em algo mais que uma atividade de caráter puramente físico. E é assim que a literária técnica da Dinastia de Avis, influenciada por um moralismo subjacente a um poder que em seu processo de legitimação criou novos valores, funciona como um código de conduta na corte.[21]

Notas

1 MATTOSO, José A. "A Nobreza e a Revolução de 1383". In: *Fragmentos de uma Composição Medieval*. Lisboa: Editorial Estampa, 1987, p. 278.
2 MATTOSO, José A. "Introdução". In: *A nobreza Medieval Portuguesa. A família e o Poder*. Lisboa: Editorial Estampa, 1987, p. 15.
3 MATTOSO, José (dir.). "D. João I". In: *História de Portugal*, vol. II. Lisboa: Editorial Estampa, 1993, p. 497.
4 ACCORSI, Paulo. "Introdução". In: *Do azambujeiro bravo à mansa oliveira portuguesa: Prosa civilizadora da Corte do Rei D. Duarte (1412-1438)*. Niterói: UFF, 1997, p. 13.
5 SARAIVA, José A. "Fernão Lopes e a Prosa no século XV" In: *Iniciação na Literatura Portuguesa*. Lisboa: Gradiva-Publicações Ltda, 1994, p. 30.
6 MATTOSO, José (dir.). "Prosa Moralística e Técnica" In: *História de Portugal*, vol. II. Lisboa: Editorial Estampa, 1993, p. 542.

7   Martins, Mário. "Experiência e conhecimento da natureza no Livro da Montaria". In: *Alegorias, Símbolos e Exemplos Morais na Literatura Medieval Portuguesa*, p. 99-100.
8   Accorsi, Paulo. "A Narrativa Civilizatória". In: *Do azambujeiro bravo à mansa oliveira portuguesa: Prosa civilizadora da Corte do Rei D. Duarte (1412-1438)*. Niterói: UFF, 1997, p. 131-2.
9   Pastoureau, Michel. "Alguns nobres *déduits*". In: *No Tempo dos Cavaleiros da Távola Redonda (França e Inglaterra, séculos XII e XIII)*. São Paulo: Companhia das Letras, 1989, p. 134.
10 Pimpão, Álvares Júlio C. "A literatuta apologética, ascética e moral: As obras dos príncipes de Avis; Obras Anônimas". In: *História da Literatura Portuguesa*, vol I (séculos XII a XV). Coimbra: Edições Quadrante Ltda, 1947, p. 231.
11 Pimpão, Álvares Júlio C. "A Educação do Príncipe". In: *História da Literatura Portuguesa*, vol. I (séculos XII a XV). Coimbra: Edições Quadrante Ltda, 1947, p. 55.
12 Pimpão, Álvares Júlio C. "O Espírito Medieval". In: *História da Literatura Portuguesa*, vol I (séculos XII a XV), Coimbra: Edições Quadrante Ltda, 1947, p. 48.
13 D. Duarte. *Livro da Ensinança de Bem Cavalgar Toda Sela*. Imprensa Nacional: Lisboa, 1986, p. 1.
14 *Idem*, p. 4.
15 *Idem*, p. 8
16 *Idem*, p. 8.
17 *Idem*, p. 71.
18 *Idem*, p.12.
19 *Idem*, p. 8.
20 *Idem*, p. 69.
21 Huizinga, Johan. *O declínio da Idade Média*. Lisboa: Ulisseia, 1924.

Bibliografia

Accorsi, Paulo. *Do azambujeiro bravo à mansa oliveira portuguesa: Prosa civilizadora da Corte do Rei D. Duarte (1412-1438)*. Niterói: UFF. 1997.

Cardini, Fanco. "O guerreiro e o cavaleiro". In: Le Goff, Jacques (dir.). *O homem medieval*. Lisboa: Editorial Presença, s/d.

Duarte, D. *Livro da Ensinança de Bem cavalgar Toda Sela*. Imprensa Nacional: Lisboa, 1986

Elias, Norbert. *O Processo Civilizador*, vol. I e II. Rio de Janeiro: Jorge Zahar, 1994.

GOMES, Rita Costa. *A Corte dos Reis de Portugal no Final da Idade Média*, Lisboa: DIFEL, 1995.

HUIZINGA, Johan. *Homo Ludens: O jogo como elemento da cultura*. São Paulo: Editora Perspectiva, 1980.

HUIZINGA, Johan. *O declínio da Idade Média: um estudo das formas de via, pensamento e arte em França e nos Países baixoa nos séculos XIV e XV*. Lisboa: Ulisseia, 1924.

LAPA, Manoel Rodrigues. *Lições de Literatura Portuguesa. Época Medieval*. Coimbra: Coimbra Editora, 1964.

MARTINS, Mário. *Alegorias, Símbolos e Exemplos Morais na Literatura Medieval Portuguesa*. Lisboa: Brotéria, 1975.

MATTOSO, José. *Fragmentos de uma Composição Medieval*. Lisboa: Editorial Estampa, 1987.

MATTOSO, José (dir.). *História de Portugal*, vol. II. Lisboa: Editorial Estampa, 1993.

MATTOSO, José. *A Nobreza Medieval Portuguesa. A Família e o Poder*. Lisboa: Editorial Estampa, 1987.

MEHL, Jean-Michel. "Jogo". In: SCHMITT, Jean-Claude (org.). *Dicionário temático do ocidente medieval*, vol I. São Paulo: Edusc, 2002.

PASTOUREAU, Michel. *No Tempo dos Cavaleiros da Távola Redonda (França e Inglaterra, séculos XII e XIII)*. São Paulo: Companhia das Letras, 1989.

PIMPÃO, Álvaro Júlio C. *História da Literatura Portuguesa, vol. I (séc. XII a XV)*. Coimbra: Edições Quadrante Ltda, 1947.

SARAIVA, J. A. *Iniciação na Literatura Portuguesa*. Lisboa: Gradiva-Publicações Ltda., 1994.

Avareza e usura no *Livro das Confissões* de Martín Pérez (bnl, ms. Alc. 377-378)[*]

José Rivair Macedo[**]
(Universidade Federal do Rio Grande do Sul)

O tema geral desta exposição não coloca maiores problemas, nem suscita grandes discordâncias entre os especialistas. Desde o estudo pioneiro de Lester K. Little sabemos bem da existência de certa conexão entre a afirmação de uma economia monetária, mercantil, a partir do século XII, e uma mudança de comportamento em relação ao acúmulo de riqueza que acaba por alçar a avareza ao topo da hierarquia dos pecados capitais.[1] Mesmo que algumas proposições de seu estudo tenham sido relativizadas por pesquisas posteriores,[2] parece não restar dúvida quanto ao fato de que a avareza, quer dizer, o desejo imoderado pelo dinheiro e pelos bens materiais, tenha ocupado lugar de primeiro plano nas preocupações dos pregadores e moralistas cristãos na Idade Média.[3]

A posição dos representantes do cristianismo em relação ao lucro, aliás, motivou o aparecimento de diversas obras dedicadas ao exame do que se costuma chamar de "doutrina econômica" da Igreja. Desde o célebre livro de Max Weber, em que as diretrizes morais da Igreja medieval são contrastadas com a ética protestante, que por razões ascéticas estimulava o trabalho, a poupança, a acumulação e o lucro, outras pesquisas discutiram as prováveis razões pelas quais durante a Idade Média tenham prevalecido certas restrições às práticas relacionadas com a economia monetária.[4] Estas apontam em geral uma mudança de perspectiva do pensamento clerical no decurso do século XIII, período de afirmação das universidades e da escolástica.[5]

Com efeito, ao longo de toda a Idade Média a avareza disputou com a soberba a preeminência na hierarquia dos vícios, como "raiz de todos os males". Explorando à exaustão as palavras de São Paulo (*Epístola a Timóteo*, 1, 6-10), pregadores, poetas, romancistas e ilustradores produziram um vasto conjunto de imagens (verbais, iconográficas) em que o apego excessivo aos bens materiais recebeu contornos os mais variados, mas de modo geral negativos.[6] Naquela incipiente sociedade urbana e mercantil o espectro diabólico associado ao poder do dinheiro parecia ameaçar a própria ordem, com consequências éticas e morais graves. Vinculada à cobiça (*cupiditas*), opondo-se à virtude da caridade (*caritas*) e ao traço eminentemente nobre da largueza (*largece*),[7] a avareza seria a responsável pela corrupção e degradação do espírito, motivo pelo qual costumava estar associada com as fezes e com o vômito, e representada por uma mulher velha, pequena, magra, de costas arqueadas, como se o peso das riquezas a atraísse para a vil materialidade da terra.[8] Nos sermões e *exempla*, o comportamento do avarento é comparado ao de certos animais, como o macaco, que evoca o simulacro diabólico, a aranha que prende as vítimas em sua teia, a raposa que trapaceia o lobo, o urso que apesar das picadas dos espinhos (de sua consciência) continua a procurar o mel (das riquezas e lucros ilícitos).[9]

Indo além das representações, a condenação ao enriquecimento financeiro desmedido projetava-se nas ações dos governantes, líderes espirituais, e no tecido social. Já nos tempos carolíngios, certas capitulares condenavam a *cupiditas* e o *turpe lucrum*, preconizando medidas efetivas em nome da justiça – inclusive a taxação do preço de certas mercadorias.[10] Nos séculos XII-XIII, quando a pobreza voluntária aparece como exemplo de vida ideal para ascetas e místicos em busca de pureza espiritual (hereges ou não), a avareza, a cobiça e o acúmulo de riquezas eram duramente criticados. Grupos vinculados ao comércio do dinheiro e às atividades de crédito, em primeiro lugar os judeus, depois os "caorsinos" e os "lombardos" eram socialmente desprezados ou moralmente condenados.[11]

Na tradição ibérica verifica-se a mesma animosidade diante da avareza. Em textos narrativos e poéticos e na literatura moral castelhana a *codicia* é apontada como vício grave. No *Libro de buen amor*, piedade, humildade e largueza são contrapostos àquele terrível vício, e contra a cobiça deveria prevalecer a justiça[12]. Também em Portugal, inclusive na tradição proverbial, o comportamento do avarento é reprovado em adágios e expressões como: "*na arca do avarento, o diabo jaz dentro*"; "*O avarento por hum real perdeo cento*"; "*Ao avaro, tanto lhe falta o que tem, como o que não tem*"; "*O avarento rico não tem parente, nem amigo*".[13]

Cumpre, porém, estabelecer uma distinção conceitual. Como traço de comportamento contrário ao que a ética e a moral cristãs estabelecem, a avareza vinculava-se a um amplo campo semântico e produziu o referido conjunto de imagens no discurso clerical. Mas a ela estiveram ligados certos fenômenos ou práticas propriamente econômicas, como a obtenção do lucro, a aquisição ou a transmissão de bens e riquezas e, mais particularmente, o empréstimo com interesse. Nestes casos, o campo referencial deixa de ser unicamente o das representações ou das atitudes mentais, uma vez que tais fenômenos e práticas tiveram implicações concretas – econômicas, sociais, jurídicas.[14] Além da mancha que pesava sobre a *fama* pública dos usurários judeus e cristãos, eles eram obrigados a restituir o lucro ilícito, sob pena da negação do direito de testar e de ser enterrado em solo consagrado.[15]

Na primeira parte do *Livro das confissões*, manual de confessores escrito em vernáculo pelo castelhano Martín Pérez em 1316 e copiado pelos monges alcobacenses em 1399, o canonista disserta sobre a classificação dos pecados comuns a todos os "estados" da comunidade cristã, seguindo o esquema do setenário, isto é, vinculando os comportamentos e atitudes pecaminosas aos Sete Pecados Capitais. Os casos examinados revelam de imediato flagrante desequilíbrio e sugerem certas preferências do autor. A avareza é de longe o pecado que mais retém sua atenção, pois diz respeito a 140 casos dos 334 examinados, quer dizer, cerca de 41% deles. Na sequência vem a soberba com 88 casos, a preguiça ou acídia com 52 casos, a luxúria com 24 casos, a gula com 16, a ira com 11 e a inveja com apenas dois.[16]

Noutro trabalho, sublinhamos as implicações decorrentes da pouca atenção de Martín Pérez em definir, hierarquizar e classificar os pecados. Para o que nos ocupa neste momento, ressalte-se a ausência de definição para o vício ou pecado capital da avareza no próprio capítulo que lhe é dedicado, em que o autor faz menção à cobiça – sem também descrevê-la ou qualificá-la. Mas em praticamente todos os capítulos seguintes desta parte da obra estão pontuadas inúmeras circunstâncias em que as relações comerciais poderiam levar o indivíduo a incorrer em desvios éticos e morais graves, ou então diversas facetas de ordem propriamente econômica, entre as quais a propriedade e a comunidade de bens, aluguel e empréstimo financeiro, o "justo preço", as variações cambiais, o salário e o trabalho.

No exame das situações relacionadas com o ganho através de transações comerciais e de crédito os confessores são convidados a distinguir o justo do "mal ganhado", a identificar os pecados que se escondem nas relações entre os homens. Este aspecto marcadamente "econômico" da obra levou a que na década de 1980 o pesquisador José Hernandes Delgado propusesse em sua tese de doutorado defendida na Universidade de Barcelona a hipótese que Martín Pérez pertencesse ao meio franciscano, que seria um "espiritual" adepto de São Boaventura[17]. Ficava implícito na argumentação de Delgado a conhecida afinidade dos frades menores com as realidades do mundo urbano e sua preocupação com a justificação de atividades que emergiram no bojo da renovação estrutural ocorrida a partir das cidades.

Realmente, o pensamento franciscano do século XIII inaugurou outra maneira de tratar as questões sociais e econômicas, mostrando estar em conformidade com as mudanças então em curso e adaptado à nova tendência, quer dizer, a da paulatina afirmação de uma economia monetária. Em textos de escritores hispânicos adeptos ou simpatizantes do franciscanismo, sobretudo Arnaldo de Villanova e Ramon Llull, as atividades financeiras recebem atributos positivos e são defendidas pelo seu caráter comunitário. Para o primeiro, a noção de *publica utilitas*, extraída da leitura de autores clássicos, deveria servir de base na apreciação do *rex iustus* e dos mercadores, inclusive os emprestadores. Para o outro, o mercador competente deveria servir de modelo de racionalidade da ação e da prática econômica, e, o que é mais importante, esta ação poderia produzir resultados imediatos, proventos, ganho[18].

No princípio do século XV, na Itália, uma polêmica intelectual opôs o humanista Poggio Bracciolini (1380-1459), autor do tratado *De avaritia* e adversário dos mendicantes, a São Bernardino de Siena (1380-1444), respeitável pregador popular que reconhecia o papel legítimo dos mercadores e do lucro na sociedade.[19]

Durante muito tempo as ideias do dominicano Antonino de Florença (1389-1458) e Bernardino de Siena foram vistas pelos pesquisadores como um divisor de águas na história das ideias econômicas, sinalizando uma percepção "moderna" dos fenômenos econômicos ao reconhecer a existência e utilidade do mercado. Hoje se sabe que as concepções do segundo foram influenciadas pela leitura de um dos mais destacados intelectuais franciscanos do século XIII, Pedro de João Olivi (1248-1298). Recentemente os especialistas identificaram claramente a originalidade das interpretações de Olivi e a mudança referencial que elas representam. Para este, a existência de um mercado, isto é, um sistema de circulação de bens e mercadorias mediante compra e venda em dinheiro seria um aspecto essencial para o bem comum, e seu principal agente, o mercador, deveria ter reconhecido seu papel social e ter garantido seu lucro.[20]

O problema do "justo preço", como se sabe, foi um dos grandes pontos de discussão dos escolásticos. Com as traduções da obra de Aristóteles, no século XIII foi possível uma melhor apreciação do problema em termos não apenas teológicos. Tradicionalmente o "justo preço" deveria ser aquele em que não houvesse *turpe lucrum*, e o lucro tendia a ser interpretado como todo o ganho obtido sem esforço e trabalho, através da usura. Ao acumular ganho pelo tempo em que certo bem ou certa soma eram utilizados por outrem, o proprietário, negociante ou emprestador apropriavam-se de algo que pertencia exclusivamente aos desígnios de Deus.[21] A este raciocínio os intelectuais franciscanos, principalmente Olivi, contrapunham o argumento de que toda operação de crédito impõe certa margem de risco – argumento sutil e inovador que acaba por justificar a própria natureza dos mecanismos que movimentam as relações do mercado.[22]

Diante desta perspectiva, os pressupostos que fundamentam as concepções econômicas de Martín Pérez são menos inovadores.[23] De nosso ponto de vista, longe de subscrever as teses defendidas pelos franciscanos, assentadas na ideia da *publica utilitas*, o canonista castelhano mantém-se fiel aos preceitos do direito canônico, dos decretos e da tradição conciliar. De modo geral, aquilo que designamos de "lucro" é qualificado como "mal ganho", e todo o "mal ganhado" é equiparado ao roubo, ao furto e à usura.

Da análise de suas detalhadas considerações sobre as diversas situações potencialmente perigosas das relações econômicas, depreende-se que a avareza subordina-se ao desejo pelos bens materiais alheios – a cobiça. A usura, por sua vez, é concebida como o uso indevido de um bem pertencente a outrem. Distinguia-se do roubo, que "*he quando algum toma as cousas alheas por força e abertamente*"(p. 68), mas aproxima-se do furto, que é "*tractameto da cousa alhea com engano contra voõtade de seu dono da cousa, co enterçon de gáánhar, ou do huso, ou da possisson dela*".[24] Se um homem, diz ele, empresta alguma coisa ao seu amigo por duas léguas e ele a leva por três léguas, furta dali em diante porque usa a coisa alheia e vale-se dela sem o consentimento do dono (p. 84).

Apoiando-se no direito, define a usura como "*qualquer gáánho que seja pleyteado, ou pedido, ou esperado, por emprestado, de cousa de conto, ou de peso ou de medida*" (p. 100). Subentende-se que, para ele, os bens de consumo e a moeda, por serem improdutivos, não teriam capacidade de gerar riqueza. Embora admita a licitude do empréstimo e da compensação financeira pelo uso de bens móveis e imóveis (aluguel), o pagamento não deveria prever excedentes pecuniários. Nesta linha de raciocínio, a avareza e a cobiça seriam pulsões que engendram a usura. Por isto, para identificar sua incidência o confessor deveria avaliar a intenção dos penitentes. O "justo preço" corresponderia àquele taxado e estimado "*segundo as qualidades dos tempos*" (p. 104). O "mal ganho" escondia-se nas vendas por preço maior daquele do tempo em que o bem foi comprado ou nos pagamentos maiores do que o valor do bem quando este foi vendido ou emprestado devido ao tempo transcorrido desde a transação.

As severas restrições impostas ao ganho e ao lucro derivam do direito canônico, que neste aspecto mostrava-se intransigente na defesa do princípio que um valor não poderia gerar outro valor, e que dinheiro não deveria gerar dinheiro: *pecunia non perit pecunia*.[25] Tal posição foi repetida *ad nauseam* nos concílios, desde o de Tours (1163) e o Latrão III (1179), e encontrou sua melhor sistematização nas *Decretais de Gregório IX* (Livro V, título XIX). O problema dos ganhos financeiros indevidos era recorrentemente tratado nos concílios ibéricos, e em Portugal a usura praticada por judeus, mouros ou cristãos foi explicitamente condenada no sínodo de 1307, presidido pelo bispo João Martíns de Soalhães, e no sínodo de Braga de 1477, no qual ficou determinado que, junto com os hereges, feiticeiros, adivinhos e benzedeiras, os usurários seriam admoestados e, se fosse o caso, excluídos da comunhão até que se emendassem.[26]

Não interessa neste momento explorar as diversas situações e circunstâncias em que o penitente incorreria em cobiça ou avareza pela prática da usura, nem as inúmeras sugestões dadas aos leitores para que a intenção pecaminosa viesse a ser identificada. Por enquanto, bastará dizer que a *"cobiça do coraçõ"* é associada à prática da simonia entre os clérigos, à partilha de bens e sobretudo às transações comerciais, principalmente aos empréstimos com interesse. No caso específico dos mercadores, o canonista castelhano admite com algumas reservas operações financeiras de que resulte ganho *"ca comunalmete todos teẽ esta carreyra u :D nas vilas e ẽnas cidades"* (p. 111). Mas apenas nos casos em que credor e devedor de certa quantia assumissem conjuntamente os riscos de ganho e de perda na transação: *"se diz toma estes dinheyros, a ganho e a perda, se gáánhares que eu gáánhe se perderes que eu perca, aqui nõn ha usura nẽhua. Mas pode hy ser pecado de cobyça"* (p. 112).

Em todos os demais casos, o envolvimento com o ganho era visto como algo eminentemente pecaminoso. Os bens recebidos em penhor deviam ser vendidos pelo preço que valiam no momento do recebimento. Toda e qualquer pessoa envolvida intencionalmente nas transações, fossem parentes, testemunhas, parceiros, escrivães, meirinhos e juizes, governadores e reis, arriscavam-se a cair em pecado ao aceitar, corroborar ou defender o ato que gerou a usura: *"e se diz algum que o mandã as leys, mentira he. Ca aquelas leys ja revogadas som, e demays defende o a ley de Deus, e da egreja, contra a qual ley de Deus, nõ val ley de reys nẽ de emperadores"* (p. 117).

No que tange ao procedimento durante a confissão, a recomendação é clara. Além das penitências espirituais após arrependimento sincero, o "mal ganhado" devia ser devolvido àquele ou àquelas de quem foi tomado. Aos confessores competiria decidir sobre o que restituir. Na posição dos teólogos, a restituição devia abranger tanto o que foi emprestado ou vendido quanto o lucro obtido, pois, se a raiz do ganho foi má todo o ganho tornava-se mau Na posição dos juristas, apenas a coisa roubada com seus frutos e ganhos deviam ser devolvidos, e não os outros ganhos, compras e bens que acumulou com seu trabalho, mesmo se tiradas originalmente de usura. Seja como for, desde o princípio de sua longa exposição sobre os "pecados econômicos", Martín Pérez aconselha o confessor a trazer consigo no momento da confissão "*hẽas tavoas em que escrevas as cousas mal gáánhadas, por tal que te nõ esquééçam e faças dar a cada hẽu o seu*" (p. 68).

As preocupações de Martín Pérez com as regras morais nas transações econômicas refletem o posicionamento escolástico, universitário, com respeito às mudanças ocorridas numa sociedade crescentemente influenciada pela circulação monetária, mas diz respeito ao contexto castelhano do início do século XIV. Quando foi escrito em Castela, a finalidade do *Libro de las confesiones* era essencialmente didático-pedagógica: contribuir para a formação do baixo clero, ampliar o conhecimento das normas legais dos padres e curas incultos a quem foi confiada a tarefa de administrar a vida paroquial nas aldeias. Ao ser copiado no *scriptorium* de Alcobaça, sua finalidade parece ter sido distinta. Recolhido na solidão do claustro monacal, seu conteúdo veio a ser parcialmente empregado como referência na formação disciplinar dos monges[27]. Mas também teve alguma utilidade no ambiente restrito da corte aristocrática durante a dinastia de Avis, vindo provavelmente a ser tomado como fonte de informação das condutas éticas e morais adequadas – assumindo papel similar ao dos espelhos de príncipes.[28]

José Antunes, que estudou de modo aprofundado a redação do tratado confessional em sua versão alcobacense, detectou certos pontos fundamentais que explicam a razão pela qual sua recepção teve sucesso em solo português. Em primeiro lugar, tratava-se de um documento que apresentava de modo claro e consistente o ponto de vista teológico e o ponto de vista canônico em matéria econômica, incorporando em suas recomendações e orientações soluções adaptadas aos diversos "estados" e profissões de uma sociedade urbana cada vez mais diversificada e complexa,[29] bem como as situações de perigo a que os indivíduos se expunham ao pecar. Na perspectiva teocêntrica que caracteriza toda a exposição, a Igreja é apresentada como defensora dos que não têm força para fazer valer os seus direitos, e o autor não poupa ninguém, fossem laicos ou eclesiásticos.

Isto explica provavelmente o apreço de D. Duarte pela obra de Martín Pérez. Desde Mário Martins, sabemos que aquele monarca mandou copiar o *Livro das Confissões* e que dispunha de duas cópias dele em sua biblioteca particular. Confirma-se aqui sua simpatia pelas interpretações doutrinais e morais afinadas com o franciscanismo, e João Dionísio observou com muita precisão algumas ressonâncias de obras de inspiração franciscana no *Leal conselheiro*, com particular atenção ao *Dieta Salutis* de Guilherme de Lanícia (1310).[30] No caso da obra de Martín Pérez, o monarca a indica textualmente como referência de consulta para aqueles que desejassem compreender os casos específicos em que os nobres podiam incorrer em pecado:

> E dos pecados que perteecem a cada huu estado, em huu livro que fez huu que se chama Martym Pires, he feyta boa declaraçom, segundo vos já demostrei. E quem delles quyser aver comprida enformaçom, veja o dicto livro, por que lhe dara pera ello grande ajuda.[31]

Confrontando os dados do *Livro das Confissões* com a legislação monárquica portuguesa, verificam-se diversas correspondências e aproximações no tratamento reservado às transações comerciais, empréstimo e usura. Casualmente, ou não, a evidência legislativa mais antiga sobre o tema encontra-se no *Livro das leis e posturas*, numa ordenação de Afonso IV – promulgada na mesma época, portanto, do *Libro de las confesiones*. A determinação tem por objetivo proibir *onzenas* e contratos usurários, a base é o direito canônico e os sujeitos previstos a incorrer nas penas da lei parecem ser os judeus. Na lei, *onzenar* e fazer contratos usurários são ações consideradas contrárias às leis de Deus, sendo proibidas a cristãos, mouros e judeus. Após a vigência da lei, os devedores que provassem em juízo, mediante testemunha de dois homens bons, que fora constrangido a pagar certa soma por empréstimo ou contrato usurário teria o que lhe foi tomado de volta com indenização por todos os danos e perdas.[32]

No vocabulário social da Idade Média portuguesa, *onzena* é termo que corresponde a usura. Recorrendo ao *Elucidário*, de Joaquim de Santa Rosa Viterbo, temos que o vocábulo em questão designava "contratar com demasiados lucros". Literalmente, a expressão provém dos "juros de onze por cento", designando por extensão todo e qualquer juro excessivo. O onzeneiro era sinônimo de usurário, personagem desprezado e odiado, e, numa passagem do *Auto da barca do Inferno*, de Gil Vicente, um dos protagonistas era um onzeneiro que ao morrer levava consigo enorme bolsa – emblema típico dos cambistas, mercadores e emprestadores. Ao tentar entrar na barca do Paraíso é impedido pelo anjo que, de resto, o repreende e exclama: "*Ó onzena, como és feia / e filha da maldição*".[33]

Aquela mesma lei promulgada nos tempos de Afonso IV veio a ser retomada e ampliada nas *Ordenações Afonsinas*. Vale a pena reparar na equivalência inclusive dos termos técnicos do direito canônico reproduzidos pelos juristas portugueses:

> Hordenamos, e mandamos, e poemos por ley, que nom seja nehuũ tam ousado, de qualquer estado e condiçom que seja, que dê ou receba dinheiro, prata, ouro, ou qualquer outra quantidade pesada, medida ou contada a usura, per que possa aver , ou dar algẽa avantagem, assy per via d'emprestido, como de qualquer outro contrauto, de qualquer qualidade natura e condiçom que seja, e de qualquer nome que possa ser chamado. E aquelle que o contrairo fizer, e ouver de receber gaança alg algẽa a do dito contrauto, perca todo o principal, que deu, por aver a dita gaança; e aquelle, que ouver de dar a dita gaança, perca outro tanto, como for o principal que recebeo, e seja todo pêra a Coroa dos nossos regnos.[34]

A seguir os juristas de Afonso V especificam com base no direito canônico e no direito civil alguns casos em que era permitida a usura, especificamente: a apropriação dos frutos de bens prometidos como dote de casamento; de frutos e rendas de bens posteriormente devolvidos devido ao cancelamento do negócio, desde que estes não fossem muito desproporcionais ao valor real dos bens no momento da transação; das variações cambiais das moedas circulantes, devido às constantes despesas e investimentos dos mercadores. Aqui estão também reconhecidos e avalizados os ganhos das associações financeiras de ajuda mútua entre comerciantes, necessárias para suas atividades.

A legislação reconhece a dinâmica das relações comerciais que se desenvolvia com maior intensidade desde pelo menos a metade do século XIV, levando em conta que a realidade financeira se tornara muito complexa. À multiplicidade de moedas circulantes, desde os antigos morabitinos dos tempos muçulmanos, os marcos de prata e de ouro, os reais cunhados a partir do tempo de D. João I até as moedas estrangeiras que alimentavam o florescente comércio internacional (escudos, francos, libras), deve-se acrescentar o uso de letras de câmbio (sobretudo nas transações realizadas com os mercadores flamengos e com os da Liga Hanseática, por exemplo) e, inclusive, a formação de cooperativas e fundos de ajuda mútua que recebiam o nome de "bolsa". Em Portugal, a primeira destas cooperativas estava sediada na cidade do Porto em 1293. Em 1377, no governo de D. Fernando, o próprio soberano tornou obrigatória a existência de bolsas em Lisboa e no Porto, para a qual haviam de contribuir certos lucros de todos os navios com capacidade acima de 50 tonéis.[35]

Embora na legislação afonsina o lastro jurídico provenha do direito canônico, e por isto muito similar às prescrições de Martín Pérez, que pode ter sido utilizado aqui na qualidade de "direito subsidiário", é possível observar uma alteração importante da prescrição penitencial à forma de execução da lei. Enquanto o manual de confessores orienta os padres a restituir as usuras aos legítimos proprietários dos bens e direitos usurpados, a legislação monárquica determina o confisco das usuras em benefício da Coroa.

O *Libro de las confesiones* foi elaborado num contexto de turbulência social e dificuldades no reino castelhano, que conhecera momentos de guerra endêmica aberta por ocasião da revolta de Sancho contra o pai, Alfonso X, em 1272, e que se prolongou durante as menoridades de Fernando IV (1295-1301) e de Alfonso XI (1321-1325). Em meio aos conflitos intestinos, reforço do poder senhorial sobre os camponeses e violentas lutas sociais nas cidades – cuja influência aumentou nas *cortes* –, a obra de Martín Pérez parece orientar os confessores a criticar os excessos de todos os "estados", sobretudo o dos príncipes e senhores, enquadrando-os nas diversas categorias de pecados. Recentemente Denis Menjot demonstrou a maneira pela qual o canonista negou legitimidade à imposição e cobrança de impostos extraordinários por reis, senhores e autoridades municipais, chamando-os de *pechos desaforados* (fora dos fueros, ilegítimos), recomendando como *pechos aforados* as receitas tradicionais retiradas dos direitos e proventos da exploração da terra.[36] Reconhecia entretanto o direito aos reis, príncipes e senhores de impor tributos sobre os judeus, retirando-os inclusive de ganhos eventualmente obtidos por meio da usura (p. 141).

No momento em que foi copiado em Portugal, as bases do poder real eram outras, e encontravam-se mais bem consolidadas. Não obstante seja o mesmo texto, não devem ter sido semelhantes suas respectivas leituras e suas respectivas interpretações. Nos diferentes contextos, avareza, cobiça e usura eram moralmente condenadas, mas observam-se fissuras nas normas rígidas previstas no direito canônico, abrindo espaço para o "risco" dos mercadores, e para os privilégios decorrentes do monopólio da justiça reivindicado pelo poder monárquico.

Notas

* A presente exposição é parte do projeto de pesquisa "Os pecados capitais e a tradição ibérica medieval", agraciado com Bolsa de Produtividade em Pesquisa do CNPq com vigência entre 2007-2010.

** Departamento de História e Programa de Pós-Graduação em História da UFRGS; Sócio fundador da Associação Brasileira de Estudos Medievais – ABREM.

1 LITTLE, Lester K. "Prides goes before avarice: social change and the vices in latin Christendon". *American Historical Review (New York)*, vol. 76-1, 1971, p. 16-49.

2 NEWHAUSER, Richard. *The early history of greed. The sin of avarice in early medieval thougt and literature*. Cambridge: Cambridge University Press, 2000, demonstra que o predomínio da avareza sobre a soberba não se apresenta apenas no período posterior ao século XI como queria Little, e recupera o debate dos pensadores cristãos desde a Antiguidade Tardia, no qual a avareza dividiu com a soberba a posição de pecado maior no setenário.

3 A avareza comparece na lista de vícios ou pecados capitais desde as primeiras elaborações deste sistema de classificação, e como tal é mencionada por Evágrio Pôntico, João Cassiano, Eutrópio de Valência e Gregório Magno. Ver NEWHAUSER, Richard. *The treatise on vices and virtues in latin and the vernacular (Typologie des Sources du Moyen Age Occidental)*. Turnhout: Brepols, 1993, p. 183-5.

4   WEBER, Max. *A ética protestante e o espírito do capitalismo*. São Paulo: Livraria Pioneira, 1985; R. H. Tawney. *A religião e o surgimento do capitalismo*. São Paulo: Editora Perspectiva, 1971.

5   A referida mudança está relacionada com o gradual primado da razão instrumental, com o desenvolvimento da matemática e do conhecimento "científico". A esta lógica liga-se o espírito prático que acompanha a afirmação das atividades comerciais e que eleva certos comportamentos, como a ambição e o espírito de iniciativa a uma nova posição na escala de valores da Cristandade. Para todo este processo de mudança a obra de referência continua a ser a de Alexander Murray. *Reason and society in the Middle Ages*. Oxford: Clarendon Press, 2002 (or. 1978).

6   No contexto da sociedade feudal francesa, a iconografia românica eternizou a condenação do ganho em tímpanos e capitéis dos templos religiosos. Ver Priscilla Baumann. "The deadliest sin: warnings against avarice and usury on romanesque capitals in Auvergne". *Church History*, vol. 59 nº 1. Cambridge: Cambridge University Press, 1990, p. 7-18.

7   De Gilles de Rome a Philippe de Mézieres e Christine de Pisan, os espelhos de príncipes franceses dos finais da Idade Média exploram com maior insistência as implicações concretas da avareza ou da largueza no comportamento do governante ideal. Nas palavras de Jean-Claude Muhlethaler, "De ira et avaritia ou les faiblesses des grans à l'epreuve de l'actualité". *Cahiers de Recherches Médiévales*, vol. 9, 2002. Disponível no seguinte endereço: www.crm.revues.org. texto acessado em 12/09/2008: "l'avarice est dénoncée au nom de la justice, de l'équité et de la raison, si necessaires au bon fonctionnement de l'Etat".

8   Para a caracterização iconográfica dos pecados capitais e as variadas formas de apresentação icônica da avareza, a melhor síntese encontra-se no estudo de Jérome Baschet. "Les sept péchés capitaux et leurs chatiments dans l'iconographie médiévale", publicado em apêndice no livro de Carla Casagrande e Silvana Vecchio. *Histoire des péchés capitaux au Moyen Age*. Paris: Aubier, 2003, p. 340-85.

9   A dimensão literária da avareza foi estudada em profundidade na tese de doutoramento de Carlos Clamote Carreto. "O mercador das palavras ou as encruzilhadas da escrita medieval – 1100-1270". Lisboa: Universidade Aberta, 2004. O tema aparece sintetizado na conferência "Para uma retórica do pecado: avareza e economia da redenção na literatura medieval (séculos XII-XIII)", ministrada no seminário internacional *Os pecados capitais na Idade Média* (Porto Alegre, RS, 24 de setembro de 2004) (inédito).

10 Mais especificamente, tratam-se da *Capitulare episcoporum* (780), *Capitular de Frankfurt* (794) e a *Admonitio generali*s (789), cujas diretrizes sugerem a existência

de um programa de governo e uma doutrina econômica em conformidade com os princípios da doutrina cristã. Este aspecto foi discutido por Marcelo Cândido da Silva. "*Usura, avaritia, cupiditas, turpe lucrum*: elementos para uma 'economia moral' carolíngia". Comunicação apresentada no seminário internacional Os pecados capitais na Idade Média (Porto Alegre, 23 de setembro de 2004) (inédito).

11 O'BRIEN, John M. "Jews and cathari in Medieval France". *Comparatives Studies in Society and History*, (Cambridge) vol. 10-2, 1968, p. 215-20; MUNDY, John Hines. "Un usurieur malhereux". *Annales du Midi (Toulouse)* tomo 68-2/3, 1956, p. 217-220; WOLF, Philippe. "O problema dos caorsinos". *Revista de História (USP)*, nº 14, 1953, p. 341-350; RACINE, Pierre. "Les lombards et le commerce de l'argent au Moyen Age". *Clio: Bibliothèque en Ligne*. Disponível no endereço: www.clio.fr (acessado em 12/09/2008).

12 Arcipreste de Hita. *Libro de Buen Amor*. Madrid: Editorial Castalia, 1995, p. 264-265.

13 CASANOVAS, C. F. de Freitas. *Provérbios e frases proverbiais do século XVI* (Coleção consulta científica). Brasília: MEC/INL, l973; Ver ainda o estudo de Jean Lauand. "500 provérbios portugueses antigos: educação moral, mentalidade e linguagem". Videtur (USP), vol. 2 nº 4, 2001, p. 53-72.

14 Ver, por exemplo, a ampla legislação emanada do poder real com a intenção de inibir a exteriorização da riqueza, conhecida como "leis suntuárias". Em Castela, esta legislação remonta ao reinado de Alfonso X o Sábio, e em Portugal, ao reinado de Afonso IV, na "Pragmática de 1340". A respeito, ver Juan Sempere y Guariños. *Historia del luxo y de las leyes suntuarias de España*. Reprodução facsimilar da edição original de 1788, pela Imprenta Real. Madrid: Lope de Vega, 1973. Para o texto da "Pragmática de 1340", ver A. H. de Oliveira Marques; Maria Teresa Campos Rodrigues; Nuno José Pizarro Pinto Dias (eds.). *Cortes portuguesas. Reinado de D. Afonso IV (1325-1357)*. Lisboa: Instituto Nacional de Investigação Científica, 1982, p. 103-113.

15 GEOFFRION, Henri. *Du delit d'usure*. Paris: Université de Paris/Faculté de Droit, 1900, p. 7-11; PATIKIN, Don, "Interes". In: *Enciclopedia Internacional de las Ciencias Sociales (Madrid)*, vol. 6, 1975, p. 207; LE BRAS, Gabriel. "Usure". In: *Dictionnaire de Théologie Catholique (Paris)*, tomo 15-2, 1950, p. 2232-42.

16 PÉREZ, Martín. *Livro das confissões: partes I e II*. Edição de José Barbosa Machado e Fernando Torres Moreira. Ed. Pena Perfeita, 2005. As páginas de que foram extraídas as citações serão indicadas entre parênteses, no corpo do texto.

17 As principias ideias do autor estão sintetizadas em José Hernando Delgado. *Sociedad y cristianismo en un manual de confesores de principios del siglo XIV*. Barcelona: Universidad de Barcelona, 1980.

18 EVANGELISTI, Paolo. "Mercato e moneta nella costruzione francescana dell'identità politica. Il caso catalano-aragonese". *Rivista Reti medievali (Università di Firenzi)*, vol. VII, 2006/1. Disponível no seguinte endereço eletrônico: www.dssg.unifi.it/_RM/rivista (acessado em 28 de setembro de 2008).

18 O cenário intelectual em que se deu a polêmica é retratada por John W. Oppel. "Poggio, San Bernardino of Siena, and the dialogue On Avarice". *Renaissance Quarterly,* vol. 30-4, 1977, p. 564-87.

20 Sobre as concepções teológicas e suas implicações nas controvérsias doutrinais da segunda metade do século XIII, ver Ana Paula Tavares Magalhães. "A trajetória e a obra de Pedro de João Olivi: fundamentos para a elaboração do pensamento franciscano". *Scintilla: Revista de Filosofia e Mística Medieval* (Curitiba), vol. 4 nº 2, 2007, p. 75-108. Para Luís Alberto de Boni. "Pedro de João Olivi – um economista medieval". In: TELLESE, Célia Marques; SOUZA, Risonete Batista de (orgs.). *Anais do V encontro Internacional de Estudos Medievais.* Salvador: Quarteto Editorial, 2005: "O comerciante é visto como um membro da comunidade que está prestando a ela um trabalho que só ele (e seu grupo) é capaz de realizar. Se ele não obtiver lucro, irá a falência e, com isso, não só ele mas toda a comunidade será prejudicada. Deixar de obter o devido lucro pelo trabalho é , pois, uma lesão ao bem comum" (p. 43).

21 Para a discussão dos argumentos escolásticos, ver Raymond de Roover. *La pensée économique des scolastiques: doctrines et méthodes. Conférences Albert-Le-Grand.* Montreal/Paris: Institut d'Études Médiévales/Librairie J. Vrin, 1971; Jacques Le Goff. *A bolsa e a vida: economia e religião na Idade Média.* Lisboa: Ed. Teorema, 1987.

22 Olivi admite a interferência de elementos extrínsecos , acidentais, o risicum, o periculum, os elementos de incerteza que afetam as relações econômicas e que na atualidade poderiam ser concebidas como risco de investimento. Ver Giovanni Ceccarelli. "Le jeu comme contrate et le risicum chez Olivi". In: Alain Boureau & Sylvain Piron (orgs.). *Pierre de Jean Olivi (1248-1298): pensée scholastique, dissidence spirituelle et société (Actes du Colloque de Narbonne, mars 1998).* Paris: Librairie J. Vrin/EHESS, 1999, p. 239-50.

23 Mesmo José Hernando Delgado. "Realidades socioeconómicas en el Libro de las confesiones de Martín Pérez". *Acta Historica et Archeologia Medievalia* (Barcelona), 1981-2, reconhecia que o canonista não se mostra original na abordagem da usura, e que tenha retirado seus argumentos das restrições contidas nos evangelhos, ou das proposições emitidas por Raimundo de Penaforte e Tomás de Aquino (p. 96).

24 Baseado no Decreto de Graciano (causa XIV, quaestio V, C. XV), mostrava-se terminantemente contra o pagamento de salários em atraso e favorável à obrigatoriedade de trabalho previamente contratado. Esta posição provinha do preceito agostianiano

reproduzido por Graciano, segundo o qual "tudo o que se tomar contra a vontade do seu próprio dono contra a justiça se toma". Ver José Antunes. "A propósito do trabalho e dos 'salários em atraso' na Idade Média. Uma leitura da teologia moral". *Revista Portuguesa de História* (Coimbra), tomo XXVI, 1991, p. 8.

25 Era este ponto de vista frequente entre os canonistas, segundo Antonio Garcia y Garcia. "Derecho canónico y vida cotidiana". *Revista Portuguesa de História*, XXIV, 1988, p. 216.

26 Ver as atas conciliares em António Garcia y Garcia (dir.) *Synodicon Hispanum*. Volume II – Portugal. Edição por Francisco Cantelar Rodriguez, Avelino de J. da Costa, Antonio Gutierrez Rodriguez e Isaias da Rosa Pereira. Madrid: Biblioteca de Autores Cristianos, 1982, p. 119-309.

27 Algumas passagens estão conservadas em treze fólios no códice alc. CCLXXIV/213, que contém textos ascéticos e disciplinares de João Cassiano e São João Clímaco. Para a transcrição e um breve estudo, Mário Martíns. "O penitencial de Martim Pérez, em medievo-português". *Lusitania Sacra* (Lisboa), tomo II, 1957, p. 57-110.

28 Esta literatura didática produzida na virada do século XV está profundamente perpassada pela ética cristã, tendo sido parcialmente produzida no mosteiro de Alcobaça (*Boosco Deleitoso, Orto do Esposo, Virgeu de Consolaçon, Castelo perigoso*) e parcialmente produzida na corte avisina (*Leal conselheiro, Livro de Montaria, Livro da virtuosa benfeitoria*). Para o conjunto desta produção intelectual, ver Lênia Márcia Mongelli (org.). A literatura doutrinária da corte de Avis. São Paulo: Martins Fontes, 2003.

29 Seguia neste aspecto uma tendência observada nos summae confessorum dos séculos XIV e XV, elaborados em ambiente urbano e procurando dar conta dos problemas próprios deste setor, algo percebido e demonstrado por Jacques Le Goff. "Mester e profissão segundo os manuais de confessores da Idade Média". In: *Idem*. *Para um novo conceito de Idade Média*. Lisboa: Ed. Estampa, 1980, p. 151-167. Em diversos estudos, a começar por sua tese de doutorado, Antunes demonstrou a significativa inovação no modo de tratar o pecado tal qual aparece no Livro das confissões em relação ao Liber poenitentiarius, do insigne canonista João de Deus – menos abrangente em seu escopo, preso aos antigos modelos da literatura penitencial. Ver José Antunes. A cultura erudita portuguesa: juristas e teólogos (Tese de doutorado). Coimbra: Faculdade de Filosofia, 1995, p. 301-9; *Idem*. "A nobreza no discurso medieval da confissão (séculos XII a XIV). *Revista de História das Ideias*, vol. 19, 1997, p. 157-75.

30 DIONÍSIO, João. "Literatura franciscana no Leal conselheiro, de D. Duarte". *Lusitania Sacra* (Lisboa), 2ª série, vol. 13-14, 2001-2002, p. 491-515.

31 MARTÍNS, Mário. "O Livro das Confissões de Martim Pérez". In: *Idem*. *Estudos de literatura medieval*. Braga: Livraria Cruz, 1956, p. 86-7; MUNIZ, Márcio Ricardo

Coelho. "Os leais e prudentes conselhos de El-Rei D. Duarte". In: Mongelli ,Lênia Márcia (coord.). *A literatura doutrinária na corte de Avis, op. cit.*, p. 251–276; Livro dos Conselhos de El-Rei D. Duarte. Edição de João José Alves Dias. Lisboa: Editorial Estampa, 1982, p. 206-8.

32 A referida lei pode ser encontrada em *Cortes portuguesas: reinado de D. Afonso IV (1325-1357), op. cit.*, p. 113-5.

33 Viterbo, Joaquim de Santa Rosa. *Elucidário das palavras, termos e frases que em Portugal antigamente se usaram e que hoje regularmente se ignoram*, 1ª ed, 1798. Edição crítica por Mário Fiúza. Porto: Livraria Civilização, s/d, p 126; Gil Vicente. *Auto da barca do Inferno*. Edição de Ricardo Martíns Valle. São Paulo: Editora Hedra, 2006, p. 63.

34 Ordenações Afonsinas. Reprodução fac-símile da edição feita na Real Imprensa da Universidade de Coimbra, no ano de 1792. Lisboa: Fundação Calouste Gulbenkian, s/d, livro IV, título XIX, p. 94-5.

35 Para informações sobre as bolsas, continua indispensável a obra de Henrique da Gama Barros. *História da administração pública em Portugal nos séculos XII a XV*. Lisboa: Tipografia Castro Irmão, 1922, tomo IV; diversos aspectos do ideário e práticas econômicas (moeda, comércio internacional) são examinados por A. H. de Oliveira Marques. *Ensaios de História medieval portuguesa* (Documenta histórica). Lisboa: Ed. Veja, 1980; sobre as atividades dos mercadores de Lisboa e do Porto, veja-se ainda Sérgio Luís Carvalho. *Cidades medievais portuguesas: uma introdução ao seu estudo*. Lisboa: Livros Horizonte, 1989, esp. p. 56-8.

36 Menjot, Denis. "L'impôt: peché des puissants. Le discours sur le droit d'imposer dans le Libro de las confesiones de Martín Pérez (1316)". In: Guglielmi, Nilda; Rucquoi, Adeline (orgs). *Derecho y justicia: el poder en la Europa medieval*. Buenos Aires/Paris: CONICET/CNRS, 2008, p. 117-34.

De fugitivo a perdoado: os amorados no reinado de D. João II

Denise da Silva Menezes do Nascimento
(Doutoranda – USP/GEMPO)

Partindo da análise de cartas de perdão e das Ordenações Afonsinas, neste texto pretendemos fazer um breve estudo sobre os presos e fugitivos no reinado de D. João II. Na cadeia está apenas gente em trânsito: para uma audiência, para o pelourinho, para o Além-Mar, para o Além propriamente dito.[1] Assim, no medievo não podemos pensar a detenção como uma punição, posto que um indivíduo em geral não era enviado a uma prisão a fim de pagar um crime cometido e sim tendo em vista a garantia de que o acusado iria a juízo ou, tendo sido pronunciada a sentença, que a pena seria aplicada.

Na Idade Média diferentes construções podiam funcionar como prisão, tais como a residência de um vereador, uma casa religiosa, a casa do alcaide pequeno ou mesmo a casa do carcereiro. Como no caso de um suplicante que pede perdão pela fuga da prisão e que alega que fugira porque

asy ficara sso com ho outro em huuma cassa de huum sseu amjguo
Sem sser prissam publica e vemdo sse elle ssopricante asy ssolto

Sem ferros [...] E asy sse aussemtara e fugira Sem lleuando ferros nem Rompendo portas nem prissoes.[2]

Assim, não eram difíceis as fugas das prisões medievais, fugas estas que transformavam o acusado em amorado.

Caso houvesse alguma fuga, o guarda passava de homem a serviço da justiça a culpado pelo crime de fuga, pois

> se o preso foge por malicia, ou manifesta culpa do Carcereiro, deve este Carcereiro a morrer por ello, se aquel que fugio era acusado por tal maleficio, que se provado fosse devera de morrer; e seendo accusado por outro qualquer malefício menor, em tal caso deve elle Carcereiro seer açoutado pubricamente, e degradado por doos annos pera Cepta; e em todo o caso deve emendar o dapno aas partes, que por a dita fogida forem danificadas.[3]

Assim, inúmeros são os pedidos de perdão dos carcereiros, que em caso de fuga eram tidos como coniventes ou, no mínimo, como relapsos no serviço prestado. Em relação à cumplicidade do carcereiro com o preso podemos citar o caso de "*Vasco Gomçalvez*" preso por ferir um homem e que "*viera a fugir com outros pressos [...] por peita que todos deram ao carcereiro e aos que carego tinham de guardar a prissam, peitando a sua parte 600 reaes*".[4] Em outras circunstâncias eram parentes e amigos que ajudavam o acusado a fugir, como no caso em que um indivíduo "*com outros lhe tiraram o dicto aluaro fernamdez que assy tynha preso*".[5] Fosse por conivência, por descuido ou ainda a despeito do zelo do carcereiro no cumprimento de sua função, o fato era que este passava a estar em dívida com a justiça régia, necessitando, portanto, do perdão do monarca.

Diversas eram as despesas decorrentes da prisão, pois estava determinado que:

todo preso, tanto que for na prisom, paguará dous reais de mal entrada, pelos quaaes ha d'aver candea de noite, com que geeralmente os presos se veem, e mais augua pera beber de dia.⁶

O gastos também se faziam sentir quando o indivíduo era solto, pois estava obrigado a pagar *"quando o soltarem dous reaes para aquelle, que o deferrar"*.⁷ Além disso, os alvarás de soltura deveriam ser escritos pelo Escrivão da Alcaidaria pelo custo *"cada huu Alvará quatro reis, e mais nom; e em fim de cada huum delles ponha a pagua, que o preso ouver de paguar de carceragem, por tal, que pela dita pagua venham as ditas carceragees a boa recadaçom"*.⁸

Assim, diante dos custos supracitados somados às quantias necessárias às demais necessidades dos presos, muitos optavam pela fuga, que poderia representar uma importante economia que poderia servir para viabilizar os gastos com o pedido de perdão régio ou ainda para a sobrevivência do acusado enquanto este estivesse amorado. Este é o caso de *"luis moço filho de joham diaz"* que pede perdão pela fuga da prisão, *"por o quanto Se elle queria liurar e mostrar por Sem culpa do casso por que asy Jazia presso"*.⁹ O acusado argumenta que ao fugir teria tempo e recursos para reunir provas de sua inocência, viabilizando o perdão da parte ofendida e o pedido de perdão régio.

Outros argumentos eram utilizados para justificar as fugas, como o medo de *"Jazer em prissam prolongada"*¹⁰ e o risco de ficar a mercê da caridade alheia. Assim, *"briatiz vaaz"* pede perdão, pois *"fugiram por que nom tinham que comer na dicta cadea por serem molheres proue"*.¹¹

Se por um lado o estabelecimento de um indivíduo numa outra região abria a possibilidade de inserção social nessa nova localidade, inclusive com participação nas atividades econômicas, por outro lado o afastamento da terra na qual já estava inserido poderia significar o desamparo e a dificuldade de zelar pelos bens e o sustento da família.

As dificuldades pelas quais um preso podia passar acendia em muitos corações o amor fraternal. Uma das sete obras de caridade corporal prevista nos Evangelhos era prestar assistência aos presos, misericórdia esta que se traduziu na prerrogativa de concelhos e de senhorios laicos e eclesiásticos de acolherem em seus domínios os criminosos provenientes de outras localidades. O asilo também era legitimado pelo argumento de que assim evitariam a continuidade da violência, na medida em que oferecendo proteção ao acusado impediriam que a vingança privada colocasse em perigo a paz e a vida do criminoso.

A concessão de asilo estava relacionada ao privilégio de imunidade concedido pelos reis a diversos senhorios laicos e eclesiásticos que assim podiam oferecer refúgio aos criminosos de outras localidades. O amorado se via então protegido da justiça privada, mormente a vindita, pois a agressão ao refugiado era proibida e em geral punida pelas localidades que praticavam asilo. Um suplicante de perdão afirma que

> andando elle em huuma cadea ffora da prissam pella vylla estando huum dia na Rua e teendo asy a cadea nom estando hy os guardas diz que tomara uma pedra e quebrara a dicta cadea E fugira e sse acolhera ao couto do moesteiro de ssaude.[12]

Os coutos senhoriais tornaram-se por excelência locais de proteção aos criminosos. Nestas terras, a perseguição contra o acusado por seus inimigos e pela justiça cessava, pois eles tinham imunidade judicial e, portanto, possuíam o privilégio da inviolabilidade. Não podemos esquecer que o refúgio concedido por tais localidades vinculava-se ao fato de inúmeros amorados passarem a integrar bandos, reforçando o poder senhorial mediante o incremento de seu grupo clientelar face a outros poderes da comunidade.

Quando fugiam "dos rigores da justiça" alguns buscavam refúgio nas igrejas, como no caso de "*gomçaLo Rodriguiz*" que no pedido de perdão afirma que "*se acolhera a Igreja do dicto lugar e fugira e sse amorara e andaua oje em dya amorado com temor da nosas Justiças*".[13]

A origem do asilo eclesiástico remonta ao Código Visigótico que previa que o acusado e/ou perseguido se refugiasse na igreja para encontrar mediadores que contribuíssem para a melhor solução do conflito. O Foral da Guarda, por exemplo, previa o asilo eclesiástico e o pagamento de multas para as tentativas de violação do mesmo. Isto nos mostra que nem sempre tal direito era respeitado pela parentela da vítima e oficiais da justiça. Assim, eram frequentes as queixas da Igreja contra violação desta imunidade por agentes que retiravam o acusado para que o mesmo fosse julgado ou ainda de parentes e amigos que desejavam vingar a ofensa sofrida pela vítima.[14]

Nem todos os acusados poderiam recorrer ao direito de asilo eclesiástico, posto que a monarquia buscou restringir o número de crimes passíveis da proteção da Igreja. De acordo com as Ordenações Afonsinas seria permitido apenas para os que cometessem crimes cuja punição fosse a morte natural ou a mutilação, ressalvando que ficava excluído do benefício aquele que cometesse o crime intencionalmente.

D. João II buscou limitar o poder da Igreja no que concerne à mediação de conflitos, que, de acordo com a política de fortalecimento do poder régio, deveriam ser submetidos às autoridades judiciais. O monarca reforçou o poder de seus representantes em carta de 1482, na qual reiterava que cabia aos oficiais *"mandarem tirar e tirarem de egreia alguus homeens omeziados e malffeitores que com direito e nosas hordenaçõoes se deuem e podem dellas tirar ou por outro quallquer pititoryo que uos allg[u]as pessoas ffazem"*.[15]

Além de diminuir a ingerência da Igreja nas questões judiciais, D. João II também buscou conter o poder senhorial decorrente do privilégio da imunidade. Nesse sentido, o rei determinou

> a todos em geerall e a cada h[u]us de vos em espeçiall, que daqui em diante sejaaes avisados que nenh[u]u de vos em suas casas, terras, nem llugares nom acolhaes, tenhaes, enparees nem deffendaaes nenh[u]u dos sobredictos lladr[o]oe, matadores nem mallfeytores antes se a elles se qujserem acolher lho nom conssentaaes e os lançees e mandees llançar fora. De guisa que nossas justiças as possam prender por se delles conprimento de justiça.[16]

D. João II também buscou minimizar a interferência senhorial na administração da justiça determinando que seus corregedores realizassem uma inspeção em todas as terras, sem excetuar nenhuma casa senhorial, a fim de verificar como a justiça se fazia no reino e tendo em vista remediar possíveis insultos e desmandos por parte da justiça local. Esta resolução do monarca também visava averiguar e coibir a acolhida a amorados que porventura integrassem bandos senhoriais, obrigando à entrega dos acusados à justiça para que os mesmos fossem submetidos às Ordenações do reino.

Outra forma de limitar o poder senhorial e trazer para a alçada régia os amorados foi a criação de coutos de homiziados pelo rei. Foram instituídos

> "nalguns lugares que conviesse povoar, sobretudo na fronteira, coutos de homiziados: os perseguidos pela justiça que se instalassem nesses lugares [...] não podiam mais ser demandados por fatos anteriores, salvo por traição ou aleivosia".[17]

Vila Nova de Milfontes (1486) recebeu 50 condenados, Caldas da Rainha (1488) e Vimioso (1494) acolheram 20 cada um e o porto da Mexilhoeira (1495) foi autorizado a receber 50 pescadores homiziados.[18]

Nos coutos de homiziados, o criminoso possuía liberdade de trânsito, sendo a circulação vetada fora da vila e seu termo, salvo em condições especiais, como, por exemplo a possibilidade de deixar o couto uma vez por ano para cuidar dos bens ou ainda a permissão para sair e obter provisões em localidades onde o abastecimento era precário. Nestes casos, o homiziado deveria portar uma carta de segurança, que servia de controle dos criminosos e de medida de proteção dos mesmos, posto que evitava que fossem presos pelos oficiais da justiça.

A instituição de coutos de homiziados pela monarquia estava intimamente relacionada ao desejo de subtrair da tutela senhorial parte dos súditos portugueses, presos e amorados. Além disso, a fim de minimizar os problemas de povoamento das fronteiras, D. João II concedeu por diversas vezes o perdão régio contanto que o suplicante se inscrevesse no livro de homiziados. Assim era determinado na carta de perdão concedida em setembro de 1483 através da qual o rei manda que o suplicante *"ssa presente per sua parte perante o capitam da dicta villa e que faça scpriver no llivro dos omiziados"*.[19]

A caridade para com os presos também se revelou na carta de D. João II que favorecia a obra caritativa da rainha D. Leonor, a fundação do hospital de Santa Maria do Pópulo, em Caldas. Em 1488, o monarca concedeu privilégios e isenções fiscais a 30 pessoas, dentre os quais 20 omiziados para povoar o local. Aproveitando-se da facilidade de acesso ao mar somada aos desagravos fiscais concedidos por D. João II, a região logo conheceu um importante desenvolvimento econômico estruturados a partir do hospital e da igreja fundados pela rainha.[20]

Ao analisarmos as cartas de perdão concedidas aos amorados observamos que a concessão do perdão régio contribuía para o povoamento e a produção nas regiões fronteiriças, bem como para diminuir as relações de solidariedade e reciprocidade entre os fugitivos e os senhores laicos e eclesiásticos. Por outro lado, o poder do rei também se fortalecia, na medida em que a concessão de perdão evidenciava que o rei era o único que podia punir e beneficiar, e que este devia atuar como um pai, castigando, mas sendo também benevolente, pois de certa forma a sua finalidade era a de reconduzir e recuperar ao rebanho a ovelha desgarrada.

Notas

1   DUARTE, Luís Miguel. "Bandos, bandidos e crimes em Portugal das caravelas". In: *Separata da Revista da Faculdade de Letras*, II série, vol. XIII. Porto, 1996, p. 246.
2   ANTT, *Chancelaria de D. João II*, livro 14, fólios 5 e 5vº.
3   *Ordenações Afonsinas*. Lisboa: Calouste Gulbenkian, 1999. 5v. Livro V, título LXXXXIII. p. 341-342.
4   ANTT, *Chancelaria de D. João II*. Livro 2, fólios 69-70.
5   ANTT, *Chancelaria de D. João II*. Livro 4, fólio 3.
6   Ordenações Afonsinas. *op. cit.* Livro I, título XXXIIII. p. 214.
7   *Idem.*
8   *Idem.*
9   ANTT, *Chancelaria de D. João II*. Livro 7, fólio 1.
10 ANTT, *Chancelaria de D. João II*. Livro 14, fólio 9.
11 ANTT, *Chancelaria de D. João II*. Livro 3, fólios 4 e 4vº.
12 ANTT, *Chancelaria de D. João II*. Livro 10, fólios 2 e 2vº.
13 *Idem, Ibidem.*
14 OLIVEIRA, Marta Tavares Escocard de. *Justiça e caridade. A produção social dos infratores pobres em Portugal, séculos XIV ao XVIII*. Tese de Doutorado. Niterói: Universidade Federal Fluminense, 2000. p. 66.
15 MORENO, Humberto Baquero. *Exilados, marginais e contestatários na sociedade portuguesa medieval*. Lisboa: Presença, 1990. p. 66.

16 OLIVEIRA, Marta Tavares Escocard de. *op. cit.* p. 78.

17 CAETANO, Marcello. *História do Direito Português*. Fontes – Direito Público (1140-1495). Lisboa: Editorial Verbo, 1981. p. 373.

18 SERRÃO, Joaquim Veríssimo. *História de Portugal [1415-1495]*, vol. 2. Lisboa: Verbo, 1980, p. 251.

19 ANTT, *Chancelaria de D. João II*. Livro 25, fólio 1.

20 SOUSA, Ivo Carneiro de. *A rainha D. Leonor (1458-1525). Poder, misericórdia, religiosidade e espiritualidade no Portugal do Renascimento*. Lisboa: Fundação Calouste Gulbenkian, 2002. p.316.

Bibliografia

ALVES, Dina Catarina Duarte. *Violência e perdão em Óbidos*. Dissertação de Mestrado. Universidade de Coimbra, 2003.

COELHO, Maria Helena da Cruz; HOMEM, Armando Luis de Carvalho (org.). *A gênese do Estado Moderno no Portugal tardo-medievo (séculos XIII-XV)*. Lisboa: Universidade Autônoma de Lisboa, 1999.

GAUVARD, Claude. *De grace especial. Crime, etat et societe en France à la fin du Moyen Age*. Paris: Publications de la Sorbonne, 1991.

HOMEM, Armando Luis de Carvalho. *O desembargo régio (1320-1433)*. Porto: Correio do Minho/Instituto Nacional de Investigação Científica, 1990.

MENDONÇA, Manuela. *D. João II. Um percurso humano e político nas origens da modernidade em Portugal*. Lisboa: Estampa, 1991.

SERRÃO, Joel, MARQUES, A. H. de Oliveira (dir.). *A nova história de Portugal*. Lisboa: Presença, 1989. 12v. V4: Portugal na crise dos séculos XIV e XV.

SILVA, Nuno J. Espinosa Gomes da. *História do direito português*. Fontes de direito. Lisboa: Fundação Calouste Gulbenkian, 2006.

TENGARRINHA, José (org.). *História de Portugal*. São Paulo: Unesp/Edusc, 2001.

VENTURA, Margarida Garcez. *Igreja e poder no século XV. Dinastia de Avis e liberdades eclesiásticas (1383-1450)*. Lisboa: Colibri, 1997.

Teúdas e manteúdas:
relações sociais conflituosas no Portugal medieval

Gracilda Alves
(Universidade Ferderal do Rio de Janeiro – Gempo)

> "O viver que é perdurável
> Não se ganha com estados
> Mundanais,
> Nem com vida deleitável
> Onde moram os pecados
> Infernais."
> (Manrique, Jorge. *Poesia Doutrinal*. Coplas, p. 89)

A mulher é cantada e decantada na poesia. Não seria a vida uma poesia de encontros e desencontros? Não estaria o poeta a retratar através de sua pena a multiplicidade dos sentimentos e de sua vivência? Em muitos casos o poeta vai assinalar a realidade com cores fortes e quase sempre procura dar destaque àqueles que mostram a transgressão e o pecado. É dentro deste universo que aqui vamos tratar de mulheres que amaram ou se relacionaram carnalmente. São mulheres que viverem situações transgressoras e que após algum tempo atormentam-se pela situação classificada de pecado mortal. E buscam o perdão régio. São estas mulheres que povoam as cartas de perdão encontradas nas Chancelarias régias de D. João II.

Podemos afirmar que as cartas de perdão estão repletas de situações já depuradas daquelas que foram reais e vivenciadas. Estas não são realmente o que foi vivido, mas sim um reflexo. A imagem que é construída já é deformada nesse reflexo daquilo que julga conveniente exibir.[1] Nelas perpassam e permeiam modos de ver e viver, de sentir e pensar dos diferentes grupos que constituem a sociedade na Dinastia de Avis.

Neste período ocorreu uma profunda transformação na vida social, moral e física do homem. Neste conjunto encontramos desde o adestramento do cavaleiro e a formação do príncipe, passando por afastar o perigo castelhano. É a época da composição de livros apologéticos, desde a didática da montaria à pedagogia do príncipe ideal. Assim, a Dinastia de Avis utilizou-se de um[2] conjunto de práticas específicas que as produzem e reproduzem.[3] Desta forma, encarregou-se através da cultura e do saber de produzir a "consciência da sua própria história e a organização dos instrumentos necessários para que ela seja escrita, conservada, transmitida".[4] Neste processo o rei toma para si o papel de fiscalizar e de legislar e assim garantir a ordem sob sua liderança como cabeça e governante do "poboo", e garantindo para ele o papel de pacificador da sociedade.[5] Ou seja, o rei tornou-se a referência a partir da qual organizam-se os discursos de identidade e os ideais sociais e sociabilizados[6] que levavam a sociedade portuguesa à civilidade.

Nas cartas de perdão encontramos uma intencionalidade e uma finalidade do discurso régio. Elas mostram claramente que o sentido é direcionado para uma política de centralização régia e para uma práxis. Nelas o sentido é produzido e deve ser apreendido simultaneamente como parte integrante de uma estrutura e como processo que vai moldando a realidade. Desta forma, podemos identificar os atores e os grupos envolvidos e mapear as redes sociais, pelas quais o sentido é produzido, lido, assimilado, elaborado, reelaborado e transformado. Desta forma, inferimos que a carta de perdão estabelece uma rede fundamental de relações que formaliza o modelo de centralização régia.[7] Desta forma o rei estabeleceu um conjunto de leis que subordinavam todos. Esta legislação tratava não somente das matérias laicas como daquelas que levava o homem à danação. Desta forma a legislação cuidava não somente da ordenação como também da salvação. Assim, a justiça régia tornou-se a última instância para todos os assuntos, mesmo os eclesiásticos.[8] O rei passou a reprimir "todos os costumes que vão contra a de Deus"[9] e, portanto, "o rei assume-se como responsável [...] pela salvação dos súditos",[10] a partir da legislação régia e de um corpo de oficiais.

Portanto, governar era fazer a justiça e isto fica claro ao lermos as cartas de perdão. Nelas verificamos que, apesar de ficar assinalado que a mulher ficava e andava "amoorada" com temor "das nossas Justiças de o pela dicta rrazom Premderem",[11] não que esta seja uma realidade absoluta, na medida em que encontramos diversos casos em que o pedido só é feito ao rei após muitos anos, como por exemplo, Isabel filha de Afonso Piriz que era moça solteira e que morava com seu pai. Pediu perdão após "seis ou ssete annos pouco mais ou menos".[12] O que demonstra a incapacidade do rei de fazer com que a justiça fosse cumprida e de punir, mas havia sido criada a ideia de que ela existia e que podia punir. Assim, verificamos que a ré assinala que existia a possibilidade de ser presa. Fato que lhe causava medo por estar vivenciando uma situação classificada como de pecado mortal.[13]

Em seguida, procura demonstrar que está pedindo ao rei por graça e "merçee",[14] e que o mesmo era feito pela "honrra da morte e paixom de nosso Senhor Jhesus cristo",[15] mostrando não só o arrependimento e reconhecimento por parte daquele que suplicava, mas, também, mostrava uma outra face do rei: a de pastor de um povo cristão. Assim, podemos afirmar que o rei é o único que pode punir e beneficiar, e que este deve atuar como um pai, castigando, mas sendo também benevolente, pois de certa forma a sua ação é educativa e a sua finalidade é a de reconduzir e recuperar ao rebanho a ovelha desgarrada, e não afastá-la mais ainda. O pedido era finalizado a partir de uma fórmula "lhe perdoassemos a nossa Justiça".[16] Ela reconhecia que só ao rei cabia o ato de punir, absolver, perdoar. Podemos concluir que a aplicação da justiça era uma das formas de afirmação do poder real,[17] na medida em os reis são postos na terra em lugar de Deus.[18]

É recorrente nas cartas que a pessoa estava vivenciando um pecado mortal ou infernal e que incorria, também, em um crime passível de punição. Da mesma forma que nas Ordenações é expressa que estas situações pecaminosas estão entre os pecados infernais e que existiam há grande tempo no reino e que continuavam a existir e a ser praticados. E que era função dos reis tolher estes usos e costumes que eram contrários às leis de Deus e, que traziam grandes danos à ordem do reino.[19] Por isso, o rei mandava fazer inquirições nas diversas regiões para levantar os possíveis desvios de conduta e assim garantir a lei e a ordem. Como no caso da barregania que colocava em risco não só o casamento, como também os bens e as esposas que ficavam desamparadas.[20]

Outros dados das cartas nos chamam a atenção, como o local em que eram concedidas. Aqui verificamos que a maioria das cartas compreende a triangulação Lisboa-Évora-Santarém. Um segundo dado é a ocorrência em todo o reino destas práticas pecaminosas, tanto ocorriam no meio rural como no urbano. Era uma realidade que atravessava as pequenas, médias ou grandes aglomerações populacionais.[21] Um terceiro dado é a ocorrência em toda a estrutura social e nos mais variados ofícios urbanos ou rurais.[22] E o quarto dado é que a grande maioria não havia sido presa.[23]

Podemos verificar pela análise das cartas que um pequeno número de pessoas eram presas, como também o de pessoas que fugiam antes de o serem. Como no caso de Isabel Diaz que mantinha uma afeição carnal com o padre João Rodriguiz, e que, ao ser presa e levada para a cadeia foi solta pelo dito João, que a tirara das mãos daquele que a levava. A referida ré pediu perdão ao rei pelo pecado cometido.[24] Ou o caso daqueles que fugiam enquanto estavam presos, como Duarte Alvarez que fora preso sob a acusação de ser "barregueiro cassado". Ele foi preso em um tronco porque em Atalaia não havia carcereiro. O referido Duarte veio a fugir durante uma noite do referido tronco. Este relato nos mostra como eram precárias as condições das prisões nos diversos lugares do reino.

Não pretendemos aqui tratar de todas as relações pecaminosas e ilícitas, mas simplesmente abordar algumas delas, como: incesto, alcovitagem, feitiçaria, rufiagem, bigamia, adultério, manceba de clérigos, de homens casados e solteiros.

Uma das formas de relações mais pecaminosas era o incesto. A legislação eclesiástica preocupou-se em definir os interditos da consanguinidade, desta forma, baseando-se no Direito Romano, manteve a interdição até o quarto grau. Como no caso de Maria Rodriguiz, viúva de Fernam Nunez e que foi denunciada por pessoas que afirmavam que ela vivera com Pero Nunez, filho do falecido. A relação é incestuosa porque o rapaz era seu enteado. Na carta de perdão que pede ao rei a referida Maria queixa-se de que ela estava sendo prejudicada porque ninguém queria mais casar com ela. Ela não assume a relação. O rei perdoa-a desde que ela pagasse 2 mil reis para a arca da piedade.[25] A quantia foi paga e recuperava, assim, a chance de contrair um novo casamento. Neste caso temos a outra parte envolvida pedindo, também, uma carta de perdão. Aqui podemos comprovar posições diferentes, porque Pero Nunez informa que ele foi denunciado por pessoas que lhe bem não queriam em umas inquirições devassas gerais. A acusação consistia que ele dormira carnalmente com a sua madrasta e que manteve relações sexuais com a referida Maria após a morte de seu pai e que esta relação havia gerado filhos. Aqui Pero Nunez não nega a ligação amorosa e nem confirma, mas pede perdão ao rei.[26]

Também Catarina Eanes foi acusada de ajudar seu marido a fugir da prisão. Aqui o acusado era Joham Monteiro que havia dormido com a irmã de sua esposa e que esta tinha ficado grávida. Este homem era acusado de dois crimes. O primeiro era o incesto e o segundo de ter matado a criança no momento do nascimento. E, apesar desta realidade, a sua esposa perdoou-o e o ajudou a fugir. Ela pede perdão ao rei que concede mediante o pagamento de mil réis.[27] Neste caso encontramos, também, a carta de Brjatiz Eannes que foi acusada de manter relações sexuais com o referido João. Deste relacionamento ela dera à luz uma criança e a lançara fora. Aqui verificamos que a referida mulher assume o culpa pela morte da criança. Briatiz pede perdão ao rei pelos dois crimes e este lhe concede mediante o pagamento de 2 mil reis brancos para a arca da piedade.[28] Podemos concluir que tanto João como Beatriz haviam participado na morte da criança.

Outra mulher de nome Catarina Margualha é acusada de incesto. Em sua defesa afirma que, após a morte de seu pai, ela e a sua irmã passavam por muitas necessidades e que o seu tio Álvaro Fernandez veio morar com elas e que o mesmo passou a manter relações carnais com as duas irmãs. E que ela havia ficado prenha dele. E que ela parira uma criança morta. Ela foi acusada e presa. Permanecendo na prisão por dois ou três anos e, após esse tempo fugiu com outros presos. Pede perdão ao rei. Este a perdoa pela morte da criança afirmando que ela não tinha culpa por a criança nascer morta, mas lhe cobra mil réis pela relação incestuosa.[29] Ou, ainda, o caso de Isabel, moça solteira, que morava na casa de seu pai Afonso Piriz e que manteve relações com o seu tio Lopo Diaz. Dessa relação ela tivera uma criança que abandonou em um buraco e aí permaneceu a referida criança por meia hora. Sendo encontrada por vizinhos de seu pai que a fizeram batizar. Mas a criança morreu logo por não ter mamado. Ela pede perdão ao rei pelo crime e este lhe perdoa o incesto, mas lhe cobra mil reis e em relação à morte do filho ou filha. O rei diz que se ela se sentir culpada que "liuresse" por seu dinheiro,[30] portanto, o rei perdoa a relação incestuosa, mas não a morte da criança.

Temos, também, o caso de Catarina Martinz que foi acusada de ter mantido relações carnais Gonçalo Rocha. Nesse caso não seria incesto porque não eram parentes. Essa relação só se tornou incestuosa no momento em que Catarina encaminhou o referido Gonçalo Rocha para sua filha Inês Gonçaluez. E este passou a dormir com as duas mulheres. Assim, Catarina passa a incorrer em dois crimes, o de incesto e o de alcovitagem. Ela pede perdão ao rei, que a perdoa desde que ela pagasse 2 mil réis para a arca da piedade.[31]

A segunda situação trabalhada é a da alcovitagem. Este é o caso de Briatiz Eanes que alcovitara uma Briatiz Borjes, mulher casada com Martim Vasquez, e que a dera "a cavallgar" a um Afonso Rodriguez. Neste caso temos dois crimes. O de alcovitagem praticado por Briatiz Eanes e o de adultério praticado por Briatiz Borjes. Aqui o marido perdoa a esposa afirmando que a mesma não havia cometido o crime que a haviam acusado. Neste caso, o rei perdoou a acusada a partir do perdão do marido e cobra a quantia de 1.500 reais.[32]

A terceira é em relação à prática de feitiçaria associada a alcovitagem. Como podemos exemplificar a partir de Brites Fernandes, que foi acusada em uma Inquirição Devassa de que era alcoviteira, fazia feitiços e vivia mal. Ela foi presa, julgada e condenada a uma pena de um ano de degredo. Ela cumpre parte do degredo e pede ao rei que releve os seis meses que lhe faltavam cumprir. O rei perdoa e cobra seiscentos reais brancos para a arca da piedade.[33]

A quarta situação é a de rufiagem. Neste caso temos Maria Soares que era mulher solteira da mancebia e que tivera no partido por rufião Ruy Migueez criado da Infanta Dona Briatiz e que ela lhe dava de vestir, calçar e todas as outras coisas necessárias para ele e, em contra, partida, ela era defendida e guardada por ele. Ela pede perdão ao rei reconhecendo o malefício e pecado que estava cometendo. O rei a perdoa desde que ela não tome o dito Rui Migueez por seu rufião e nenhum outro homem. E não lhe cobra nenhuma quantia ou lhe aplica pena.[34] Essa situação também é vivenciada por Catarina Lopez vivia da mancebia e ainda aí morava no momento em que pede perdão ao rei. Ela informa que tivera por seu rufião a Pero Lourenço e com ele mantivera afeição carnal e que o referido Pero a defendia e recebia em troca de comer, vestir, calçar e todo o que lhe era necessário.[35] Reconhece o erro e pede perdão e o recebeu.

O quinto e o sexto casos – bigamia e adultério – quase sempre estão relacionados e tanto ocorrem pela parte masculina como feminina. Nessa sociedade o adultério era considerado um dos mais graves crimes e estava ao nível dos pecados infernais, em que a pena prevista era a de morte para todo aquele que não fosse "Cavaleiro, ou Fidalgo de linhagem de solar". A pessoa só escapava da referida pena se o marido se reconciliasse com a mulher e perdoasse o adultério cometido ou se a mulher tivesse a mesma atitude. Neste caso, a ré teria a comutação da pena de morte para degredo por sete anos em Ceuta.[36] Verificamos que uma parte desses casos era denunciada, por exemplo, em inquirição devassa.[37]

Em relação aos femininos. Encontramos casos como o de Briatiz Fernandez moradora em Soure e que no momento em que pede a carta de perdão já era viúva. Ela relata que quando era casada tivera um relacionamento carnal com Joham Afonso e que deste relacionamento nasceu um filho, já falecido. Afirmando, ainda, que recebia dele bem fazer, mas reconheceu que estava vivendo com ele em pecado mortal. Afastando-se dele. Pede perdão ao rei. Este lhe concede o perdão sem lhe aplicar qualquer tipo de punição.[38] O mesmo pedido é feito por Isabel, mulher solteira moradora de Lisboa que pede perdão por ter sido manceba de Pero Alvarez, que era casado, e desta união nasceu uma filha. Afirma que se afastou dele e que vivia agora bem e honestamente. O rei lhe concede o perdão.[39]

Na mesma linha encontramos Jsabel de Andrade, mulher solteira, e moradora de "elanquer". Ela informa que tivera uma relação amorosa com Joham de Coimbra, homem casado, escudeiro e Juiz em a dita Vila. Ela reconhece o pecado e pede perdão ao rei. Que lhe concede sem lhe aplicar nenhuma pena.[40] Ou, ainda, Filipa Rodriguiz que mantivera um relacionamento amoroso com Pero Lopez que era casado com Violante Annes. Filipa reconhece que vivia uma situação pecaminosa e afasta-se dele e pede o perdão ao rei.[41] Esta situação, também é vivida por Catarina Afonso, que foi manceba de Gonçalo Esteuenz, que era lavrador e casado. A relação foi longa, porque dela nascera filhos e filhas, e essa mulher reconheceu que vivia uma situação de pecado mortal e se afastou, e pediu e conseguiu o perdão régio.[42]

O sétimo tipo é o mais recorrente nas cartas de perdão, principalmente nas relações carnais que envolvem mulheres e religiosos. Para ser teúda e manteúda não precisava ser uma mulher jovem. Na verdade, as cartas de perdão são omissas na maioria dos casos em relação à idade das mulheres, mas podemos inferir que a maioria delas estava em idade fértil pelo número de filhos concebidos por estas relações, mas encontramos mulheres com idade avançada. Como no caso de Catarina Rodrigues era solteira com idade de "LX" anos e o religioso de nome Álvaro Fernandes, vigário da Igreja com idade de "LXXX" anos. A carta não nos informa o tempo em que era mantida a relação entre os dois. Sabemos somente que ela foi acusada de ser manceba do referido religioso e por essa relação foi condenada a um ano de degredo fora da cidade de Lisboa e de seu termo. A referida mulher vai para o degredo e após seis ou sete meses de degredo pede ao rei que lhe perdoe o restante do tempo que faltava para cumprir o referido degredo. Este pedido é justificado por ser uma mulher de fraca disposição e de 60 anos, que "ouvessemos" com ela piedade e compaixão e lhe relevássemos o mais tempo. O rei perdoa desde que ela pagasse 500 réis brancos.

Também é o caso de Lianor que na carta de perdão informa que ela era uma velha mulher solteira, sem, entretanto, informar a idade precisa. Esta afirma que estivera por "barregam" de Frei Pero, que por este relacionamento havia sido denunciada e levada à prisão de Santarém e condenada ao degredo de um ano. Ela informa ao rei que já lhe serviu por sete meses e que lhe ficaram por servir cinco meses e pede-lhe que lhe releve o tempo que ficou por servir. O rei lhe perdoa e lhe cobra 500 réis.[43] O que ela faz imediatamente e consegue assim o perdão do restante do tempo que ficou por cumprir.

Outros casos são de mulheres jovens, como o de Ysabel Diaz, que morava na vila de Tentugal, e que, segundo suas palavras, tivera afeição carnal com Joham Rodriguiz que era "clericuo de mysa" e desta relação nasceu um filho e uma filha. Ela foi acusada e presa e no caminho para a cadeia o referido João a salvara e ela fugira. Ela reconhece que cometera dois crimes e pede perdão ao rei que lhe concede sem nenhum tipo de punição ou cobrança.[44] Também temos Maria Gonçaluez, mulher solteira e moradora em Pinhel, que mantivera uma relação carnal com Vasco Fernandez, abade e padre do local, resultando dessa relação pecaminosa um filho. A referida mulher reconhece que recebera muito bem fazer mas que estava incorrendo em pecado mortal e pede e consegue o perdão régio.[45] Ou, ainda, Catarina Rodriguiz que mantivera uma relação com o padre e abade Joham Vaaz. Dessa relação nasceu um filho e uma filha. Ela pede perdão ao rei e o concebe.[46]

Outra mulher solteira de nome Isabel Corea manteve relações carnais com Vasco Martjnz Carapinho, que era o padre da Igreja de Montemor-o-Novo, e reconhecia que estava em pecado e pediu e recebeu o perdão régio.[47] E, Maria Vaasquez, que manteve uma relação com Vasco Rodriguiz, que era padre e priol. Desta relação nasceu um filho. Ela reconheceu que cometeu um crime, afirmando que estava arrependida e pedia e conseguia o perdão régio.[48] Este também é o caso de Merçia da Fonseca, que manteve relacionamento com Joham Aluaro, que era padre e raçoeiro de São Martinho de Mouros e que deste relacionamento longo nasceram diversos filhos e filhas. A referida mulher reconhecia que estava cometendo um pecado e um crime e afastou-se dele e de sua "coima" e obtém assim o perdão régio.[49] E Lianor Correa também mantinha uma relação pecaminosa com Fernam Lopez que havia sido o Capelão "delRey meu Senhor e padre cuJa allma deus aJa" e desta união nasceram filhos. O perdão é pedido e dado.[50]

Temos também o caso de Catarina Afomso, mulher solteira, que estivera por manceba de um frade de Santo Agostinho de nome Rodrigo. Ela reconhece que estava vivendo em pecado e afastou-se dele e Rodrigo foi viver fora de Portugal. Só que esta mulher não continua a viver honestamente, pois passa a ser manceba de um homem casado de nome Joham Alvarez Palloso, que no momento em que pede a carta de perdão já era falecido. Em sua defesa, Catarina afirma que apesar de ser casado ele vivia só porque a mulher fugira com outro homem. Ela reconhece os pecados, pede perdão e afirma que quer viver bem e honestamente e não tornar a pecar. O rei a perdoa sem lhe aplicar nenhuma punição.[51]

Finalmente, encontramos o caso de Jnes Luis que era manceba de Ruj Rodriguiz, abade de São Salvador da vila de Canas de Senhorinho e que foi presa por Lopo Gonçaluiz, Juiz da referida vila. Ela estava sendo levada pela rua sem que nenhuma pessoa a estivesse segurando. Quando dois de seus filhos e outros homens juntos com Jsabel Soarez, que era esposa de Álvaro Carvalho, senhor do lugar, aproximou-se. Inês aproveitou e fugiu do referido Juiz e refugiou-se na casa do referido senhor. Inês pede a primeira carta de perdão pela relação pecaminosa e a obtém e depois pede uma segunda carta pela fuga e informa que a mesma foi sem levar ferros alguns nem romper portas. Afirmava, ainda, que temia ser presa pela referida fuga. O rei a perdoa e cobra-lhe 100 réis para as despesas da "Relaçam".[52] Inês pagou imediatamente a quantia e obteve o perdão régio. Aqui verificamos que a presa era levada por uma rua da referida vila sem nenhum tipo de prisão ou qualquer pessoa que a segurasse. Ela ia simplesmente acompanhando o Juiz. Em segundo lugar a fuga se dá com a colaboração de dois filhos dela, ou seja, já eram adultos, e de outros homens do lugar, que apesar de conhecerem a situação pecaminosa que aquela mulher vivia com o religioso a ajudam a fugir junto com a senhora do lugar. Podemos levantar algumas questões. A primeira é por que Isabel Soares a ajudou a fugir. A segunda é por que a escondeu em sua residência. E a terceira é por que o Juiz não foi lá e não a prendeu. Aqui verificamos que a lei possuía muitos entraves para ser aplicada.

O rei ia moldando os caminhos do reino a partir de uma política de centralização do poder e da construção de um aparato administrativo e jurídico. Esta realidade conferia uma feição ao reino e ao povo e estabelecia a ideologia que permitia amalgamar os diversos caminhos e atores que formavam o povo português. Um destes atores é a figura da mulher. Não uma figura idealizada, mas real, pulsante e que pode desempenhar diversos papéis, como a de filha, esposa, mãe, ou daquela que participa de brigas, roubos, da mancebia ou de relações amorosas fora do casamento. São mulheres de nome Ana, Maria, Briolante, Isabel, Mércia e tantas outras que estão solicitando uma carta de perdão ao rei por terem "afeiçom carnall" e que "esteuera por manceba theuda e mantheuda de huum"[53] homem que poderia um religioso, casado ou solteiro e muitas vezes dessa relação resultavam filhos, o que nos demonstra que não era um relacionamento ocasional ou efêmero.

Nesta comunicação trabalhamos com os mecanismos jurídicos e ideológicos a que a mulher estava atrelada e os diversos fios condutores da sociedade que nos trazem uma mulher, um nome, uma situação, uma realidade tão real e comum da sociedade portuguesa dos quinhentos. Trouxemos aqui algumas mulheres reais, com rosto, corpo, pecados e, principalmente, com consciência que pedem o perdão ao rei para reintegrarem-se à sociedade e muitas vezes voltarem a cometer os mesmos pecados ou não. As cartas nos mostram imagens das relações amorosas decorrentes da vida. Encontros e desencontros na constante busca pelo amor e pela felicidade de Felipa, Isabel, Clara, Maria, Catarina, Leonor, Beatriz entre tantas outras mulheres. Simplesmente mulheres.

Notas

1. Duby, Georges. *Heloisa, Isolda e outras damas do século XIII*. São Paulo: Companhia das Letras, 1995, p. 10-2.
2. Fróes, Vânia Leite. *Era no tempo do rei* – estudo sobre o ideal do rei e das singularidades do imaginário português no final da Idade Média (Tese para prof. Titular em História Medieval). Niterói: [s.n.], 1995, p. 19.
3. Chartier, Roger. *História Cultural entre Práticas e Representações*. Lisboa: Difel, 1990, p. 26-7.
4. *Ibidem*, p. 216.
5. *Ibidem*, p. 215.
6. Elias, Norbert. *O processo civilizador*. Rio de Janeiro: Jorge Zahar, 1990.
7. Pietroforte, Antonio Vicente. *Semiótica visual* – os percursos do olhar. São Paulo: Contexto, 2004, p. 13.
8. Sobre esta temática: Ventura, Margarida Garcez. *Igreja e poder no século XV. Dinastia de Avis e liberalidades eclesiásticas (1383-1450)*. Lisboa: Colibri, 1997.
9. *Ibidem*, p. 77.
10. *Ibidem*, p. 252.
11. ANTT, *Chancelaria de D. João II*, L. 08, f. 10.
12. ANTT, *Chancelaria de D. João II*, L. 05, f. 04 v.
13. ANTT, *Chancelaria de D. João II*, L. 05, f. 08 v.
14. ANTT, *Chancelaria de D. João II*, L. 05, f. 09 v.
15. ANTT, *Chancelaria de D. João II*, L. 05, f. 04 v.
16. ANTT, *Chancelaria de D. João II*, L. 03, f. 01 v.
17. Homem, Armando Luís de Carvalho, *op. cit.*, p. 16-28.
18. *Ordenações Afonsinas*, *op.cit.*, p. 395.
19. *Ordenações Afonsinas*. Lisboa: Calouste Gulbenkiam, 1984, Livro VII, Título XX, p. 32-5.
20. *Ordenações Afonsinas*. Lisboa: Calouste Gulbenkiam, 1984, Livro V, Título XX, p. 72-85.
21. Podemos exemplificar: Atalaia, Coimbra, Lisboa, Montemor-o-Novo, Santarém, Torres Novas, Várzea, Vila de Barcelos, Vila do Conde e Vila de Estremoz.

22 Exemplificando: Criado, Escudeiro, Juiz, Ferreiro, Lavrador e Marisqueira.
23 Numa amostragem de 45 cartas, encontramos: 36 pessoas que não foram presas, 7 presas e 2 degradadas.
24 ANTT, *Chancelaria de D. João II*. L. 16, f. 08 v.
25 ANTT, *Chancelaria de D. João II*. L. 22, f. 7v.
26 ANTT, *Chancelaria de D. João II*. L. 08, f. 10.
27 ANTT, *Chancelaria de D. João II*. L. 02, f. 23v.
28 ANTT, *Chancelaria de D. João II*. L. 03, f. 01v.
29 ANTT, *Chancelaria de D. João II*. L. 02, f. 120v.
30 ANTT, *Chancelaria de D. João II*. L. 05, f. 04 v.
31 ANTT, *Chancelaria de D. João II*. L. 06, f. 147v.
32 ANTT, *Chancelaria de D. João II*. L. 02, f. 69.
33 ANTT, *Chancelaria de D. João II*. L. 03, f. 50.
34 ANTT, *Chancelaria de D. João II*. L. 02, f. 156.
35 ANTT, *Chancelaria de D. João II*. L. 05, f. 08 v.
36 *Ordenações Afonsinas*. Lisboa: Calouste Gulbenkiam, 1984, Livro V, Título VII, p. 32-5.
37 ANTT, *Chancelaria de D. João II*. L. 05, f. 07.
38 ANTT, *Chancelaria de D. João II*. L. 05, f. 08 v.
39 ANTT, *Chancelaria de D. João II*. L. 04, f. 03v.
40 ANTT, *Chancelaria de D. João II*. L. 14, f. 11.
41 ANTT, *Chancelaria de D. João II*. L. 27, f. 01.
42 ANTT, *Chancelaria de D. João II*. L. 08, f. 03v.
43 ANTT, *Chancelaria de D. João II*. L. 27, f. 04v.
44 ANTT, *Chancelaria de D. João II*. L. 16, f. 08 v.
45 ANTT, *Chancelaria de D. João II*. L. 05, f. 08 v.
46 ANTT, *Chancelaria de D. João II*. L. 05, f. 06.
47 ANTT, *Chancelaria de D. João II*. L. 05, f. 05 v.
48 ANTT, *Chancelaria de D. João II*. L. 05, f. 05 v.
49 ANTT, *Chancelaria de D. João II*. L. 14, f. 01.
50 ANTT, *Chancelaria de D. João II*. L. 14, f. 10 v.
51 ANTT,*Chancelaria de D. João II*. L. 22, f. 07.
52 ANTT, *Chancelaria de D. João II*. L. 14, f. 02 v.
53 ANTT, *Chancelaria de D. João II*. L. 05, f. 05v.

Artimanhas legais femininas: a condição social feminina no Portugal medieval

Sooraya Karoan Lino de Medeiros
(Doutoranda – USP/Gempo)

O trabalho que ora apresentamos tem suas origens na dissertação de Mestrado, quando entramos em contato com uma série de documentos avulsos oriundos de arquivos portugueses cujos personagens de relevo eram mulheres que faziam contratos de aforamento ou legavam seus bens em testamento. Até então, nosso conhecimento sobre as mulheres medievais se resumia ao modelo proposto por uma historiografia mais tradicional, que restringe a mulher essencialmente aos espaços privados, caracterizando-a invariavelmente através do olhar masculino.

Na sociedade medieval portuguesa a mulher encontrava nos instrumentos enunciados na legislação do reino dispositivos e margens de manobra para garantir a manutenção de seus direitos, além da possibilidade de dispor de seus bens, tentamos então reconstituir a condição social da mulher portuguesa em torno das práticas femininas. Os casos documentais onde a mulher, sem a tutela masculina, senhora de propriedades, dirige-se ao rei buscando a confirmação de seus privilégios ou envolve-se em disputas sobre demarcação de terras com outros senhores ou concelhos nos mostram as mulheres envolvidas nos embates políticos característicos do período.

Em Portugal, os contratos de propriedade firmados por escrito envolvem predominantemente o casal,[1] que representava uma unidade territorial e fiscal constituindo a base da ocupação produtiva, agrícola e pastoril. Esses contratos sobre a terra poderiam ser feitos através de emprazamento,[2] feito pelo período de uma a quatro vidas, aforamento,[3] perpétuo ou hereditário, ou ainda arrendamento,[4] estabelecido por um determinado número de anos que poderia variar de seis a cem. A fórmula utilizada tinha como objetivo assegurar o constante rendimento senhorial e reduzir seus prejuízos econômicos, de tal maneira que o texto detalhava os direitos e deveres dos lavradores, ressaltando que estes recaíram tanto sobre o homem quanto sobre sua mulher, ou seja, ambos responderiam por quaisquer dívidas ou danos à propriedade. Usualmente, como forma de garantir a continuidade do contrato por todo tempo que ele foi firmado, as partes obrigavam-se ao pagamento de multas, dando seus bens, como garantia.

> o dito Emprazador disse que elle por sy e por a dita sua molher e persoas rreçebeo em sy ho dicto prazo da dicta vinha e çhaaom com todallas clasullas e comdiçoes sobre ditas E asy as prometeo de comprir e manteer e paguar em cada huum anno ao dito moesteiro ha dita Reçom e foro como sobre dito he sob a dita pena e obriguaçom de seus beens e da dita sua molher e persoas que pera ello obrigou[5]

Essa fórmula era corroborada pela legislação portuguesa que determinava que a esposa tornava-se "cabeça do casal"[6] com a morte do marido, isto é, o indivíduo responsável pelo contrato de emprazamento, aforamento ou arrendamento daquela unidade territorial. Dessa forma, a mulher poderia legalmente manter as terras que tivesse em seu poder, assegurando a renda ao grupo senhorial.

A disputa entre "Joham gonçaluez e margarida annes" e o Mosteiro de Santa Cruz de Coimbra por "tres couzellas doliuares" em Leiria confirma a posse de terra e a transmissão patrimonial pela via feminina. O casal obteve a posse dessa terra contestada pelo Mosteiro, que levou a questão a juízo e em frente ao tabelião real da vila o prior pediu "que lhe mostrasem algum titulo de dereito por que esteuesem em pose delles" caso contrário deveriam abrir mão dos olivais passando-os ao Mosteiro. Os réus então evocam seus ancestrais para atestar o tempo que o aforamento estava em sua posse.

> ffoy dito que elles tragiam os ditos uliuanaes eque os ouuera d'Afonso marques Condinho seu antecesor que os ouuera de Compra affonso daueiro ese morera ho dito affonso marques e que elle casara com sua molher morinha affonso aqual se ujera depoys apasar deste mundo e per sua morte fficarom se ditos oliuanaes aelle dito Joham gonçaluez que era Verdade que elle eseus antecesores que fforom de çento e duzentos annoos Aaca sempre esteuerom depose dos ditos uliuanaes[7]

Ao mencionarem o histórico das transferências de posse do aforamento os réus afirmam que obtiveram o aforamento através de um antecessor de "Joham gonçaluez" que se casou com "morinha affonso" que nomeou-o como sucessor. Para "huma pessoa que o pustumeiro delles ante da sua morte nomear"[8] é a fórmula documental que legitimava o argumento dos réus de que herdaram a terra da mulher de seu antecessor. De fato, a documentação é pródiga nas afirmações sobre o último do casal a morrer ser o responsável por indicar a pessoa que tomaria posse da terra.

A legislação que regulava o casamento dedicou-se particularmente ao controle dos bens do casal, determinando que, com a morte do marido, a mulher deveria ficar como "cabeça do casal", de posse de todo os bens, além de restringir a negociação dos bens pelo marido sem o consentimento expresso da mulher por procuração. A postura legal era corroborada pela prática, como podemos concluir pelo caso de um emprazamento entre o Mosteiro de Santa Maria da Vitória-Batalha e "fernam uaasquez tabaliam" e "catalljna martjnz ssua molher" que, dentre as funções e obrigações do casal afirma que "E com condiçom que posto que o dicto fernam vaasquez quyra vender ou escanbar ou doar que o dicto he que nom possa fazer ssem outorgamento da dicta ssua molher".[9]

As negociações sobre terras são um nicho privilegiado para verificar o espaço ocupado pela mulher.[10] Ainda que a legislação previsse e assegurasse diversos direitos para as mulheres, é no entrecruzamento dos dados obtidos com a análise das práticas que as mulheres despontam e sua condição social pode ser verificada mais claramente. Os contratos de terra poderiam ser feitos por mulheres sozinhas em seus próprios nomes ou em nome dos cônjuges e as obrigações daí advindas não eram diferentes. Fazer a terra produzir, tirar dela seus frutos, melhorar a propriedade e pagar os direitos do senhor nas datas acordadas no contrato eram obrigações do emprazador ou aforador, independentemente se homem ou mulher.

Como era o caso de Margarida Anes, moradora da Portela, que consta no "Livro nobre de todas as propriedades" do Mosteiro de Santa Cruz de Coimbra como devedora, por que "he de dar de foros huum alqueire de trigoo polla belha E duas galinhas e x ouos" e é citada "porque nom quer pagar o dirreito ao moesteiro".[11] Numa área com problemas demográficos como o reino português era fundamental atrelar o trabalhador à terra; isto se dava através de diversas cláusulas que se consolidaram através dos séculos,[12] dentre as quais recebe grande destaque a continuidade da produção através da presença dos trabalhadores na terra, "condiçom que o morem corporalmente e contynuadamente na cabeça do dicto casal".[13]

No mesmo fólio, há dois documentos sobre esta mulher que explicam a situação: o livro afirma que Margarida Anes é herdeira de um casal na Portela que está despovoado e o Mosteiro a convoca a morar na terra, povoá-lo e fazê-lo produzir. Até onde podemos rastrear, Margarida continuou recusando-se a assumir o objeto de sua herança e continua a ser citada pelo Mosteiro.[14]

Uma mulher comum. Comum porque a fórmula documental nos indica as origens do indivíduo que conclui um contrato, seja informando sua profissão, seu parentesco ou seus laços de subordinação; quando nenhuma menção é feita, usualmente significa que a pessoa pertence ao grupo dos camponeses. Uma mulher, sobre a qual pouca informação nos é dada, herda um casal e diante de um mosteiro de grande poder como o de Santa Cruz de Coimbra, se recusa a assumir as responsabilidades de seu herdamento.

A participação feminina nos jogos políticos se dava através dos mesmos processos aos quais recorreria um personagem masculino. Mulheres solteiras, casadas, viúvas ou mesmo religiosas, a documentação nos mostra os meios através dos quais elas exerciam seus direitos em testamentos, procurações destinadas a seus maridos ou procuradores de sua escolha, contratos sobre bens móveis e de raiz, na cidade ou em seu termo, ou mesmo no casos de criminosas que encaminhavam cartas de perdão ao rei.

No seio da nobreza as mulheres desempenhavam um importante papel no estabelecimento de alianças através do casamento. Porém, as chamadas filhas segundas, em geral, ingressavam em uma congregação religiosa onde frequentemente destacavam-se como grandes proprietárias, administradoras de seus bens e no exercício de altos cargos religiosos que lhes permitia captar riqueza e honra nobiliárquica para as instituições às quais pertenciam, inserindo-se também nas disputas senhoriais portuguesas e nos embates com a coroa.[15]

Em meio aos conflitos entre os poderes, as mulheres desempenhavam ativo papel estreitando as relações entre a nobreza laica e a eclesiástica. As monjas, por exemplo, a despeito das limitações conventuais, eram gestoras do vultoso patrimônio monástico além de manterem o controle de seus bens pessoais e as rendas daí advindas, em muitos casos tornando os mosteiros pólos de riquezas, onde viviam como senhoras, segundo a posição que partilhavam no mundo, cercadas por servidores e procuradores.[16]

Um exemplo da atuação das filhas segundas da nobreza foi a Abadessa de Lorvão, que em 1416 recorre ao Infante D. Pedro quando vê seus direitos tomados por um funcionário.

> Eu o Infante Dom Pedro Duque de Coimbra faço saber a vôs Affonso Esteues meu Almoxarife em Aluayazere, e quaes quer outros juizes, e justiças a que esto pertencer que esta Carta for mostrada, que a Donna Abbadessa de Loruão me inuiou a dizer que Aluaro Dias meu escudeiro, a quem eu dei encargo de demarcar e prouver os meus dereytos que eu hei em as minhas terras lhe fizera tomada em alguns dereitos que ella deue dar no meu lugar de Abiul dos quais tem Carta de ElRey meu senhor e meu Padre, porque os haja e eu uista a dita Carta uos mando, que lhos deixeis hauer pella guiza, que os ella hauia, antes que lhe fosse embargada por o dito Aluaro Dias[17]

A dimensão do ser mulher parece ter muito pouca importância em detrimento da posição de autoridade eclesiástica ocupada e do ser uma Senhora, à frente de um senhorio eclesiástico poderosso como o do Mosteiro de Lorvão. Ingressar em um mosteiro, longe de representar um abandono do mundo, representava um novo espaço de ação e preservação patrimonial, de autonomia e poder.

A documentação nos permite ver essas mulheres inseridas num sistema normativo leigo, tema muito pouco explorado pela historiografia mais habituada a ver essas mulheres a partir de códigos e manuais religiosos. Nesse sentido, é preciso ressaltar também que, para fazer valer seus interesses, em grande medida essas mulheres precisavam se contrapor às sanções impostas pela Igreja, que impunha uma série de normas restritivas às suas ações. Elas precisavam, então, jogar com as regras estabelecidas pela lei religiosa e laica, aplicadas num ambiente marcado pelos embates senhoriais, de modo a explorar as margens de manobra e negociação em favor de seus objetivos.

Como laica e nobre senhora, a mulher também nos surge disputando terras e privilégios, como a Condessa, senhora de Pombalinho. Este caso nos mostra como as relações entre os braços da nobreza, apesar de estreitas, também poderiam ser tensas. A querela se deu entre a Condessa e o Mosteiro de Santa Cruz de Coimbra em torno de um local chamado Alvorge pertencente ao mosteiro e consistia duma queixa do mosteiro cujas terras eram vizinhas do Alvorge, que a Condessa "se metera a mandar Romper muJtas terras das dictas demarcaçooes", além de cobrar taxas, o que causava prejuízos ao senhorio eclesiástico. O mosteiro, por sua vez, exigia que a ré abrisse mão das terras invadidas, coisa a qual ela se recusava.

> A dicta Condessa Ree por sy e seus Caseiros Lauradores do dicto seu lugar e de pombarinho e outras pessoas de quynze annos a esta parte se metera a mandar Romper muJtas terras das dictas de marcaçooes e deuisooes há dentro daquella parte Contra hoponente e aguiam hyndo do Aluorge Antre o dicto lngar (sic) de pombarinho e do Aluorge em maneira que ella Ree tinha tomado Aos dictos Autores do termo do dicto seu lugar do Aluorge e das dictas suas marcaçooes e deuisooes a dentro huum Carto

> de legoa de terra e posto que os dictos Autores per muitas Vezes Requeressem como AJnda Requeriam a dicta Ree que abrisse maao de todallas terras que mandara Romper das dictas demarcaçoes do Aluorge a dentro e as leixasse liures e defembarguadas aelles Autores e seu Mosteiro aque pertenciam com as nouidades que Rendiam: a dicta Ree ho Recusara fazer como oJe em dia o Recusaua e desto era pruuica Vooz e fama pedindonos o dicto Autor que por nossa de fenerua sentença condenasemos a dicta Condessa Ree que abrisse maaoo de todallas terras que mandara Romper dos dictos marcor e diuisooes[18]

A disputa, longe de ter uma solução fácil, se prolongou por muitos anos, ultrapassando o tempo de vida de muitos de seus personagens. A primeira sentença pronunciada em torno da questão é de 1428, porém a Condessa conseguiu manter a disputa a despeito das provas contra si apresentadas pelo Mosteiro, que consistiam da doação original feita por D. Afonso Henriques e as inquirições promovidas por D. Duarte e o depoimento dos homens bons do Alvorge e de Pombalinho que afirmaram reconhecer que as terras invadidas não pertenciam à Condessa. A ré não pôde ganhar a causa, pois havia uma doação real, e a última sentença de 1520 que confirmava a primeira, dava ganho de causa ao Mosteiro.

A análise do *corpus* documental de que dispomos nos dá a conhecer diversas mulheres, sobre as quais, de fato, sabemos muito pouco. Porém, estas figuras femininas não são anônimas. Têm sua posição social expressa em litígios pela posse de terras, em pedidos de legitimação e até mesmo em processos criminais, elas poderiam ser rainhas, abadessas, grandes senhoras ou pessoas comuns.

Assim, a despeito da idealização cristã da mulher submissa dedicada a atividades próprias da domesticidade, parece-nos que em Portugal as questões econômicas são mais prementes. As leis que lhes davam a condição de responsáveis por suas propriedades ou pelos contratos feitos com o marido, que as tornavam senhoras de seus bens, livres para deixá-los em testamento a quaisquer pessoas, refletiam a prática daquela sociedade. Por isso a mulher portuguesa, mesmo as casadas ou as lavradoras mais humildes, desempenhavam um papel fundamental na manutenção da produção do reino, do sustento de sua família e nos lucros do senhor/senhora das terras que aforava ou emprazava.

As mulheres com as quais nos deparamos ao longo da análise da documentação podem parecer exceções, tesouros em meio à imensidão dos acervos dos arquivos, mas são na verdade apenas alguns exemplos entre muitas outras mulheres que expressam suas vontades e exercem seus direitos em meio à sociedade medieval. Direitos, estes, que estão estabelecidos nas inúmeras leis promulgadas pelos reis portugueses não somente como proposições teóricas jamais aplicadas. Quanto a sua condição, a legislação preconiza e o *corpus* documental confirma que eram indivíduos ativos social, política e economicamente que tomavam parte nos rumos do reino. As mulheres emprazam, aforam, trocam e renunciam propriedades. São senhoras de suas terras, fossem estas grandes propriedades rurais sobre as quais tivessem jurisdição, fossem pequenas casas nas cidades. Solteiras, casadas ou viúvas exercem direitos e deveres como quaisquer outros súditos do reino.

As formas de viver e pensar das mulheres estavam estreitamente relacionadas às condições materiais de suas existências. Na medida em que as personagens que analisamos tiveram suas ações e seus direitos amparados por uma legislação laica, quando outras instâncias normativas – como a Igreja – vedavam às mulheres qualquer tipo de autonomia, os indícios apontam que a cultura oficial e erudita não constituía um bloco monolítico e, apesar da condição subalterna que foi imputada às mulheres pela tradição cristã, em suas experiências elas foram capazes de encontrar espaços para negociação e resistência.

Notas

1 ANTT, *Cabido da Sé de Coimbra*, livro 2, fol.LBJ v, LBIJ.
2 ANTT, *Cabido da Sé de Coimbra*, livro 2, fol.xxxIIJ, XXXIIIJ.
3 ANTT, *Colegiada de Coimbra e São João de Almedina*, maço 4, nº19.
4 ANTT, *Cabido da Sé de Coimbra*, documentos particulares, 2ª incorporação, maço 77, nº 3189.
5 ANTT, Mosteiro de Santa Cruz de Coimbra, maço 51, nº 56, alm. 35, maço 9, nº 43.

6   *Ordenações Afonsinas*. Lisboa: Fundação Calouste Gulberkian, 1999. 5vols. Livro 4, p. 76, título XII.
7   ANTT, Mosteiro de Santa Cruz de Coimbra, livro 2, fol. CXXVIX, doc. CXX|.
8   ANTT, Mosteiro de Santa Cruz de Coimbra, maço 59, nº 64, alm.18, maço 1, nº 23.
9   ANTT, Mosteiro de Santa Maria da Vitória-Batalha, nº 4, fólio 212.
10 Cf. COELHO, Maria Helena da Cruz; VENTURA, Leontina. "A mulher como um bem e os bens das mulheres". In: *Congresso A mulher na sociedade portuguesa*, 1985, Coimbra. Anais ... Coimbra: Faculdade da Universidade de Letras da Universidade de Coimbra, 1986, 2 vols.
11 ANTT, Mosteiro de Santa Cruz de Coimbra, nº 94, fólio 199.
12 Um dos exemplos que podemos citar é a Lei das Sesmarias de 1375, promulgada no reinado de D. Fernando.
13 ANTT, *Cabido da Sé de Coimbra*, livro 1, fol. CXXX.
14 ANTT, Mosteiro de Santa Cruz de Coimbra, nº 94, fólio 307.
15 AUC – Convento de Santa Clara de Coimbra, livro 33, f.3.
16 Cf. ANDRADE, Maria Filomena. *O Mosteiro de Chelas: uma comunidade feminina na Baixa Idade Média. Património e gestão.* Porto: Universidade do Porto, disssertação (Mestrado em História Medieval) – Pós-graduação em História, 1996.
17 ANTT, Mosteiro de Santa Maria de Lorvão, livro 40, f.22, 2º doc.
18 ANTT, Mosteiro de Santa Cruz de Coimbra, livro 2, fol. LXXXij, doc. LXXX

Bibliografia

Fontes

ANTT, *Cabido da Sé de Coimbra*, livro 1, 2.
ANTT, *Cabido da Sé de Coimbra*, doc. part., 2ª incorp., maço 77.
ANTT, Colegiada de Coimbra e São João de Almedina, maço 4, 11.
ANTT, Mosteiro de Santa Maria da Vitória-Batalha, nº 4.
ANTT, Mosteiro de Santa Cruz de Coimbra, nº 94.
AUC, Convento de Santa Clara de Coimbra, livro 33.
Ordenações Afonsinas. Lisboa: Fundação Calouste Gulberkian, 1999. 5v. Livro 4, p. 76, título XII.

Bibliografia utilizada

ALVES, Gracilda. *Poder e sociedade na região de Pombal, Soure, Ega e Redinha.* (1385-1481). Niterói: Universidade Federal Fluminense, tese (doutorado em História Medieval) – Pós-graduação em História, 2001.

ANDRADE, Maria Filomena. *O Mosteiro de Chelas: Uma comunidade feminina na Baixa Idade Média. Património e gestão.* Porto: Universidade do Porto, disssertação (mestrado em História Medieval) – Pós-graduação em História, 1996.

COELHO, Maria Helena da Cruz; MARTINS, Rui Cunha. *O monaquismo feminino cisterciense e a nobreza medieval portuguesa (séculos XIII-XIV).* Braga: Separata da *Revista Theologica*, II série, V.28, fasc.2, 1993.

COELHO, Maria Helena da Cruz; VENTURA, Leontina. "A mulher como um bem e os bens das mulheres". In: *Congresso. A mulher na sociedade portuguesa*, 1985, Coimbra. *Anais...* Coimbra: Faculdade da Universidade de Letras da Universidade de Coimbra, 1986, 2 vols.

DUBY, Georges; PERROT, Michelle (dir.). *História das Mulheres*, vol. II. Porto: Afrontamento, 1990, 5 vols.

GIES, Frances; GIES, Joseph. *Marriage and the family in the Middle Ages.* Nova York: Pirennial, 1989.

MATTOSO, José. "A mulher e a família". In: *Congresso A mulher na sociedade portuguesa*, 1985, Coimbra. *Anais...* Coimbra: Faculdade da Universidade de Letras da Universidade de Coimbra, 1986, 2 vols.

VERDELHO, Evelina. "A mulher na historiografia portuguesa dos reinados de D. Afonso V e D. João II. Imagens e palavras". In: MATOS, Albino de Almeida (dir.). *Revista da Universidade de Aveiro/Letras.* Aveiro: Universidade de Aveiro, 1993, nº 9, p. 201-19.

A narrativa boccacciana nos argumentos da carta de D. Afonso IV ao Papa Clemente VI

Ana Carolina Lima Almeida
(Mestranda – UFF/Scriptorium)

Os genoveses foram os primeiros a tentar contornar a África e chegar ao Oriente. Os irmãos Vivaldi partiram de Gênova em maio de 1291 para as Índias. Uma das consequências dessa viagem foi a descoberta, talvez em 1312, de uma ilha nas Canárias por Lanzarote (Lançarote) Marocello. Esta ilha recebeu o seu nome e foi reclamada para a sua cidade, Gênova. Os genoveses continuaram comercializando "[...] na costa atlântica do Marrocos e, pelo menos durante algum tempo, ocuparam a ilha de Lançarote, nas Canárias".[1]

A primeira participação portuguesa em uma expedição às Canárias ocorreu em 1341. Giovanni Boccaccio narra que chegou a Florença uma carta datada de 5 de novembro de 1341 que tinha sido remetida de Sevilha por dois mercadores florentinos. Esses mercadores contavam que, em 1º de julho, saíram de Lisboa três navios dotados pelo rei de Portugal de tudo que era preciso para a viagem e que havia genoveses, florentinos e "espanhóis" a bordo. As embarcações transportavam cavalos, armas e inúmeras máquinas de guerra para conquistar as ilhas. Aparentemente, os comandantes da expedição eram um florentino, Angiolino del Teggia dei Corbizzi, e um genovês, Niccoloso da Recco. Após cinco dias, chegaram às Canárias e voltaram para Lisboa em novembro. Levaram, para Portugal, quatro nativos das ilhas, peles de cabra, de carneiro e de foca, óleo de peixe, sebo, tinturas e outros artigos.

Na primeira ilha encontrada, assim como nas que visitaram posteriormente e eram habitadas, os homens e as mulheres andavam nus e eram selvagens "[...] nos costumes e nos ritos".[2] De forma geral, alimentavam-se de frutas – principalmente figo –, cevada, trigo e outros cereais. Apesar de terem trigo, não faziam pão.

Em cada ilha, falava-se uma língua diferente e em nenhuma ilha falava--se alguma das línguas faladas pelos diversos participantes da expedição. "Isto parece indicar que a ilha não tinha sido povoada recentemente a partir da África adjacente, cujas diversas línguas seriam conhecidas de muitos habitantes de Génova, Espanha e Portugal. Cinco das treze ilhas eram habitadas."[3]

Os homens que foram levados para Portugal não conheciam moedas de prata nem de ouro nem objetos feitos com metal.

> Mostram ter fé e lealdade grandíssima, pelo que se pode conjecturar, principalmente porque nenhuma cousa própria para comer se dá a um qualquer sem que antes de a comer a não divida em porções iguais e dê a cada um dos outros o seu quinhão.[4]

Apesar de confirmar que as Canárias foram visitadas em 1341, o relato de Boccaccio não elucida algumas questões. Não se tem certeza de que essa expedição foi realizada pelos portugueses. Embora pareça lógico, não existem provas que essa expedição ocorreu depois da ida dos genoveses às Canárias. A falta de atração econômica das Canárias deve ter feito com que os genoveses não voltassem ao arquipélago, uma vez que não existem provas da presença posterior dos genoveses no arquipélago. Contudo, pelo menos durante parte do século XIV, as ilhas foram ocupadas.

Após o papa Clemente VI ter dado o senhorio e a jurisdição temporal das Ilhas Afortunadas – compostas por 11 ilhas que estão na obra de Plínio, das quais faziam parte Canária, Gorgones, Goleta, dentre outras – a Luís da España, Portugal reclamou que tinha descoberto as ilhas anteriormente.

Contudo, não se tem total certeza de que as ilhas dadas fossem as Canárias. Além disso, existem várias dúvidas quanto a real ocupação das Canárias por Luís da España.

Em sua carta de 12 de fevereiro de 1345 a Clemente VI, D. Afonso IV marcou sua oposição no que diz respeito à doação. Argumentou que foram os portugueses os primeiros descobridores do arquipélago, que era Portugal e não outro reino que estava perto das ilhas e, assim, tinha maior facilidade para conquistá-las. Acrescentou que ele tinha enviado portugueses e algumas naus para examinar as terras das ilhas, que foram aprisionados homens, animais e coisas e que foram levados para Portugal. Também afirmou que deixou de mandar para as Canárias um conjunto de navios com combatentes, que já estava preparado, por causa das guerras entre Portugal e Castela e entre Portugal e os muçulmanos. Desta forma, por terem iniciado tal empreendimento, o papa deveria dar a jurisdição temporal e o senhorio das ilhas aos portugueses. Deve-se ressaltar que D. Afonso IV não foi muito preciso na sua carta e não relaciona a expedição em que foram capturados homens, animais e coisas àquela relatada por Boccaccio em 1341.

O fato dos genoveses terem estado mesmo antes de 1341 e os portugueses terem ido nesse ano às Canárias suscita o questionamento sobre a não exploração das ilhas por esses europeus. Até a época do Infante D. Henrique, nem Portugal nem Gênova exploraram as Canárias.

No final do século XIV, não houve nenhum reino ou grupo que tenha se dedicado à exploração do Atlântico. Os "espanhóis", os maiorquinos e os missionários – os papas tinham interesse que as Canárias fossem evangelizadas e incentivaram missões – foram os que mais viajaram para o arquipélago. Apesar da inexistência de evidências concretas de expedições castelhanas ou andaluzas anteriores a 1402, parece que existiram algumas. Foi apenas no século XV que os espanhóis realmente se instalaram naquelas ilhas. O rei de Castela considerava que detinha os direitos, a soberania sobre as Canárias.

Ao começarem a colonizar o arquipélago da Madeira, entre 1418 e 1425, os portugueses passaram a se interessar pelas ilhas Canárias. Baseando-se na premissa de que se podia tomar posse das ilhas que não tinham sido conquistadas por cristãos – havia ilhas que não tinham sido ocupadas por cristãos –, os portugueses mandaram uma grande expedição, dirigida por Fernando de Castro, à Grã-Canária em 1424 ou 1425. Tal expedição era a primeira de várias outras que tinham como objetivo dar a posse das ilhas a Portugal. Encontrando muitas dificuldades, Castro retornou a Portugal. Castela, que afirmava deter o poder soberano sobre todo o arquipélago, logo se queixou e repetiu a reclamação em 1435.

Em um período desconhecido, mas posterior à morte de D. João I, D. Henrique, mestre da Ordem de Cristo, requereu a João II de Castela o direito de conquistar as Canárias. "[...] Castela viria mais tarde a usar essa petição como uma justificação dos seus próprios direitos face a Portugal."[5] Como Castela negou o pedido, D. Henrique recorreu ao Papa, que atendeu à solicitação do infante.

Castela protestou e o Papa interveio. Portugal teve que abandonar a sua tentativa de se apoderar das Canárias. D. Henrique não desistiu das ilhas que, após 1435, continuou com uma dupla soberania: as ilhas de Ferro e Fuerteventura estavam sob o controle de Guillén de las Casas enquanto a ilha de Lançarote estava sob o poder de Maciot. D. Afonso V deu a D. Henrique, em 1446, "[...] o direito exclusivo à navegação portuguesa para as Canárias, juntamente com a declaração de que lhe deveria ter pago o Quinto por quaisquer embarcações que para aí se dirigissem".[6] Posteriormente, em 1448, D. Henrique adquiriu com Maciot os direitos sobre a ilha de Lançarote, tornou-se senhor da ilha e enviou uma expedição. Embora se tenha nomeado senhor de Lançarote, D. Henrique não teve a sua soberania reconhecida, uma vez que Maciot não detinha a soberania da ilha, que pertencia à Espanha.

A persistência de D. Henrique em se colocar como senhor da ilha ameaçava a soberania de Castela. Em 1451, armadas portuguesas prenderam frotas de Castela, que continuou a fazer protestos. Em 1454, João II ameaçou agir e castelhanos expulsaram um rendeiro de D. Henrique da ilha Lançarote. Portugal queria que João II reconhecesse o arquipélago como pertencente aos portugueses. Contudo, o rei considerava as Canárias como um território conquistado por Castela.

Em 1454, D. Afonso V deu à Ordem de Cristo a jurisdição e a administração espiritual dos territórios conquistados. O papa confirmou tal doação na bula *Romanus Pontifex*, de 1455, concedendo a Portugal o litoral africano a partir do sul do Cabo Bojador.

Com a morte de João II e a ascensão, em 1454, de Henrique IV de Castela, Portugal conseguiu vantagens na detenção de territórios africanos. Esse rei doou o senhorio das ilhas de Tenerife, de Grã-Canária e de Palma aos condes portugueses de Vila Real e de Atouguia. Estes venderam a soberania das ilhas ao sobrinho de D. Henrique, D. Fernando. As doações foram confirmadas pelo papa Pio II.

A bula de 1456 elaborada por Calisto III, *Inter Caetera*, reafirmava os direitos de Portugal aos territórios africanos, dava o domínio, o poder e a jurisdição espiritual das regiões pertencentes a Portugal para a Ordem de Cristo.

Na *Crónica da Guiné*, Zurara procura exaltar D. Henrique e o projeto expansionista impetrado por D. Afonso V no continente africano e, ao mesmo tempo, atribui as descobertas a esse infante. Assim, trata da expansão portuguesa pelo litoral Ocidental da África, retomando o projeto português de conquista das Canárias. O cronista se refere ao arquipélago em oito capítulos e dedica quatro desses – capítulos LXXIX, LXXX, LXXXI e LXXXII – à descrição das ilhas com o objetivo de "[...] mostrar quantas são estas ilhas, e de que povoação, e assim de suas maneiras de crença, e d'aí de todalas cousas que a elas pertencem".[7] Inicialmente, dá uma visão sobre as Canárias e, em seguida, trata, com um pouco mais de minúcia, das ilhas Grã-Canária, da Gomeira, do Inferno, ou Tanarife, e da Palma.

Zurara destaca a povoação das ilhas e coloca que, nas três ilhas não conquistadas – ilha de Gomeira, de Palma e de Tanarife, ou do Inferno–, os costumes dos nativos são bestiais. Na Grã-Canária, os habitantes "[...] são entendidos, empero de pouca lealdade. E conhecem que ha aí Deus, do qual aqueles que bem fizeram haverão bem, e os contrários haverão mal".[8] Lutam com pedras, andam nus, desprezam os metais, inclusive o ouro e a prata. Têm muitos figos, cevada e trigo, mas não fazem pão.

O cronista destaca que, depois do infante ter enviado a expedição comandada por D. Fernando de Castro, vários canários tornaram-se cristãos. Acrescenta que o infante desejou mandar uma nova frota, mas a oposição do rei de Castela impediu essa ação virtuosa, a possibilidade da conversão dos nativos.

Os habitantes da ilha da Gomeira andam nus enquanto que os da ilha do Inferno, ou Tanarife, vestem-se com peles. Ressalta-se que os nativos da ilha da Palma, para Zurara, "[...] não sabem conhecer Deus, nem fé nenhuma, senão pensam que crecem como o outro gado; são muito bestiaes [...]".[9]

O texto de Zurara remete-nos à ideia do bom selvagem que vive em pecado por desconhecer a palavra de Deus. Os portugueses lhes atribuem uma outra temporalidade. Os guinéus, no texto da crônica, são sujeitos a históricos que vivem da mesma forma que o homem vivia antes do pecado original, por isso andam nus e são considerados da geração de Adão.[10]

Andam nus por desconhecerem a verdadeira fé. A alteridade produzida percorreu dois caminhos ao longo do século XV. Um de isolamento e exclusão, por meio da guerra, para expulsar o mouro do norte da África. Outro de "integração", porque o guinéu deveria ser "salvo". Formula-se uma incorporação através da escravidão e da conversão, pois eles eram "aptos" ao cristianismo.

O discurso cronístico formulou uma representação que, ao mesmo tempo em que sacralizava D. Henrique e a sua dinastia, contribuía para criar mecanismos de propaganda que justificassem a expansão. O ponto mais importante dessa propaganda é o discurso religioso, o qual associa a expansão à ideia do serviço prestado a Deus, pelo Infante D. Henrique e o rei D. Afonso Vol. É um discurso que desqualifica os opositores da expansão, pois o argumento do cronista é de que criticar a empresa ultramarina equiparava-se a criticar o serviço prestado a Deus. A noção identitária produzida vinculou o sentimento de pertença ao reino português e o serviço que ele prestava à cristandade, por meio da expansão marítima.

Depara-se, nas crônicas de Zurara, com os símbolos providencialistas presentes em Fernão Lopes. A sacralidade do messianismo de D. João I e de sua descendência articula a idealização de uma missão da nação portuguesa, cuja prática perpassava em lutar contra o infiel e no investimento na salvação das almas dos guinéus.

Deve-se sublinhar que tanto no texto escrito por Boccaccio quanto no que foi elaborado por Zurara, há um padrão na descrição dos canários. Estes desconhecem o valor dos metais, andam nus e são passíveis de serem convertidos ao cristianismo sem grandes dificuldades. Na verdade, infere-se que, apesar de Zurara ter sido considerado por Barreto[11] como o representante do outono da "medievalidade" portuguesa, não se pode negar determinados "*topos*" humanistas nesse cronista. A forma como ele representa o "outro" aponta para a ideia do tema do bom selvagem e da "edenização" do espaço, abrindo o horizonte cultural português para o contato com o "outro" ao mesmo tempo em que representa os portugueses como fazendo parte do "eu" cristão, ideia que contribuiu para a formação da noção de Europa. Portanto, a forma de representar o espaço do Atlântico em Zurara denota uma influência do humanismo em Portugal.

Nesse sentido, embora o texto de Boccaccio não tenha sido explorado pelos especialistas nesse autor, considera-se importante tomá-lo como uma referência da entrada do humanismo em Portugal. Afinal, a descrição de Boccaccio no que diz respeito à representação do outro é muito semelhante à de Zurara.

Notas

1 DIFFIE, Bailey W.; WINIUS, George D. *A fundação do império português 1415-1580*. Lisboa: Vega, s/d, vol. I. (Colecção documenta histórica). p. 43.

2 BOCCACCIO, Giovanni. *Navegações no século XIV. Narração de Giovanni Boccaccio*. In: GODINHO, Vitorino Magalhães. Documentos sobre a expansão portuguesa. Lisboa: Gleba, s/d, vol. I. p. 21–29, p. 22.

3 DIFFIE, Bailey W.; WINIUS, George D. *A fundação... op. cit.*, p. 43.

4 BOCCACCIO, Giovanni. *Navegações no... op. cit.*, p. 27.

5 DIFFIE, Bailey W.; WINIUS, George D. *A fundação... op. cit.*, p. 81.

6 *Ibidem*, p. 108.

7 ZURARA, Gomes Eanes de. *Crónica de Guiné. Segundo o ms. de Paris,* vol. 2. Modernizada, introdução, comentários e notas de José de Bragança. Lisboa: Civilização Brasileira, 1937, 2 vols. (Série Ultramarina), p. 333.

8 *Ibidem*, p. 335.

9 *Ibidem*, p. 343.

10 Cf. *Ibidem.*, vol. 1, p. 122.

11 Cf. BARRETO, Luís Filipe. *Descobrimentos e Renascimento formas de ser e pensar nos séculos XV e XVI*, 2ª ed. Lisboa: Temas Portugueses, 1983.

Bibliografia

BARRETO, Luís Filipe. *Descobrimentos e Renascimento formas de ser e pensar nos séculos XV e XVI*, 2ª ed. Lisboa: Temas Portugueses, 1983.

BOCCACCIO, Giovanni. Navegações no século XIV. Narração de Giovanni Boccaccio. In: GODINHO, Vitorino Magalhães. *Documentos sobre a expansão portuguesa*. Lisboa: Gleba, s/d, vol. I, p. 21-9.

BOCCACCIO, Giovanni. In: SERRÃO, Joel (dir.). *Dicionário de História de Portugal*. Lisboa: Iniciativas Editoriais, 1963, vol. I, p. 353-4.

Ilhas Canárias. In: SERRÃO, Joel (dir.). *Dicionário de História de Portugal*, vol I. Lisboa: Iniciativas Editoriais, 1963, vol. I, p. 454 -5.

DIFFIE, Bailey W.; WINIUS, George D. *A fundação do império português 1415-1580*. vol I. Lisboa: Vega, s/d. (Colecção documenta histórica).

ZURARA, Gomes Eanes de. *Crónica de Guiné*. Segundo o ms. de Paris. Modernizada, introdução, comentários e notas de José de Bragança Lisboa: Civilização Brasileira, 1937, 2 vols (Série Ultramarina).

Relações de poder nas cantigas galego-portuguesas

Osvaldo H. Leonardi Ceschin
(Universidade de São Paulo – Gempo)

Origens ou fundamentos do poder instituído

Em seu uso substantivo, o poder, como manifestação de força, domínio ou autoridade de pessoas individuais sobre outras, de pessoas sobre grupos pressupõe variadas fontes. Transformado em ação, manifesta-se cotidianamente na existência e na experiência de cada ser e de ação física ou jurídica ou econômica ou política se consubstancia numa forma de linguagem. O poder, ainda que simbólico, atua como condicionante das atividades humanas e das relações que nelas se estabelecem. Na existência de cada um dos membros de um grupo, como poder de movimento, de expressão, de crença, de saber, de escolha, de decisão ao lado de formas convencionais de âmbito social, como poder militar, econômico, político, jurídico concretiza uma experiência histórica comum para o homem e para seu agrupamento em qualquer sistema de organização.

Diz o Padre Vieira no Sermão XXIII, numa visão individualizadora e particular, que o maior de todos os poderes é a Necessidade, o maior império que despoticamente domina sobre todos os que vivem. Só a necessidade não tem lei: *"Necessitas caret legem"*. Luta pela sobrevivência. Se o Império é despótico, sobrevive? Parece que a experiência histórica mostra contradições a esse fato.

A "Instituição do Poder" como mecanismo de organização social é fenômeno complexo e instiga seu observador. As sociedades ou agrupamentos humanos de modo pragmático experimentam justificativas para a origem do poder e de seu exercício. Entre os que parecem mais frequentemente considerados como justificativas dessa origem incluem-se as crenças e as religiões. Nas sociedades ibéricas medievais, do período posterior à desagregação política do Império Romano a Religião se consolidou como fonte ou origem do poder centralizador e de sua atuação para fundamentar a ordem jurídica organizadora da estrutura dos reinos ou formas de governo.

Em abono desse argumento interessa a esse nosso assunto juntar algumas passagens de documentos histórico-jurídicos, para em seguida observar alguns exemplos de fontes de outra natureza, alguns cantares elaborados pelos trovadores hispânicos, galegos, portugueses, castelhanos e outros, contemporâneos dos mesmos documentos históricos aproveitados.

O século XIII é o século de registro fecundo desses documentos que se aproximam, no caso do português ou galego-português do período inicial ou arcaico da língua em sua fase escrita. As manifestações dos poetas trovadores dos séculos XIII e XIV que utilizaram como língua de expressão estética o galego-português são contemporâneas de registros fundamentais da ordem institucional dos reinos de Portugal e de Leão e Castela, em busca de um sistema jurídico compatível com a evolução social e política desses reinos, a exemplo do que ocorria em outras regiões da Europa. Três nomes avultam nesse instante como fundações: o Rei Afonso X, de Leão e Castela, seu genro D. Afonso III de Portugal e D. Dinis, filho deste e neto daquele; o primeiro e o terceiro também como notáveis trovadores e promotores de ação administrativa econômica e jurídica em seus reinos. Os três deixaram um legado de grande importância cultural para a península e para a Europa e representaram exemplos de detentores de poder inspirados e produtivos na Idade Média, idade da construção da Europa.

A *Primeira Partida*, a inicial das *Sete Partidas* do Rei Sábio, documento que saído da corte ilustrada de Afonso X na segunda metade do XIII encontrou tradução para o português, talvez no início do século XIV, será um dos dois fundamentos para o conceito de poder aproveitado para essa discussão. O outro, também da mesma oficina, o *Foro Real*, traduzido do *Fuero Real* castelhano, ainda que de uso nem sempre geral no Reino português, ajudou a compor o arcabouço jurídico, senão da prática cotidiana da administração do direito às vilas terras e regiões de Portugal, ao menos da constituição de um estatuto de direito a instituir um sistema de justiça e de administração de Portugal.

O poder legitimado pela lei é pressuposto de sua aceitação natural em sua aplicação aos que a ele estão sujeitos: o povo. É instrumento a orientar as ações do "poder" para o "bem" e para a "justiça" em vista da " prol comunal de todos", no dizer da Primeira Partida (Título I; Lei IX).

Fundamentada na identificação do Reino terrestre com o "Reino Celeste", ou seja do Reino Civil com a Igreja, numa interação de identidade modelar, nos assuntos comuns até de natureza mais íntima de ambos a Partida proclama o verdadeiro postulado: "o fazedor das leys deue a amar a Deus e teelo ante seus olhos quando as ffezer" (T.I; Lei IX).

Como vínculos documentais que articulam na Ordem Jurídica as relações entre esta e a Igreja, considerada aqui especialmente em sua face simbólica, mas materializada na prática, as *Partidas* representam uma arquitetura de "estado", muito antes de seu conceito moderno e bastante influenciadas por uma tradição românica que lhe é bem anterior. A construção deve servir ao interesse de todos, "a prol comunal", sem se desvincular do princípio organizador representado pela Igreja. Define a autoridade que pode produzir a lei:

> Na Primeira Partida , na lei IX se diz que quem faz as leis deve amar Deus e tê-lo diante dos olhos quando as fizer e de tal modo que sejam " dereitas e conpridas" ; deve amar a justiça e a " prol comunal" de todos. Não deve ter vergonha de mudar ou emendar suas leis, assim como também deve corrigir a si mesmo. E diz a Lei X do Titulo I:

> Enperador ou rrey pode fazer as leys sobrela gẽẽẽtes do sseu senhõryo e outro nẽ hũu nõ há poder de as fazer en o tẽporal saluo se o ffezesse por outorgamentp delles. E as que doutra maneyra fossem feitas nõ há nome nẽ força de leys nẽ deue valher em nẽ hũu tẽpo.

O texto da Primeira Partida estabelece funções específicas para o rei ou imperador: legislador e a um tempo guardião da lei, ou seja, de seu cumprimento.

A legislação de reino se confunde com os princípios da fé e da prática religiosa. É um desenho da estrutura de poder em forma piramidal, com o Rei no vértice na sua construção terrena, com a Divindade ou o Cristo no vértice na corte celeste.

No *Foro Real*, com seus 4 Livros é bem expressivo no desenho no Livro I; Título II

> Nostro Senhur Ihesu Cristo ordiou primeyramente ala en sa corte enos ceos e posse sy cabeça e começamento dos angios e dos archagios [...]

E vai além:

> E disy ordyou a corte terreal enaquella meesma guysa que era ordiada em ceo: pos El Rey em seu logo por cabeça e começamento de seu poboo todo, assy como posse si cabeça e começamento dos angeos e dos archangeos. E deulhy poder deguyar e de mandar seu poobo. (linhas 119-132)

A lei também estabelece a proteção ao Rei; assim:

> ...que nẽhuu non seya ousado de ir contra El Rey nẽ contra seu senhoryo nen fazer aleuantamento nen boliço contra el nen contra seu reyno nẽ appararsse com seus enmijgoos [...]

Ao Rei todo o poder de condenar o desafeto, o traidor, o rebelde, o desobediente, o detrator assim como se faz a todo criminoso e expropriá-lo:

> e o auer deste seya em poder del Rey de o dar ou de fazer del como lhy prouuer.

Veja-se que assim agiu a Divindade no castigo ao anjos rebeldes (segundo o Livro I do *Foro* Real):

> ...gran pẽa deu Deus a Lucifer e a todos os dyaboos porque murmurarõ contra seu poder e contra seus feytos...(linhas 141-142)

O paralelo é fecundo:

> Ainda no Livro I do Foro Real (Título III): Como subre todas as cousas do mundo os omees deuen a teer e a guardar lealdade a El Rey, assy son teudos de a teer e a guardar a seus filhos e a sãs fillas que depoys del deuẽ a reynar e deuẽ a amar e a guardar os outros seus fillos come fillos de senhur natural, amando e obedecendo ao que reynar, e porque esto é conprimento e guarda de lealdade, mandamos que quando ouuyrẽẽ morte del Rey, todos guardẽ senhorio e os dereytos del Rey aaquel que reynar em seu logo e...(linhas 175-183)

Não falta a referência bíblica da distinção do poder numa possível leitura muito conveniente:

> ...respõdeu e disselles: dade a Cesar os seus dereytos e a Deus os que son de Deus, dezimas e primiças. E porque os reys deste senhur e deste Rey auemos nome e del fillamaos o poder de fazer justiça na terra, e todas as onrras e todos os bees del naçem e del ueem e El quis e mandou aguardar os nossos dereytos... (linhas 258-263).

A junção recíproca do compromisso de cumprir "religiosamente" as leis do reino quer por parte do rei quer por parte do povo a ele afeto se funde com a obediência a Deus e acrescentamento da fé, mas também em prol do bem comum: "que cada hũu rrecebe sa parte del e nẽ hũu nõ pode seer escusado de lhis obedecer e aguardar".

Porque se o não fizer estará sujeito por direito a cair em três penas: "na de Deus, na do Senhor natural e na do Foro da terra". O cumprimento da Lei é um exemplo de compromisso vinculado com um lado obviamente sem exigência de retribuição. Assim se estabelece o poder das leis, cujos fundamentos as leis iniciais estabeleceram porque

> Prol muy grande a maravilla tẽe as leys aos homẽes ca elas os mostrã a cõhoçer Deus e conhocendoo conhocerá em que maneyra o deuẽ a amar e temer. (ley VIII)

Mas o poder se distribui aos comandados, como se pode encontrar entre os oficiais da estrutura política e administrativa do Reino. O alcaide é um que tem poder estabelecido e delegado; também o meirinho:

> Qvando alguus omees ueerẽ ant'o alcayde ajuyzo, o alcalde de seu poder deue demandara cada huua das partes seu preyto... (linhas 423-424)

No Livro II se estabelece alguma forma de regulamentação de poder entre os súditos conforme seu poderio em caso de pleito:

> Todo ome que á preyto cũ outro e dá as uoz a teer a outro ome mays poderoso ca sy que per seu poder daquele possa apremer seu contendor, o alcayde non lho consenta e deyteo logo do juyzo e se o poderoso nõ quiser sayrdo juyzo o alcayde non lho consenta.
> (linhas 68-72)

Um poder que determina a lei e seu cumprimento e distribui a justiça e a faz cumprir e ainda apena, e perdoa; em lei prevê diversas formas de execução e sanções só mesmo em outorga de um poder máximo. Se o rei pode legitimar o filho ilegítimo, como está no Foro Real; pode restringir e até excluir de direitos judeus, mouros, hereges e outros tantos, só se afirma de fato numa fonte maior de poder, "por aver ordijs e bençon".

A função da estrutura idealizada da Corte Celestial se manifesta como espelho refletor da Corte Régia e a Primeira Partida decreta nas Leis XIII e XIIII a respeito do poder estabelecido:

> som de senhoryo do fazedor das leys sobre todos aquelles que as el pom som teudos de lhis obedecer e de as aguardar e de sse julgarẽ per ellas e nõ per outro scripto doutra ley feyta em nẽ hũa maneyra.

E acrescenta a essa doutrina:

> Guardar deve el rrey as leys como sa ffeytura e as onrra per que rreçebe poder e rrazõ per a fazer justiça Ca se as nõ guardasse uerria contra seu feyto e desataloya e verrilhy ende dous maaes ou danos: hũu em desatar ta boa cousa como esta que ouuesse feyta e outro que se tornarya en dano comunalmẽte a todo o poboo" [...]. E outrossy as deuẽ guardar o poboo como sa uida e sa prol ca per ellas uiuẽ em paz e rreçebem prazer e prouveyto do que am E sse o nõ ffezessẽ mostraryã que nõ queryã obedecer a mandamẽto de Deus nẽ de seu senhõr terreal e irryan contra elles e meteryã si em carreyra de morte per três rrazões...

As razões justificam com raciocínio relacionado às questões jurídico-religiosas acima expostas: "desdenhamēto; ousança; e maldade. Um sistema integrado à concepção de dois Reinos unidos pela concepção de poder ou poderio, enfim, de Autoridade originada numa Justiça natural, porém simbólica.

Tal poder estabelecido, pelo "ordenamento do próprio Cristo", é a razão legitimada de modelo de justiça na terra como aplicação do modelo celestial. A justiça é um princípio e a Religião, o seu fundamento. O poder se concentra na cabeça e se distribui pelo corpo para os membros. Uma concepção que estruturou não apenas a ordem político-jurídica dos reinos da Península Ibérica, mas também dos vários da Europa cristã.

Outras formas de expressão de poder nas relações comuns: a voz dos trovadores.

Ao mesmo tempo da elaboração dos documentos jurídicos acima observados estava em curso na Península a manifestação cultural do denominado *trovadorismo*, o lirismo cortês, cultivado especialmente na Provença de início, desde o século anterior e alastrou-se logo, tornou-se um grande movimento de inovação estética na poesia, e alcançou grande parte dos povos mediterrâneos e a região ocidental da Europa. Essa manifestação se instala em terras ibéricas e prospera até o século XIV. Uma manifestação inovadora que deixou influências fortes na literatura de expressão galego-portuguesa, e também na castelhana, como deixou na poesia do sul da Itália e em outras regiões.

Os trovadores ibéricos, mesmo envolvidos com atividades guerreiras eventualmente, pela presença do invasor na Andaluzia e até meados do século no Algarves, instigados pela expressão livre da arte dos cantares exercitam uma outra forma de poder, em que o canto, o dizer, é a forma e a expressão do amor, dos afetos, da crítica, da irreverência, configurando-se como força transformadora, ainda que em ambiente limitado, de gostos, comportamentos, agindo nas relações entre pessoas e estamentos.

Essa ordem de ação influencia a estrutura social e aproxima horizontalmente as figuras desniveladas pela estrutura estamental a partir de suas condições e papéis, moldados pela organização social e pelos estatutos jurídicos dos reinos ibéricos. Criou-se no ambiente dessa manifestação poética um espaço de convivência de pessoas separadas pelas funções militares e administrativas, pelo poderio econômico e pela condição de nobreza, um valor decisivo no momento histórico. Os atores dessa expressão artística estabelecem um elo de interesse e de contato no ambiente da criação poético-musical. Um intercâmbio proveitoso para a cultura, para a difusão do saber, para a experiência comum e, fundamentalmente, para a linguagem comum. Esse convívio possibilitado por espaços de contato, nas casas nobres, no paço, nos castelos, nas cortes, nas feiras, nos "armazéns", nos caminhos, na hoste mesmo em pausa de combate, gerou troca de conhecimento, de habilidades, de valores e bens, mesmo materiais. As relações pessoais se enriqueceram e a expressão ganhou novas formas e liberdade.

Figuras representadas pelos estamentos dos reinos se encontraram em livre convivência. As cantigas dos trovadores, segréis e jograis, artistas de várias origens e regiões reuniram reis e vilãos, clérigos e jograis, soldadeiras, damas e donzelas, senhores e vassalos, enfim uma amostra representativa dos agrupamentos sociais, que talvez nem mesmo a religião tenha reunido com tal variedade. O sistema hierarquizado, inclusive entre os níveis dos poetas, não impede a convivência dos desiguais.

Os Reis de Portugal e de Castela foram as forças aglutinadoras desse conjunto e, com os muitos nobres a seu serviço, favoreceram os encontros dos trovadores e a divulgação de sua arte. Os cancioneiros preservados, possivelmente pela iniciativa de D. Afonso X, de D. Afonso III, de D. Dinis e nobres das cortes, além dos próprios trovadores, mostram uma língua comum, o galego-português como instrumento desses poetas, mesmo os oriundos de outras regiões. Língua da expressão lírica que se impôs por quase dois séculos como veículo preferido para a composição dos "motz" que documentam os mais antigos cantares do lirismo galego e do português.

Como fontes e registros das relações de poder, as Cantigas de Amor, de Amigo, de Escárnio e de Mal dizer, ou seja, no cantar do amor ou no cantar de posfaço, de contundência e maledicência, as relações de papéis e poder entre os envolvidos nos textos são mais variadas e até surpreendentes do que inicialmente se poderia imaginar, em razão da estrutura convencional do sistema das relações no plano social; nas cantigas essas convenções se neutralizam e, mesmo no aparente convencionalismo das cantigas de

Amor, as barreiras deixam de restringir e a criação e a invenção se soltam no campo da arte.

As relações que os cantares exibem em seus assuntos, em suas "razons" na sua totalidade, mais de 1.670, para não computar as 420 cantigas de assunto marial, compostas por iniciativa de D. Afonso X, cantares feitos por dezenas de trovadores que envolvem mais de duas centenas de personagens, as relações exibem, em certo sentido, condições impostas aos membros desses conjuntos.

A subversão dos limites dessas estruturas é, entretanto, muito evidente e expõe com tolerância surpreendente relações até ousadas entre os envolvidos, de maneira muito mais imprevisível do que se poderia imaginar numa sociedade em transformação, porém, concretamente hierarquizada numa estrutura estamental com predomínio ainda da nobreza de sangue. As cantigas, especialmente as satíricas já dão mostra das tendências para a liberalização das relações interpessoais e para a utilização dos cantares como instrumentos de correção de hábitos, vícios e mesmo de abuso de poder, além, é claro de questões de muitas origens que documentam a crítica, tanto a pessoal como a exercida sobre estamentos. Um jogral que já por seu ofício é vilão pode indispor-se com um rico-homem poderoso e dele posfaçar, sem temer represálias além das poéticas. Assim um segrel, ou cavaleiro de baixa nobreza, disputa com algum trovador de poderio, como pode fazê-lo com um simples jogral que se arvora de bom artista. A questão que se observa tem um componente relativizador, pois trata-se de um ambiente convencional e próprio de uma convivência amigável protegida pela arte comum; e tem um outro, mais discreto, que se expressa nos textos e subtextos desses cantares, ainda que convencionais: revelam pormenores e fatos que se podem ter na conta de indícios importantes: traçam imagens a compor um quadro vivo da sociedade e das contradições que nela se apresentam nesses momentos de grande transformação na Península Ibérica, particularmente em Portugal e em Castela.

A arte dos trovadores (aqui o termo inclui jograis e segréis) oferece elementos úteis para o estudo das relações entre os atores desse verdadeiro "espetáculo trovadoresco", para copiar a feliz expressão do historiador António Resende de Oliveira em seu exaustivo e monumental trabalho sobre a composição e a estrutura dos Cancioneiros; e para documentar a abundância de assuntos, motivos e temas dessas relações, o estudo precioso que Graça Videira Lopes pôs à disposição dos estudiosos e interessados: *A sátira medieval portuguesa*, traz rica e minuciosa informação, além das agudas observações sobre as cantigas e seus temas.

À guisa de exemplos restringirei as observações a poucos documentos, que podem servir de ponto de partida para outras observações; inicio pela Cantiga 38 do Cancioneiro da Ajuda, a conhecida "cantiga da garvaia" ou também como Cantiga da Ribeirinha: na perspectiva das relações de poder é notável, além de sua sofisticada construção retórica. Transcreve-se a edição de Manuel Rodrigues Lapa, transcrita nos *Textos Medievais Portugueses*. A edição crítica das *Cantigas de Escarnho e de Mal dizer*, 2ª ed., também de Manuel Rodrigues Lapa, será utilizada para as cantigas escarninhas:

No mundo non m' ey parella,
mentre me for como me uay,
Ca ia moiro por uos, e ay!
Mia sennor, branca e uermella
queredes que uus retraya,
quando uus eu uj em saya.
Mao dia me leuántey,
Que uus enton non uj fea!

e, mia señor, dês aquella
i me foy a mi muy mal, ay!
e uus filla de Don Paay
Moniz, e bem uus semella
d'auer eu por uos guarvaya,
pois eu, mia señor, d'alfaya
nunca de uos ouue ne͂ ey
ualia d'ũa correa.

Pay Soares de Taveirós(?)

Por ter sido considerada como um dos mais antigos documentos da língua e por seu teor referencial a cantiga, que pode ser considerada um "escárnio ou maldizer de amor", mereceu vários estudos, em diversas oportunidades. Com sua estrutura ou talho claramente comparativo, nesta condição interessa por trazer à cena não apenas uma figura conhecida da nobreza portuguesa do final do século XII e início do XIII, Maria Paes Ribeiro, suposta amante de D. Sancho I; interessa no caso o tipo de relações que o "motz" insinua: a presença de um símbolo da figura do rei em situação amorosa e o queixume de um trovador, pertencente à nobreza (ainda que seja Martim Soares o autor do CA 38). Transcrevo uma interpretação de Lapa, para os vv. 4-6 e para o 12 e ss.: "minha senhora, quereis que vos represente sob o arminho e a púrpura, quando vos eu vi em trajo caseiro"; e ainda: "achais natural que eu tenha para vós um sumptuoso manto real, eu que, como prova de afeição, nunca de vós tive nem tenho valia de uma correia".

Chama a atenção que além dos aspectos propriamente poéticos, claramente violados no teor da composição, especialmente a regra do sigilo, que a devoção lírica à "senhor" impõe, comparam-se elementos estremados como bens matérias, mediados pela referência à alfaia,

O bem supremo equivalente ao poder do Rei e o próprio reino, simbolizado na garvaia e na cor púrpura, privativa da realeza, em oposição à ínfima correia, uma tira de couro como menor valor de troca. A alfaia é bem íntimo, pessoal, de usufruto de alguém em condição privada. Ainda assim é um bem material. O amor está aqui materializado, mas o poder dos bens maiores está definido e ao perdedor resta, como diz Lapa, queixumes amorosos e maliciosas insinuações.

As *cantigas de amor*, mais de 700 nos cancioneiros peninsulares, na verdade, seguindo a tradição occitânica, mostram claramente um estado ou condição superior de poder da mulher, a "senhor", em relação ao trovador. Geralmente é casada, no caso da poesia provençal; mas solteira ou donzela, muitas vezes, nas cantigas dos trovadores ibéricos. Ainda assim, sua posição é definida como superior, no mínimo igual à de seu cortejador em galego-português. O descumprimento desse preceito resultou em sátira ao abusado, como se vê nos cantares escarninhos. O gênero estabelece regras não só poético-musicais, mas também de obediência à hierarquia de poder. Não significa, entretanto, que a violação dessas regras resultasse mais também acusações, queixas e ameaças, como num jogo de parceiros desiguais.

Um gênero em que o exercício de poder está também marcado é o das *cantigas de amigo*, gênero característico da região da Galiza e de Portugal. Nos pouco mais de 500 cantares em que o trovador empresta a voz feminina para homenagear o encontro amoroso, o idílio e a própria figura masculina, muitas vezes ausente. Nessas cantigas é notável a superioridade do amante ou amigo, quase sempre um nobre, cavaleiro, desejado ou esperado. A figura da amiga é quase paradigmaticamente sujeita ao poder amoroso ou social do amigo, mesmo que em alguns casos a personalidade feminina não esteja submissa, inferiorizada na situação ou no discurso amoroso como em alguma "tenção de amigo". As bailias, as alvas, as cantigas de romaria, as queixas da filha proibida pela mãe de ir ao encontro do amigo, como na bela cantiga de D. Dinis (o CV185-CBN 546) que transcrevo nos vv 1-3:

> Que coyta ouuestes, madre e senhor,
> De me guardar, que nô possa ueer
> Meu amigu' e meu bem e meu prazer!

Proibição que nem sempre era atendida.
D. Afonso Sanches, o filho preferido de D Dinis, numa singela e sensível cantiga põe a dizer a "fremosinha":

> Dizia la fremosinha:
> Ay, Deus, ual!
> Com' estou d' amor ferida!
> Ay, Deus, ual!

Neste cantar (o CV 368; CBN729) o trovador descreve as queixas sentidas da amiga e o apelo é quase sempre à figura divina, para o socorro da amiga que sofre os males do amor. Exagero do trovador ou experiência concreta das relações pessoais? No plano amoroso, o trovador, com arte, modela a figura feminina (cuja condição social raramente é apresentada) presente nos "motz" segundo o gênero, sua tradição, também conforme seus interesses e sua posição. O ganho existe para o culto do amor, do canto e da arte de trovar. Neste caso o poder da fala é feminino, mas o da voz é masculino.

Para apenas mencionar a forma poética em que, mesmo com variadas situações e possibilidades de manifestação de poder, ocorre afinal a supremacia de um só, não se pode ignorar, na produção lírica em português arcaico ou galego-português, o conjunto das Cantigas ou Cantares de Santa Maria, cerca de 420 composições, que completam a produção poética inicial do português ou galego-português. Afonso X se preocupou em compor, recolher, colecionar e transcrever esse monumento de arquitetura literária de inspiração mariana, ainda que se possa discutir se de fato pode ser chamado de cantigas religiosas, ainda que o motivo seja a figura de Maria, na manifestação de suas qualidades e de seu poder. A identificação com a condição real e a atuação nos "miragres" fazem de Santa Maria um modelo de mãe, intercessora e rainha cujo poder está acima do que as concepções da própria Igreja, na época, autorizavam. Tal poder revelam as CSM que nada o pode superar. O século XIII, a partir de certo momento, assistiu à transferência do amor dirigido à mulher, para o culto ao símbolo da mulher, a Virgem Maria, a Rosa das Rosas, a quem, segundo D. Afonso:

> Deuemo-la muit'amar et servir,

Essa nova personagem presente nos cantares vai ocupar um lugar decisivo a partir de então na expressão artística da Europa, com o patrocínio da Realeza, da Nobreza e da Igreja, ou seja, o Clero. Continua a atuação dos poderes nas manifestações culturais e artísticas, até com mais intensidade.

O conjunto de textos poéticos, no entanto, que mais circunstancialmente reflete as relações de poder na sociedade portuguesa e hispânica é o das cantigas de posfaço, de escárnio e de maldizer. Lapa editou 431, na segunda edição mas pode-se alcançar um número maior, do deslocamento de algumas cantigas de amor para esse conjunto genérico. Praticamente a totalidade delas é capaz de revelar conflitos, intrigas, vícios, abusos, violações, traições e a maioria denuncia alguma forma de injustiça ou defeito em pessoas e instituições, em faltas ou excessos, em mentiras e conspirações. Pode-se afirmar que esses textos exibem imagens muito mais agitadas e complexas que se costuma pensar numa estrutura social aparentemente tão estável e estruturada. Na verdade, os conflitos de toda ordem estão ali nesses registros nem sempre sinceros de um mundo que se quer melhorar, segundo a própria função da sátira, qual seja a de castigar os costumes ou dizer a verdade, pelo riso.

A própria expressão poética às vezes é o alvo da chacota, como nos excessos dos trovadores com os "topoi", um deles o "morrer d'amor" alvo da mordacidade de algum outro. A professora Graça Videira Lopes registra uma série de assuntos tratados nas cantigas que por si já indicam as asperezas das relações entre trovadores, entre eles e estamentos inteiros, como o dos ricos-homens e o dos infanções. Entre esses nobres e a realeza, entre nobres e os reis e o clero. Jograis se queixam da escassez dos infanções e ricos-homens, dos jantares parcos. Segréis e trovadores disputam as virtudes de melhor trovador. Figuras conhecidas são denunciadas por vícios ou maus hábitos.

Nesse contexto, sofrem as mulheres: soldadeiras e religiosas, esposas e amantes. A voz é totalmente masculina. O poder da fala é do homem. São poucas as ocasiões para o revide ou a defesa. Dezenas de cantigas expõem as mulheres a situações muitas vezes humilhantes. Mas também os homens, na verdade, são o assunto preferido, pois também aí está a competição, a rivalidade e a luta por poder. Nas cantigas nada é gratuito ou incidental. Trata-se de uma produção contundente, empenhada, de militância.

Graça Videira Lopes classifica um conjunto de "motz" como do tema de "falta de pergaminhos" ou seja de condição social pertinente ou adequada. Há usurpação de direitos, abuso de posição, falta de escrúpulos. Sobre o comportamento sexual apontado são também dezenas. A sociedade ibérica está nesses cantares como um painel a que se olha de ângulos vários e sem constrangimento. É necessário apontar que também os trovadores se observam e criticam. Competidores com diversas intenções produziram dezenas de cantares de críticas às vezes muito duras a seus pares. Vejamos um exemplo de curiosa situação, envolvendo a arte de trovar, a cortesia e a condição social, e figuras do Reino: Lapa, nº. 238; (CV 1023):

> Joan Garcia tal se foi loar
> e enfenger que dava [de]sás doas
> e que trobava por donas mui boas;

e oí end' o meirinho queixar
e dizer que fará, se Deus quiser,
que non trobe quen non dever
por ricas donas nem por infançoas.
e oí noutro dia en queixar
ũas coteifas e outras cochõas,
e un meirinho lhis disse: - Varões,
e non vos queeixedes, Ca, se eu tornar,
eu vos farei que nen um trobador
non trobe em talho se non de qual for,
nen ar trobe por mais altas pessoas,
ca manda 'l-Rei, por que á en despeito,
que troben os melhores trobadores
polas mais altas donas e melhores,
o tem assi por razon, com proveito;
e o coteife que for trobador,
trobe, mais cham' a coteifa "senhor";
e andaran os preitos com dereito.
e o vilão que trobar souber,
que trob' e chame "senhor" as molher
e averá cada um seu dereito.

O trovador Joan Soares Coelho repreende o competente segrel Joan Garcia de Guilhade, por intromissão em área interdita aos de sua condição. A querela envolve relações artísticas e sociais, com notória encenação da presença do Rei e seu agente de justiça para colocar as coisas em seu lugar. Para cumprir as normas. É clara a intenção do trovador de alta estirpe de provocar ao segrel, de baixa nobreza ou condição, mas de grande talento. Acaba por misturar seu estado com o de coteifes, os simples cavaleiros sem nobreza, e com os próprios vilãos, aqui maltratados pelo termo injurioso. Como se o assunto fosse de fato de natureza jurídica. O escárnio não deixa de mostrar a hierarquia estruturada, ainda influente, embora, no caso com o humor de quem partilha um ambiente tolerante, ainda que não esconda as diferenças reclamadas.

Num outro maldizer precioso, Lapa 19, de autoria do próprio rei Afonso X, um assunto jurídico vem ao plano, envolvendo um seu privado, o Mestre Joan, a quem se destina o maldizer.

Aconselha o Rei ao seu amigo que não deve ter pleito com alguém, não deve procurar a justiça, entrar em voz, por que sempre entra de maneira imprópria e pode perder a "onra" que "é a todos nós", diz o Rei e havemos de muito amar. Aqui o termo onra se refere à propriedade nobre, concedida em privilégio, e o Rei manifesta por isso sua preocupação. Deve pedir a alguém que entre por ele "em voz". Além disso se ele insistir mesmo assim, também diante do Rei não se sairá bem: "que, pero vos el-rei queira dês i / bem juïgar, non á end'o poder". Aconselha ainda o rei a seu privado que não entre em questão ou em disputa nos dias santos e de". "festas de nostro Senhor nen de seus santos, ca ei gran pavorde vos viïr mui toste deles mal." A estocada na quarta cobra aponta para outro risco de entrar em voz, agora na Igreja, pois se houver disputa sobre ela, diz D. Afonso: "o acebispo, voss'amigo e meu,/ a quen o feito do sagrado jaz, /a quen pesa do mal se s'i faz,/ querrá que seja quanto avedes seu".

E conclui na fiinda:

> E,pol'amor de Deus, estad'em paz/ e leixade maa voz, Ca rapaz/ sol nona dev'a tëer nen judeu. Não pode ser rapaz, por ser já Mestre, assim é judeu o mestre Joan.

Explica-se assim por que o Mestre não deve entrar em voz, (observa-se também o jogo ambíguo com ter má voz, no ambiente das cantigas) mas dar a outrem que tenha por ele. O judeu era impedido de entrar em pleito contra cristão, a menos que por meio de um vozeiro cristão. O rei não queria correr risco com a "onra" dele!

Mas o cantar é significativo na referência às jurisdições dos poderes, o do Rei em sua competência civil e o da Igreja que competia ao arcebispo. Aqui alusão ao verdadeiro alvo do maldizer. A ganância do arcebispo é posta em evidência no verso 27: "querrá quanto avedes seu". Assim, o Rei aproveita o bom conselho e adverte ao próprio mestre dos riscos que corria por ser marginalizado do direito, de exercer esse almejado poder, poder, no caso, de ter voz.

As mais de 450 cantigas de escárnio e de maldizer são dentre as formas poéticas medievais as mais produtivas, talvez, para a colheita de dados e situações, cenas da vida cotidiana e da vida institucional das então ainda novas nações em formação na Península Ibérica, entre as quais o pequeno enorme Portugal.

Bibliografia

AZEVEDO FERREIRA, José de. *Afonso X – Foro Real*. Lisboa, I.N.I.C, 1987. 2 vols.

_____. *Alfonse X – Primeyra Partida. Édition et étude*. Lisboa, 1980.

LAPA, Manuel Rodrigues. *Cantigas de Escarnho e Mal Dizer dos cancioneiros medievais galego-portugueses*. 2ª edição revista e acrescentada. Editorial Galaxia. 1970.

LOPES, Graça Videira. *A sátira nos cancioneiros medievais galego-portugueses*. Lisboa: Editorial Estampa, 1994.

OLIVEIRA Correa de; MACHADO, Saavedra. *Textos medievais portugueses*. Coimbra: Coimbra Editora, 1964.

OLIVEIRA, António Resende de. *Depois do espetáculo trovadoresco*. Lisboa: Edições Colibri, 1994.

As religiosas nas cantigas de escárnio e maldizer galego-portuguesas

Candice Quinelato Baptista Cerchiari
(Mestranda – USP/Gempo)

O trovadorismo surge no século XII como expressão literária do desenvolvimento da vida de corte, concentrada nos reis e nos grandes senhores. Assim, quando nos debruçamos sobre essa produção lírica, somos apresentados a questões concernentes à nobreza, em especial a exaltação das virtudes de seus membros e a ridicularização de seus vícios – esta, função das cantigas de escárnio e mal dizer –, o que, na maioria das vezes, se faz pela observação de como o alvo da cantiga representa seu papel social.

Para este trabalho, contaremos com a contribuição do filólogo português Manuel Rodrigues Lapa, autor de uma já clássica edição crítica das cantigas de escárnio e mal dizer galego-portuguesas, um compêndio que conta com 428 cantigas satíricas, das quais sete[1] dizem respeito a mulheres religiosas, mais especificamente a abadessas.

Todas as sete cantigas referem-se às abadessas como mulheres que clamam pela satisfação de seus desejos sexuais, administram seus mosteiros como bordéis e encontram-se acessíveis aos olhares e corpos dos homens que as procuram. Para analisarmos esta evidente inversão de valores entre a mulher santa e a decaída, precisamos considerar o contexto socioeconômico da nobreza medieval ibérica no século XIII.

Entre os séculos XI e XIII, a sociedade ibérica cristã assenta-se em um território constantemente ampliado pelo processo de reconquista e repovoamento, criando, assim, normas de convivência política. Estas são baseadas inicialmente nos costumes e no Direito romano, e asseguram a cristalização de uma estrutura de poder fundamentada na riqueza, cuja principal fonte era a terra,[2] que, na sua maior parte, era propriedade da Coroa, da Igreja e da nobreza.[3] O grande problema da nobreza será interditar o acesso de novos membros a esse grupo privilegiado, justamente para ter controle sobre honras, benesses e, no caso da nobreza cortesã, cargos que o serviço prestado ao rei garantia a quem o executasse de forma satisfatória. O caminho para esse interdito passará pela adequação do neófito aos critérios que determinam o pertencimento à nobreza.

José Mattoso define a nobreza medieval a partir de três elementos: o sangue, as armas e o poder.[4] A nobreza, grupo próximo do poder régio, transmite sua superioridade pelo sangue; ocupa-se do exercício das armas, que lhe confere a capacidade de coerção dos demais e concessões régias por seus serviços militares; e exerce seu poder de forma transcendente, como administradores, líderes, juízes, patriarcas.[5]

O sangue, a hereditariedade da qualidade superior do nobre na sociedade medieval, nos leva à questão do modelo de linhagem adotado durante o período trovadoresco. Por volta dos séculos X e XI, o modelo cognático, que determina uma partilha igualitária da herança entre os descendentes, é substituído pelo regime agnático, que privilegia a transmissão dos direitos por apenas um dos lados, o masculino, e dá preferência a um herdeiro em detrimento dos demais no recebimento da herança.[6]

O benefício da primogenitura é, acima de tudo, político: um patrimônio que não é constantemente – e consideravelmente – ampliado não conseguirá ser mantido no decorrer de inúmeras gerações,[7] mas o legado político, sim. Os grandes senhores, quando começam a exercer seu poder como administradores do rei, asseguram-se de que esses cargos sejam ligados a determinadas famílias e começam a seguir o exemplo real, adotando o sistema linhagístico agnático.[8]

Nesse contexto, o casamento e, consequentemente, a mulher, adquirem grande importância – esta, não propriamente como indivíduo, mas por sua função intransferível como veículo da superioridade de uma determinada linhagem, de seu fortalecimento via alianças vantajosas, de sua continuidade. Segundo São Tomás de Aquino, esta é a única ocasião em que a mulher tem real utilidade para o homem: ao considerar a criação da mulher, retoma a disposição do livro do Gênesis de que "Não é bom que o homem fique só, façamos-lhe uma ajuda que lhe seja semelhante" (Gênesis, 2:18). Mas para que o homem necessitaria de ajuda? Certamente não para qualquer tipo de trabalho, pois neste caso seria muito mais bem assistido por outro homem. A mulher foi criada para ajudá-lo na reprodução da espécie, também recomendada no Gênesis. Perpetuar a espécie exige do casal um ato pelo qual o homem aproxima-se de sua animalidade e revive as circunstâncias do pecado original, ficando vulnerável à sedução feminina.[9]

O impedimento do matrimônio dos filhos segundos acaba por gerar um excedente feminino nas famílias nobres, que deveria ser resguardado de contatos indesejados. Um dos meios mais efetivos e honrados de guardar essas donzelas era enviá-las a mosteiros, para uma vida de observação religiosa. Porém, era necessário também interditar a convivência entre monges e monjas, as quais, como mulheres, detinham em si o poder de desvirtuar qualquer homem. Assim, não era possível que um homem dirigisse o mosteiro feminino, o que resulta na ascensão de mulheres a cargos de comando no universo eclesiástico.

Esta inversão da ordem natural das coisas preconizada pela Igreja, o reconhecimento de uma mulher como autoridade religiosa em face da ideia amplamente aceita do sexo feminino como veículo do pecado original e aliado do demônio, bem como a comparação entre uma sexualidade feminina exacerbada e descontrolada e a vida santa do convento, são um convite aos trovadores galego-portugueses.

Imbuído do espírito do riso medieval, caracterizado não só pela supracitada inversão de valores, mas também pelo grotesco,[10] encontra-se o humor das sete cantigas selecionadas.

Em cantiga de autoria de Afonso Eanes do Coton (37), o trovador, recém-casado, se dirige a uma abadessa, não identificada, solicitando que esta lhe ensinasse as técnicas do amor, pois ouvira dizer que era muito conhecedora dessa arte, recomendando, inclusive que mulheres inexperientes também recorressem às aulas da religiosa.

Em outra cantiga (59), Afonso López de Baian deseja construir uma casa, e solicita à abadessa de Arouca, D. Luca Rodrigues, madeira nova – que, neste contexto, significa uma freira jovem, para amancebar-se com o autor. Em resposta a esta cantiga, Paai Gómez Charinho (302) sugere as melhores maneiras de cuidar dessa "madeira" enquanto a casa é construída: entre elas, aconselha que D. Afonso deve cavar fundo o alicerce – expressão com forte conteúdo sexual –, que tudo a "madeira" suportará.

Por fim, as outras cantigas mencionam as abadessas recebendo presentes de admiradores masculinos, entre os quais Fernand' Esquio (147), que envia quatro consolos feitos na França para que fossem divididos entre uma abadessa e uma prioresa não identificadas, pois o autor as julgava deles merecedoras e não conseguiria lhes oferecer outra coisa a tempo.

Como em outras cantigas de escárnio e mal dizer dirigidas à figura feminina, nestas cantigas dirigidas às religiosas os trovadores reforçam os preconceitos relativos à mulher presentes no imaginário medieval, caracterizando-as como sedentas de sexo, hipócritas, alcoviteiras e sedutoras. A alta posição dessas mulheres na hierarquia eclesiástica não impede a sátira, pois não são identificadas, salvo o caso da abadessa de Arouca. Neste caso, as evidências apontam para um problema de ordem familiar, e não individual. Luca Rodrigues era prima do trovador Rui Gomes de Briteiros, e Afonso López de Baian teria outros assuntos, de caráter social ou político, que teriam levado a um ataque aos Briteiros por meio da abadessa.[11]

Devemos ainda ter em conta que muitos dos trovadores eram filhos segundos, vivendo na corte à procura de privilégios e casamentos vantajosos. O próprio Rui Gomes de Briteiros, citado anteriormente, foi imortalizado nas cantigas satíricas pelo rapto de Dona Elvira Eanes.[12] Assim sendo, desacreditar, ainda que apenas num jogo cortês, a administradora do local onde estão as moças de boa linhagem que estão vedadas aos segundogênitos pode ser também uma forma de externar a inconformidade com esta proibição.

O riso das cantigas de escárnio e maldizer galego-portuguesas é característico das altas cortes senhoriais. É um riso de desafio, proposto na maioria das vezes por homens treinados desde a infância a nada temer e a tudo dominar[13], por meio da guerra e do saque; mas, ao mesmo tempo, ao usar de preconceitos e suas inversões para fazer rir, exprime uma função social: o temor de se tornar ridículo funciona como uma correção; a excentricidade é contida pela possibilidade negativa de o indivíduo ser satirizado e desprezado por seus pares.

Neste caso específico, envia-se um recado às altas damas dos conventos sobre o comportamento que delas se espera, e, indiretamente, também aos patriarcas que para lá enviam suas filhas, sobre o acerto de sua decisão em não dá-las em casamento. Assim, vemos que embora os valores e poderes sejam frequentemente pariodiados na literatura medieval, isso acontece num sentido muito mais conservador que destrutivo,[14] pois embora deem voz a diversas críticas e lamentos, também reforçavam, pelo ridículo do contrário, a adequação do indivíduo a uma moral social e à condição que lhe convém nessa sociedade.

Notas

1 Publicadas em LAPA, Manuel Rodrigues. *Cantigas d'escarnho e de mal dizer dos cancioneiros galego-portugueses*. Lisboa: Editorial Galáxia, 1965, sob os números 37, 59, 134, 135, 147 171 e 302.
2 BERMEJO, J. et al. *Historia de Galicia*. Madrid: Editorial Alhambra, 1981, p. 109-110; GARCÍA DE CORTÁZAR, José Angel. *La época medieval*, 6ª ed. Madrid: Alianza Editorial/Alfaguara, 1979, p. 264.
3 SERRÃO, Joel e OLIVEIRA MARQUES, A. H (dir.). *Nova História de Portugal*, vol. 3 Lisboa, Editorial Presença, 1996, p. 185.
4 MATTOSO, José (coord.). *História de Portugal – A monarquia feudal (1096-1480)*, vol 2. Lisboa: Editorial Estampa, 1997, p. 148-53.
5 *Idem*, p. 151.
6 Sobre as definições dos modelos agnático e cognático, cf. GOODY, Jack. "Grupos de parentesco: clãs, linhagens e 'lignages'" – Apêndice 1. In: *Família e casamento na Europa. Oeiras, Celta Editora*, 1995, p. 201-16.
7 Lembramos que a primogenitura exclui os filhos segundos da herança do título e da honra, mas não totalmente de herdar parte do patrimônio familiar; da mesma

forma, as mulheres receberão dotes ao se casarem ou entrarem para ordens religiosas. Assim, mesmo com o privilégio dos primogênitos do sexo masculino, o patrimônio original pode diminuir caso não seja constantemente aumentado com benesses reais ou matrimônios vantajosos.

8   SERRÃO, Joel e OLIVEIRA MARQUES, A. H. (dir.), *op. cit.*, p. 208.
9   AQUINO, Tomás. *Suma Teológica*. Edição bilíngüe. São Paulo: Edições Loyola, 2002, 9 vols. Ver Questões 92, 94 e 98.
10 Cf. BAKHTIN, Mikhail. *A cultura popular na Idade Média e no Renascimento*. São Paulo: Hucitec/Annablume, 2002.
11 Cf. LOPES, Graça Videira. *A sátira nos cancioneiros medievais galego-portugueses*, 2ª ed. aumentada e revista. Lisboa: Editorial Estampa, 1998, p. 245-6. Para mais informações sobre este episódio, ver LANCIANI, G. e TAVANI, G. (orgs.). *Dicionário da literatura medieval galega e portuguesa*. Lisboa: Editorial Caminho, 1993 e OLIVEIRA, Antonio Resende de. *Depois do espetáculo trovadoresco – A estrutura dos cancioneiros peninsulares e as recolhas dos séculos XIII e XIV*. Lisboa: Edições Colibri, 1994, verbetes "Afonso López de Baian", "Rui Gomes de Briteiros" e "Mem Gomes de Briteiros".
12 LAPA, Manuel Rodrigues, *op. cit.*, cantiga 283.
13 MINOIS, Georges. *História do riso e do escárnio*. São Paulo: Editora Unesp, 2003, p. 189.
14 *Idem*, p. 191.

Bibliografia

Fontes

LAPA, M. R. *Cantigas d'escarnho e de mal dizer dos cancioneiros galego-portugueses*. Lisboa: Editorial Galáxia, 1965.

AQUINO, Tomás. *Suma Teológica*. Edição bilíngue. São Paulo: Edições Loyola, 2002, 9 vols.

Obras de referência

LANCIANI, G. e TAVANI, G. (orgs.). *Dicionário da literatura medieval galega e portuguesa*. Lisboa: Editorial Caminho, 1993.

LE GOFF, J. e SCHMITT, J. C. (coords.). *Dicionário temático do Ocidente medieval*. Bauru/São Paulo: Edusc/Imprensa Oficial do Estado, 2002, 2 vols.

Estudos

ANDRADE, M. F. *O mosteiro de Chelas – Uma comunidade feminina na Baixa Idade Média; patrimônio e gestão.* Cascais: Patrimonia Historica, 1996.

BAKHTIN, M. *A cultura popular na Idade Média e no Renascimento – o contexto de François Rabelais.* São Paulo: Hucitec/Annablume, 2002.

BERMEJO, J. C. et al. *Historia de Galiza.* Madrid: Editorial Alhambra, 1981.

BERGSON, H. *O riso – Ensaio sobre a significação da comicidade*, 2ª ed. São Paulo: Martins Fontes, 2007.

BERNOS, M. et. al. *O fruto proibido.* Lisboa: Edições 70, 1991.

BLOCH, R. H. *Misoginia medieval e a invenção do amor romântico ocidental.* Rio de Janeiro: Editora 34, 1995.

BROOKE, C. *O casamento na Idade Média.* Mem Martins: Publicações Europa-América, 1989.

DELUMEAU, J. *História do medo no Ocidente – 1300-1800, uma cidade sitiada.* São Paulo: Companhia das Letras, 1996.

DUBY, Georges. *Idade Média, idade dos homens – do amor e outros ensaios.* São Paulo: Companhia das Letras, 2001.

_____. *O cavaleiro, a mulher e o padre – O casamento na França feudal.* Lisboa: Publicações D. Quixote, 1988.

DUBY, G. e PERROT, M. *História das mulheres – A Idade Média.* Porto: Edições Afrontamento, 1990.

ELIAS, N. *O processo civilizador.* Rio de Janeiro: Jorge Zahar, 1993, 2 vols.

GARCÍA DE CORTÁZAR, J. A. *La época medieval*, 6ª ed. Madrid: Alianza Editorial/Alfaguara, 1979.

GOODY, J. *Família e casamento na Europa.* Oeiras: Celta Editora, 1995.

HESPANHA, A. M. *Cultura jurídica europeia – Síntese de um milénio.* Mem Martins: Publicações Europa-América, 2003.

_____. *História das Instituições – Épocas medieval e moderna.* Coimbra: Livraria Almedina, 1982.

IRADIEL, P.; MORETA, S.; SARASA, E. *Historia Medieval de la España Cristiana.* Madrid: Ediciones Cátedra, 1989.

LOPES, G. Vol. *A sátira nos cancioneiros medievais galego-portugueses.* 2ª ed. aumentada e revista. Lisboa: Editorial Estampa, 1998.

MACEDO, J. R. *Riso, cultura e sociedade na Idade Média*. São Paulo: Editora Unesp, 2000.

MATTOSO, J. *Ricos-homens, infanções e cavaleiros – A nobreza medieval portuguesa nos séculos XI e XII*. Lisboa: Guimarães Editores, 1998.

_____. *Fragmentos de uma composição medieval*. Lisboa: Editorial Estampa, 1987.

_____. *História de Portugal – A monarquia feudal*. Lisboa: Editorial Estampa, 1997.

_____. *Portugal medieval – Novas interpretações*, 2ª ed. Lisboa: Imprensa Nacional/Casa da Moeda, 1992.

MEDEIROS, S. K. L. *Lamurientas, faladeiras e mentirosas? – Um estudo sobre a condição social feminina no Quatrocentos português*. São Paulo: Dissertação de Mestrado em História Social apresentada à Faculdade de Filosofia, Letras e Ciências Humanas da Universidade de São Paulo, 2007.

MINOIS, G. *História do riso e do escárnio*. São Paulo: Editora Unesp, 2003.

OLIVEIRA, A. R. *O trovador galego-português e seu mundo*. Lisboa: Editorial Notícias, 2001.

_____. *Depois do espetáculo trovadoresco – A estrutura dos cancioneiros peninsulares e as recolhas dos séculos XIII e XIV*. Lisboa: Edições Colibri, 1994

RICHARDS, J. *Sexo, desvio e danação – As minorias na Idade Média*. Rio de Janeiro: Jorge Zahar, 1993.

RUCQUOI, A. *História Medieval da Península Ibérica*. Lisboa: Editorial Estampa, 1995.

SARAIVA, A. J. e LOPES, O. *História da Literatura Portuguesa*, 17ª ed., corrigida e ampliada. Porto: Porto Editora, s/d.

SERRÃO, J. e MARQUES, A. H. O. (dir.) *Nova história de Portugal*, vol. 3. Lisboa: Editorial Presença, 1996. *Portugal em definição de fronteiras – do Condado Portucalense à crise do século XIV*.

TUÑON DE LARA, M. (dir.). *Historia de España*, vol. 4 Barcelona: Editorial Labor, 1982. *Feudalismo y consolidación de los pueblos hispánicos (siglos XI-XV)*.

Este livro foi impresso na primavera de 2009 na gráfica Parma.
No corpo do texto foi utilizada a fonte Adobe Garamond em
corpo 11 e entrelinha 15.